괴롭힘 금지법이
괴로운 당신을 위해

서유정

들어가며

우리나라의 직장 내 괴롭힘 금지법이 통과된 배경에는 위디스크(WeDisk)사에서 발생했던 사건이 있습니다. 직원들이 회장으로부터 온갖 가혹행위를 당하는 영상이 유출되었고, 국민들은 분노했습니다. 2013년에 처음 발의된 이후, 계류 중이던 직장 내 괴롭힘 금지법이 이때 통과되었습니다.

2019년부터는 법령이 시행되었고, 이후 만 5년이 지났습니다. 하지만 과도기의 혼란이 가라앉을 기미는 보이지 않습니다. 해외에서도 직장 내 괴롭힘 금지법이 처음 시행되었을 때 혼란이 있긴 했으나, 우리나라와 같이 그 정도가 심각했던 사례는 드문 편입니다. 왜 우리는 유독 심각한 혼란을 겪고 있을까요? 직장 내 괴롭힘은 왜 이렇게 이해하기도, 판단하기도 어려운 문제가 되었을까요?

어느 정도는 우리나라와 같은 동양권 특유의 인지 방식 때문이기도 합니다. 또 어느 정도는 법령을 만드는 단계에서 첫 단추를 잘못 끼웠기 때문이기도 하고, 윤리 의식이나 준법의식이 딱히 높지 않다는 점도 문제입니다. 새로운 법을 도입해도 법을 지키기보단 책임을 피할 수 있는 구멍을 찾아냅니다. 더 나아가 본인에게 이익이 되는 방향으로 제도를 악용하는 방법을 찾아내기도 합니다.

이런 사회적·조직적 문제가 해소되지 않으면서, 신고 건수는 점점 늘어가고 있습니다. 직장 내 괴롭힘 문제를 직접 담당해야 하는 사람들은 그 가운데 끼어 고통받고 있습니다. 노동자 보호를 위해 만들어진 직장 내 괴롭힘 금지법 때문에 괴롭다는 말이 절로 나오게 되는 상황이 된 것입니다. 그런 괴로움을 주변에서 보고 겪으면서 이 책을 준비하게 되었습니다. 현장, 특히 실무자분들의 혼란을 해소하는데 조금이나마 도움이 되길 바라는 마음입니다.

차례

Ⅳ 직장 내 괴롭힘 피해, 왜 사라지지 않을까?

Ⅴ 직장 내 괴롭힘 금지제도의 사각지대, 또 있을까?

직장 내 괴롭힘 판단,
왜 이렇게 어려울까?

1

직장 내 괴롭힘 관련 업무를 담당하는 분들이라면 모두 공감하실 겁니다. 신고가 접수될 때마다 괴롭힘으로 볼 수 있는지, 사건이 성립하는지 판단하는 게 너무 어렵다는 걸요. 사업장에서는 신고가 접수되면, 사건을 조사하고, 괴롭힘 피해를 인정할 수 있는지 객관적이고 공정한 판단을 위한 위원회를 개최합니다. 아주 명확한 사건이 아닌 한은 위원회 안에서도 의견이 분분하고, 사안 하나하나를 따져가며 머리 아픈 회의를 하게 됩니다. 저 역시 그런 위원회에 참가해 봤고, 이른 아침부터 저녁 8시가 넘을 때까지 마라톤 회의를 해보기도 했습니다.

해외에서도 물론 괴롭힘 사건 판단이 쉬운 것은 아닙니다. 하지만 우리나라는 유독 어렵고 복잡하게 판단하고 있습니다. 그 이유는 무엇일까요?

1 발생한 행위보다 전후 맥락에 집중하는 우리나라

괴롭힘에 해당하는 행위 중에는 누가 봐도 부적절한 행위도 있지만, 그렇지 않은 행위도 다수 포함되어 있습니다. 2019년 7월부터 시행된 직장 내 괴롭힘 금지법에서 다루는 가해행위 대부분이 후자에 속합니다. 게다가 우리나라는 성별이나 연령대 등에 따라서 어떤 행위가 부적절한지 인식하는 범위가 매우 다릅니다. 다른 나라도 법령을 시행하면서 어느 정도 혼란을 겪었지만 우리나라는 기성세대와 젊은 세대, 성별 간의 사고방식 격차가 워낙 크다 보니 혼란도 그만큼 더 큰 것입니다.

괴롭힘에 잘 대응하는 해외 국가에서는 국가 차원에서 전문가를 양성하거나, 아니면 괴롭힘 사건을 다룰 전문가의 자격에 제한을 뒀습니다. 우리나라처럼 사업장 안에서 일반 직원이 돌아가면서 고충 처리를 담당하거나, 단기 교육만 받은 노동청 근로감독관이 단독으로 사건을 다루거나, 갓 면허를 획득한 공인노무사나 변호사가 직장 내 괴롭힘 사건 처리에 참여하는 일이 없는 것이죠.

또 다른 문제도 있습니다. 바로 동·서양 간에 같은 사건이나 상황을 두고도 인지하는 방식이 다르다는 점입니다. 관련하여 미국의 심리학자 Nisbett은 다양한 연구를 통해 동일한 장면을 보고도 동양인과 서양인이 그 상황을 해석하고 기억하는 방식에 차이가 있음을 밝혀낸 바 있습니다.[1] 그의 연구에서 동양인이 주로 보인 것은 통합적(holistic), 즉 맥락 의존적으로 관계성에 의존하여 상황을 해석하는 성향이었습니다. 객관적 특성과 독립적인 세부 요소에 집중하는 서양인의 분석적(analytic) 인지 방식과 대조됩니다.

분석적 인지 방식이 맥락 의존적 인지 방식보다 우월한 것은 아닙니다. 하지만 괴롭힘 사건을 판단할 때는 맥락 의존적 인지 방식 때문에 판단의 오류가 발생하곤 합니다. 우리나라에서도 행위 자체의 심각성을 배제한 채, 피해자－가해자 간 우위성, 가해자의 의도, 피해자에게 끼친 영향 등과 같은 주변의 정황에 더 중점을 두고 사건을 판단하는 일이 발생하고 있습니다. 심각한 괴롭힘 행위에 대해 가해자의 고의성이 없었다는 이유로 괴롭힘 미성립으로 판단한 사례가 있는가 하면, 동일 직급자가 행위자이므로 우위성이 없다며 미성립 판단한 사례도 있습니다. 반대로 행위 자체는 괴롭힘으로 볼 수 없음에도 불구하고, 행위자가 상사였으며 피해자가 고통을 강하게 주장했다는 이유로 괴롭힘 성립으로 인정한 사례도 있습니다. 피해자가 다른 직원에게는 가해자였다는 이유로 허위신고로 몰아가거나, 사건을 인정하지 않는 일도 있었습니다.

괴롭힘에 대한 판단은 상식적이어야 하며 공정해야 합니다. 어떤 행위를 상사가 후임에게 했을 때, 직장 내 괴롭힘이라고 판단할 수 있다면 후임이 상사에게 했을 때도, 동일 직급자끼리 했을 때도 똑같이 괴롭힘이라고 판단되어야 합니다. 남성과 여성 간에도, 서로 다른 연령대 간에도 마찬가지여야 합니다. 하지만 발생한 행위 자체보다 주변 맥락에 집중하는 우리나라에서는 같은 행위가 발생했어도 피해자, 가해자의 특성에 따라 때로는 괴롭힘으로 인정되고 때로는 인정되지 않습니다. 게다가 사회 통념상 가해자보다 강자(强子)에 위치한 피해자는 신고조차 하기 어렵습니다. 괴롭힘은 상사가 후임에게 하는 것이

---

1) Nisbett, R. E., Peng, K., Choi, I., & Norenzayan, A. (2001). Culture and systems of thought: Holistic versus analytic cognition. Psychological Review, 108(2), 291-310.

라는 고정관념 탓에 그 범주를 벗어나는 사건도 발생하고 있음을 받아들이지 않는 것입니다.

분석적 사고자가 흔한 서양에서는 이런 판단 오류는 드문 편입니다. 사건을 판단할 때, 행위 자체의 특성에 따라 사건 성립 여부를 판단하기 때문입니다. 신고된 행위가 상식적인 범위의 가해행위인지, 지속·반복성이 있는지가 주요 판단의 기준이 되고 있습니다. 행위자가 피해자의 상사인지, 같은 직급인지, 후임인지는 중요하지 않습니다. 행위가 지속·반복되었다는 것 자체가 피해자가 행위자의 가해를 막을 수 없는 상황이었다고 보기 때문입니다.

행위 중심으로 판단하는 만큼, 사건에 관한 판단도 우리나라보다는 쉬운 편입니다. 서양의 괴롭힘 사건 중에도 상사가 후임에게 하는 형태가 가장 흔하긴 하지만, 그 점이 다른 유형의 사건으로부터 눈을 가릴 만큼 강한 고정관념으로 작용하지는 않습니다. 또한 행위자에게 의도성이 없었어도, 상부의 지시·지침을 따르기 위한 것이었어도 행위의 특징이 기준을 충족한다면 괴롭힘으로 인정됩니다.

서양의 직장 내 괴롭힘 판단 방식을 잘 보여주는 판례를 한번 살펴보겠습니다. 〈표 Ⅰ-1〉에는 각각 아일랜드와 캐나다(온타리오), 지브롤터의 판례가 담겨 있는데, 모두 행위의 상식적인 범위와 지속·반복성이 주요 판단기준이었던 것을 볼 수 있습니다.

표 Ⅰ-1 해외 국가의 관련 판례

구분	아일랜드	캐나다(온타리오)	지브롤터
사건 내용	• 신고인(학습보조)을 대상으로 교장이 반복적으로 징계위협, 근평에 불리한 영향을 주는 발언 및 자료 제공 등	• 마트의 점장이 신고인(직원)을 대상으로 노골적인 비하발언과 굴욕감을 주는 행위 반복	• 병원장이 환자의 진단과 관련하여 신고인과 말다툼을 하던 중 어깨를 밀치고, 목소리를 높였으며 부적절한 단어 사용
판단 기준	• 지속기간과 반복성 미인정: 6개월, 주 1회 미만 • 상식적인 범위 인정: 일반적인 업무·관리행위를 넘어서는 행위	• 지속기간과 반복성 인정: 6개월 이상 거의 매일 • 상식적인 범위 인정: 일반적인 업무·관리행위를 넘어서는 행위	• 지속기간과 반복성 미인정: 일회성 • 상식적인 범위 인정: 일반적인 업무·관리행위를 넘어서는 행위

	• 피해지에게 끼친 악영향 인정: 병가를 요할만큼 악화된 신고인의 건강상태	• 피해자에게 끼친 악영향 인정: 퇴사를 결정할 만큼 악화된 신고인의 건강상태	
결론	• 신고인 패소: 지속·반복성 미충족	• 신고인 승소	• 신고인 패소: 지속·반복성 미충족

출처: 서유정 외(2022)[2], Mondaq(2014.6.2.)[3]. Reyes(2021.4.29.).[4]

먼저 아일랜드의 판례에서는 피해자가 1년 이상 가해행위가 지속되었다고 주장했고, 그로 인해 병가가 필요할 만큼 건강이 악화되었음을 호소했습니다. 피해자가 겪은 일이 일반적인 업무·관리 행위를 넘어섰다는 점에서 가해행위로 볼 수 있다는 점은 인정되었습니다. 피해자가 그로 인해 고통을 겪었다는 것도요. 하지만 입증된 가해행위가 6개월, 주 1회 미만으로 기준을 충족하지 않았기 때문에 법원은 피해자의 손을 들어주지 않았습니다. 객관성의 확보를 위해 어느 지점에서는 선을 그어야 하며, 그 선은 지켜져야 한다는 것이 법원의 입장이었습니다. 이런 판단을 두고 기계적이다, 피해자에 대한 배려가 부족하다고 비판할 수도 있습니다. 하지만 그럼에도 객관성 기준이 유지되어야 한다는 판단이 우선된 것입니다.

캐나다(온타리오)의 사건은 직장 내 괴롭힘(bullying) 관련 초기의 판례 중 가장 큰 반향을 일으킨 판례였습니다. 법원이 명령한 피해자 보상금이 무려 100만 달러를 넘어 역대급으로 큰 액수였기 때문입니다. 2심에서 액수가 40만 달러 수준으로 줄긴 했으나 여전히 피해자는 승소했습니다. 이 판례의 판단기준도 마찬가지로 행위의 상식적인 범위와 지속·반복성이 확실했고, 그로 인해

---

2) 서유정·김상진·박윤희(2022). 직장 내 괴롭힘 분쟁해결 방안 연구. 고용노동부. 한국직업능력연구원.

3) Mondaq(2014.6.2.). Canada: Ontario court of appeal: Wal-mart liable for the bullying of an employee by her store manager. 출처: https://www.mondaq.com/canada/employment-litigation-tribunals/317680/ontario-court-of-appeal-wal-mart-liable-for-the-bullying-of-an-employee-by-her-store-manager (검색일: 2024.7.13.)

4) Gibraltar Chronicle(2021.4.29.). Employment tribunal was wrong in GHA bullying case, Supreme Court rules. 출처: https://www.chronicle.gi/employment-tribunal-was-wrong-in-gha-bullying-case-supreme-court-rules/ (검색일: 2024.7.13.)

피해자가 퇴사를 결정할 만큼 건강이 악화하였음이 인정된 것입니다.

지브롤터의 판례는 피신고인과 신고인이 서로 다투다가 피신고인이 신고인의 어깨를 밀치고, 큰 소리로 욕을 한 사건이었습니다. 한쪽이 일방적으로 당한 것이 아니라, 둘이 함께 싸웠다는 점에서부터 이미 괴롭힘으로 보기 어려운 사례이긴 했습니다. 그럼에도 지브롤터의 법원이 사건을 판단한 주요 기준은 행위의 상식적인 범위와 지속·반복성이었습니다. 세 판례 중에서도 행위에 집중하는 서양 특유의 분석적 인지 방식이 특히 잘 드러난 경우로 볼 수 있습니다.

서양은 왜 이런 분석적 인지 방식을 갖게 된 것일까요? 바로 목축업을 중심으로 문화가 발달했기 때문입니다. 목축업으로 큰 성과를 거두기 위해서는 명확한 분업이 효과적이며, 개별 차이를 잘 알아차리는 시각이 필요합니다. 양을 치는 사람, 양젖을 짜서 치즈를 만드는 사람, 양털로 실과 옷감을 만드는 사람, 이런 식으로 각자의 담당업무가 분리되어 있을 때 생산성이 올라가기 때문입니다. 누가 어떤 역할에 적합한지 빠르게 알아차려서 각자 잘할 수 있는 일을 맡도록 하는 것이 이상적인 경영방식이 되는 것이죠. 이렇게 객관적인 개별 차이, 즉, 세부 사항에 집중하면서 분석적인 사고가 자연스럽게 키워진 것입니다.

그렇다면 우리나라 사람들은 왜 맥락 의존적 인지방식을 갖게 된 것일까요? 농업을 중심으로 문화가 발달했기 때문입니다. 목축업과 달리 농업은 같은 시기에 다수가 같은 작업을 할 때 생산성이 올라갑니다. 누가 어떤 작업을 더 잘하는가 하는 개인 차이가 중요하지 않습니다. 생산성을 판단할 때도 수확한 작물 하나하나가 얼마나 뛰어난가는 중요하지 않으며, 전체적으로 품질이 향상되었는지, 수확량이 늘었는지를 봅니다. 개별 특성이 아닌, 단위 작물 여럿이 모여 형성된 형태, 즉 관계성에 의존하여 판단하는 사고방식이 길러진 것입니다. 그 결과, 괴롭힘 행위와 같은 사건을 판단할 때도 객관적 세부 요소인 행위보다는 우위성과 같은 맥락적 요소에 더 집중하게 된 것이죠.

행위에 집중할 때는 발생한 행위 하나만 보면 됩니다. 반면 맥락에 집중할 때는 가해행위가 발생한 배경을 둘러싼 다양하고도 복잡한 상황을 고려해야 합니다. 그래서 우리나라에서는 서양권에 비해 한층 더 어렵게 괴롭힘을 판단하고 있는 것입니다. 전문가들 사이에서조차 같은 사건에 대한 괴롭힘 성립 여부 판단이 분분한 이유 중 하나죠.

❷ 가해행위 자체에 집중하는 분석적 인지 방식 훈련하기

오랜 역사를 통해 학습된 맥락 의존적 인지 방식을 극복하는 것은 분명 쉽지 않습니다. 하지만 서구화된 사회 속에서 분석적 사고방식이 유리한 상황이 점차 증가하고 있습니다. 특히 직장 내 괴롭힘처럼 대략적인 정황보다 명백한 객관적 사실을 확인해야 하는 상황에서는 더더욱 분석적 인지 방식이 필요합니다.

우리 안에 유전자처럼 자리 잡은 맥락 의존적 인지 방식은 무엇이 괴롭힘인지, 어떻게 판단해야 하는지 이해하는 것을 어렵게 만듭니다. 이젠 그런 한계를 인식하고, 행위 자체의 특성에 집중하기 위해 노력할 필요가 있습니다. 가해자와 피해자의 특성이 비전형적인 사건에 해당할 때, 판단 오류를 막기 위해 같은 행위가 전형적인 사건의 형태로 발행했을 때를 가정하는 훈련을 해볼 수 있습니다.

예를 들어, 후임이 상사에 대한 험담을 반복적으로 여러 명에게 하고 다녔던 사건이 신고되었습니다. 이 사건이 괴롭힘인지 판단하기 어렵다면 반대로 상사가 후임에 대한 험담을 반복적으로 여러 명에게 하고 다닌 상황을 가정해 보는 것입니다. 상사가 후임에 대한 험담을 반복적으로 하고 다닌 것이 괴롭힘이라면, 후임이 같은 행위를 한 경우도 괴롭힘에 해당합니다. 다만 상사가 후임에 대해 험담할 경우, 피해자에게 끼치는 악영향이 더 클 수 있기 때문에 가중처벌이 되는 것이죠. 이렇게 괴롭힘을 판단할 때, 맥락적 요소를 배제하고 법을 훈련한다면 행위 자체의 경중에 더욱 집중할 수 있게 되고, 사건의 판단이 한층 쉬워지면서도 객관성과 공정성을 높일 수 있게 될 것입니다.

❸ 괴롭힘의 판단을 돕는 진단 도구 활용

또한 사회적으로 괴롭힘으로 인정하고 공감하는 행위의 유형과 범위를 설정하는 것도 판단의 공정성과 객관성을 한층 더 높이는 데 기여할 수 있습니다. 해외에서 20~40개 문항을 포함한 직장 내 괴롭힘 진단 도구가 개발된 이유 중 하나이기도 합니다. 과거에는 신체적이고 가시적인, 좁은 범위의 행위만 가해행위로 인식되었지만, 인식이 개선되면서 포괄적으로 넓은 범위로 확대되었기 때문입니다. 상식적인 범위에서 불링(bullying)에 해당하는 광범위한 행위를 아우르고, 유형화하고, 상식적인 범위를 설정하기 위해서 많은 문항을 포함하는 진단 도구가 나온 것입니다.

표 1-2 국내외의 직장 내 괴롭힘 진단도구

구분	노르웨이 NAQ/NAQ-R	스웨덴 LIPT	영국 Quine's	국내 KICQ	국내 WPBN-TI
하위 영역	업무관련 괴롭힘	피해자의 직업적 상황에 대한 괴롭힘	전문가로서 위치에 대한 위협	업무관련 괴롭힘	부적절한 업무 지시
			과도한 노동 강요		
			불안정한 근로환경 조성		
	개인에 대한 공격	피해자의 인지도 유지를 방해하는 괴롭힘	개인에 대한 위협	개인에 대한 공격	언어 공격 및 소외
	신체적 위협	피해자의 신체적 건강을 위협하는 괴롭힘			신체적 위협
	-	피해자의 소통 기회를 제약하는 괴롭힘	고립	배척 및 고립	-
		피해자의 사회적 관계 유지를 방해하는 괴롭힘			
개발자	Einarsen 외	Leymann 외	Quine	서유정 외	
문항수	• NAQ(1996) : 29문항 • NAQ-R(2001) : 22문항 • NAQ-S(2008) : 9문항	• LIPT(1996) : 45문항	• Quine's(1999) : 20문항	• KBAQ(2010) : 23문항 • KICQ(2014) : 23문항 • KICQ(2016) : 25문항	• WPBN-TI (2014) : 16문항

구분	노르웨이	스웨덴	영국	국내	
	NAQ/NAQ-R	LIPT	Quine's	KICQ	WPBN-TI
한계점	• 10~20년 이상 문항 개정 진행되지 않음 • 비서구권 적용의 한계(2018년 개발자 본인의 인정) • 타문화권 피해율 과소추정 경향 • 국내 노동자 대상 KICQ에 비해 낮은 타당도 • 엄격한 사용조건	• 90년대 이후 문항 개정 진행되지 않음 • 진단도구 기본원칙 위배(Mutually Exclusive, Collectively Exhaustive)	• 90년대 이후 문항 개정 진행되지 않음 • 영국 의료진 대상으로만 활용된 도구	• '16년 이후 문항 개정 진행되지 않음	• '14년 이후 문항개정 진행되지 않음 • 국내 간호직종 대상으로만 활용된 도구
사용 조건	• 문항의 변경 및 일부 문항만 사용하는 것은 금지 • 사용 후 조사된 데이터를 개발자에게 전달 필수	• 특별한 사용조건 확인되지 않음(개발자 사망)	• 기본조건(출처 표기 후 사용)	• 기본조건(출처 표기 후 사용)	• 기본조건(출처 표기 후 사용)

재구성: 서유정 외(2014)[5], 서유정(2023.11.10)[6], Einarsen & Hoel(2001, May)[7], Notelaers & Einarsen(2008, June)[8], Leymann(1996)[9], Quine, L. (1999)[10], Lee & Lee (2014).[11]

5) 서유정 외(2014). 직장 따돌림의 실태조사와 방지 방안 연구: 제조업을 중심으로. 한국직업능력연구원.

6) 서유정(2023.11.10). 국제적 관점에서 본 한국의 직장 내 괴롭힘 실태. 한국 괴롭힘 학회 창립기념 학술대회.

7) Einarsen, S., & Hoel, H. (2001, May). The Negative Acts Questionnaire: Development, Validation and Revision of a Measure of Bullying at Work. 10th European Congress on Work and Organisational Psychology. Prague: Czech Republic.

8) Notelaers, G., & Einarsen, S. (2008, June). The construction and validity of the short−Negative Acts Questionnaire. 6th International Conference on Workplace Bullying: Sharing our Knowledge. Montreal: Canada.

9) Leymann, H. (1996). The content and development of mobbing at work. European Journal of Work & Organizational Psychology, 5(2), 165−184.

10) Quine, L. (1999). Workplace Bullying in NHS community trust: Staff questionnaire survey. British Medical Journal, 318(7178), 228−232.

11) Lee, Y., & Lee, M. (2014). [Development and validity of workplace bullying in nursing−type inventory (WPBN−TI)]. Journal of Korean Academy of Nursing, 44(2_, 209−18 .

해외에서 개발된 괴롭힘 진단 도구는 대표적으로 노르웨이의 NAQ(Negative Act Questionnaire)와 스웨덴의 LIPT(Leymann's Inventory of Psychological Terror)가 있습니다. 국내에는 제가 연구진과 개발한 KICQ(Korean Interpersonal Conflict Questionnaire)가 있고요. 이 세 진단 도구는 모든 산업 분야에 적용이 가능합니다. 그 외에도 의료계 분야에서만 적용된 진단 도구를 포함하여 다양한 도구들이 개발되어 있습니다.

위에서 언급된 도구 중에는 NAQ, 특히 NAQ-R 버전이 가장 많은 나라에서 조사에 활용된 적이 있습니다. 하지만 NAQ은 다른 진단 도구에 비해 사용 조건이 매우 엄격합니다. 절대로 문항을 변경해선 안 되며, 일부 문항만 골라서 사용해도 안 됩니다. 또한 사용 후에는 수집된 데이터를 개발자인 Bergen Research Group으로 보내야 합니다. 이 조건을 지키지 않으면 지적재산권 침해가 됩니다. 일부 노무법인에서 노르웨이에서 개발된 NAQ을 사용하고 데이터를 보내지 않거나 심지어 NAQ의 일부 문항을 변경하여 괴롭힘 실태 진단에 사용하는 일이 있습니다. 양쪽 다 지적재산권 침해니 유의할 필요가 있습니다.

게다가 NAQ을 우리나라 노동자를 대상으로 사용할 경우, 피해율이 과소 추정되는 경향이 있습니다. 우리나라에서 개발된 KICQ로 대표성 있는 샘플을 확보하여 조사할 경우, 우리나라의 피해율은 20% 전후로 나옵니다. 같은 집단을 NAQ-R로 조사했을 때, 피해율은 보통 10%를 넘기지 못했으며 심지어 4% 정도의 매우 낮은 비율이 나온 적도 있습니다. 그만큼 NAQ-R에 포함된 문항이나 표현 방식이 우리나라의 괴롭힘 피해를 진단하기에는 적합하지 않다는 의미인 것입니다. 이런 점 때문에 사용조건이 엄격하고 우리나라의 조직문화에 잘 적합하지 않은 해외의 도구보다는 국내의 도구를 사용하는 것을 추천합니다.

1) 직장 내 괴롭힘 피해 자가진단표

해외에는 괴롭힘과 관련하여 모호함이 해소되지 않을 때 다수 일반인 조사를 통해 상식적인 개념, 상식적인 범위를 찾아나간 연구자들이 있었습니다. 저도 우리나라에서 같은 시도를 했고, 그 결과물이 KICQ 문항과 노동자의 집단 지성을 바탕으로 세운 기준을 활용하여 만든 자가진단표였습니다. 노동자 1,200명을 성별과 산업별로 할당표집하여 연령대의 균형을 맞춰 조사하고 분석한 결과를 바탕으로 만든 것입니다. 이 결과가 흥미로웠던 점은 노동자 집단 지성이 해외 전문가처럼 스스로 괴롭힘 행위 유형을 분별해 냈다는 것입니다. 또한 그 결과가 해외 전문가들의 기준과도 일맥상통하는 면이 있었고요.

조사 과정에서 제가 응답자들에게 힌트를 준 것은 전혀 없습니다. 그저 여러 행위를 나열하고 응답자 스스로 판단하도록 했을 뿐입니다. 하지만 국내 노동자의 집단지성은 스스로 오랫동안 괴롭힘을 연구해 온 해외 전문가들의 의견과 유사한 결과를 만들어 낸 것입니다.

KICQ와 노동자 집단지성으로 만든 자가진단표

질문 1. 지난 1개월 동안 직장에서 다음 상황을 몇 번이나 경험하셨습니까?

	구분	1개월간 경험 횟수
1	나에게 신체적인 위협이나 폭력을 가했다 (예: 물건던지기, 주먹질 등)	(　)회
2	성적 수치심을 느끼게 하는 말 또는 행동을 피해자에게 했다	(　)회
3	나에게 욕설이나 위협적인 말을 했다	(　)회
4	나에게 부서이동 또는 퇴사를 강요했다	(　)회
	합산한 횟수	(　)회

결과 합산 횟수가 4회 이상이라면 여러분은 해라스먼트(harassment) 유형의 괴롭힘 피해 자로 분류될 수 있습니다.

해석 위의 4개 문항은 우리나라 노동자들이 해라스먼트로 분류한 문항으로, 신체적이고 가시적이며 사회 통념상 범죄적 성격이 강한 행위에 해당합니다. 해라스먼트는 대부분의 문화권에서 가해행위로 인정됩니다. 다만 해외에서는 차별 행위가 해라스먼트 유형에 들어가는 반면, 우리나라에서는 차별에 대한 민감성이 낮아 해라스먼트 유형으로 분류되지 않았다는 차이가 있습니다.

해라스먼트 유형의 행위는 사건의 심각성에 따라 단 1회만으로도 피해를 인정받을 수 있습니다. 하지만 직장에서 흔히 발생하는 정도의 심각성이라면 한 달간 4회 이상 반복되었을 때, 가해자를 징계해야 하는 수준의 피해로 볼 수 있다고 우리나라 노동자들은 판단하고 있습니다.

질문 2. 지난 3개월 동안 직장에서 다음 상황을 몇 번이나 경험하셨습니까?

	구분	3개월간 경험 횟수
1	나의 업무능력이나 성과를 인정하지 않거나 조롱했다	( )회
2	내 성과를 가로채거나 성과 달성을 방해했다	( )회
3	나에게 휴가나 병가, 각종 복지혜택 등을 쓰지 못하도록 압력을 주었다	( )회
4	일하거나 휴식하는 모습을 지나치게 감시했다 (예: CCTV를 통한 감시)	( )회
5	사고위험이 있는 작업을 할 때, 나에게 주의사항이나 안전장비를 전달해주지 않았다	( )회
6	나에게 상사의 관혼상제나 개인적인 일상생활과 관련된 일을 하도록 했다 (예: 개인 심부름 등)	( )회
7	누군가 내 개인사에 대한 뒷담화나 소문을 퍼뜨렸다	( )회
8	나를 부적절하게 의심하거나, 누명을 씌웠다	( )회
9	누군가 내 물건을 허락 없이 가져가거나 망가뜨렸다	( )회
10	다른 사람들 앞에서(또는 온라인상에서) 나에게 모욕감을 주는 언행을 했다	( )회
11	내 의사와 상관없이 음주/흡연을 강요했다	( )회
12	나의 의사와 관계없이 불필요한 추가근무(야근, 주말출근 등)을 강요했다	( )회
13	나에게 부당한 징계를 주었다 (반성문, 처벌 등)	( )회
14	훈련, 승진, 보상, 일상적인 대우 등에서 차별을 했다	( )회
15	나에게 힘들고, 모두가 꺼리는 업무를 주었다	( )회
16	허드렛일만 시키거나 일을 거의 주지 않았다	( )회
17	업무와 관련된 중요한 정보나 의사결정 과정에서 나를 제외했다	( )회
18	누군가 사소한 일에 트집을 잡거나 시비를 걸었다	( )회
19	내 의사와 관계없이 회식 참여를 강요했다	( )회
20	나를 업무 외의 대화나 친목 모임에서 제외했다	( )회
21	나의 정당한 건의사항이나 의견을 무시했다	( )회
	합산한 횟수	( )회

결과 합산 횟수가 12회 이상이라면 여러분은 불링(bullying) 유형의 괴롭힘 피해자로 분류될 수 있습니다.

위의 21개 문항은 우리나라 노동자들이 불링으로 분류한 문항으로, 매너와 조직문화 문제와 관련이 깊습니다. 심리적이고 교묘하며 형언하기가 매우 어려운 행위를 포함하기도 합니다. 불링은 문화 차이의 영향을 크게 받는 편으로 한 나라에서 불링으로 인정되는 행위가 다른 나라에서는 전혀 아닐 수 있습니다.

불링 유형의 행위는 일회성으로는 보통 인정되지 않습니다. 국제적으로 항상 그래왔고, 국내의 판례와 노동청의 결정에서도 점점 더 많이 준용되는 원칙입니다. 우리나라의 노동자들은 불링 행위가 3개월간 12회 이상 지속되어야 가해자를 징계해야 하는 수준의 피해로 볼 수 있다고 판단했습니다.

TMI

사실 우리나라 노동자들은 해라스먼트와 불링을 각각 두 가지 유형으로 추가 분류했었습니다. 즉 각각의 유형에 조금씩 다른 기준을 세웠고요. 하지만 검토한 결과, 위의 자가진단표처럼 두 유형으로 통합하는 것이 피해자가 더 피해를 인정받기 쉽고, 사건의 성립을 판단하는데도 더 활용도가 높을 것이라는 의견이 있었기 때문에 위와 같이 정리했습니다.

---

2) 일회성으로 인정될 수 있는 괴롭힘 행위

위의 진단 도구에서 확인할 수 있듯이, 우리나라의 노동자들은 사업장에서 보편적으로 발생하는 정도의 강도라면 해라스먼트 행위에도 어느 정도 지속·반복성이 적용되어야 한다고 봤습니다(한 달간 주 1회 이상). 하지만 행위의 강도가 심각하다면 일회성으로도 피해가 인정될 수 있어야 합니다.

또한 해외에서는 불링에 해당하면 반드시 지속·반복성을 적용합니다. 다만 우리나라에서는 불링으로 구분되지만, 피해자에게 매우 심각한 악영향을 끼치는 행위도 발생합니다. 해외 전문가들은 상상조차 하지 못하는 행위 말입니다. 이런 점 때문에 불링이어도 일회성으로 인정되어야 하는 경우가 있습니다. 직장 내 괴롭힘 사건을 오랫동안 다루고 연구해 온 변호사, 노무사 등 전문가 10인의 의견을 수렴하여 정리한 일회성 인정 기준은 〈표 Ⅰ-3〉과 같습니다. 절대적인 기준으로 삼기에는 아직 더 많은 연구가 필요하겠지만, 참고 자료로는 활용할 수 있을 것입니다.

표 Ⅰ-3 일회성으로도 괴롭힘으로 볼 수 있는 행위의 인정 기준

행위		일회성 인정 기준
해라스먼트	신체적 폭력	• 피해자와 유사한 집단의 상식으로 판단할 때, 행위로 인해 피해자가 고통 또는 모멸감을 느꼈다고 볼 수 있는 경우(예: 정강이 발로 차기, 복부 가격, 뺨 치기, 머리 쥐어박기 등) • 피해자를 향해 물건을 던지거나 던지려는 위협을 가한 경우
	성적 수치심을 느끼게 하는 언어와 행동	• 스친 것이 아닌 노골적 신체적 접촉이 민감한 신체 부위(몸통 등)에 발생한 경우 • 직·간접적으로 성관계를 요구한 경우 • 피해자의 중요 부위를 조롱하는 언행이 발생한 경우
	욕설과 위협적인 말	(피해자를 대상으로) • 노골적이고 직접적인 욕설이 주변의 다른 사람도 들을 수 있을 만큼 큰 소리로 가해진 경우 • 노골적이고 직접적인 가해 협박이 발생한 경우(예: 죽여 버리겠다 등) • 인격적 이익을 직접적으로 침해하는 발언 또는 피해자의 성, 연령, 신앙, 출신 지역 등을 노골적으로 비하하는 발언을 한 경우
	부서이동 및 퇴사 강요	(피해자가 성실한 근태와 업무 수행 능력을 유지함에도 불구하고) • 가해자의 개인적인 감정으로 퇴사/부서이동을 강요하며, 그 방식이 피해자와 유사한 집단(성별, 연령 등)의 상식으로 판단할 때 피해자에게 심한 모멸감을 주는 경우 • 퇴사/부서이동 요구에 부응할 시 불이익이 있을 것임을 암시했을 경우
불링	부적절한 의심 및 누명	• 행위의 결과가 징계성 조치로 이어지거나 공문 등으로 공식화된 경우 • 행위로 인해 사업장 내 피해자의 이미지를 훼손하는 소문이 확산되었거나, 확산될 위험이 있는 경우 • 명백한 허위 괴롭힘 신고가 발생한 경우(예: 괴롭힘으로 볼 수 없는 일상적인 행위를 왜곡한 신고, 실제로 발생하지 않은 행위 신고 등) 　* 기타 과장 신고는 부적절한 의심 및 누명과 같은 행위로 판단하여 적용
	허락없이 개인 소지품을 가져가거나 훼손	• 훼손된 소지품의 경제적·정서적 가치가 큰 경우(예: 스마트폰, 가족의 유품 등) • 소지품의 훼손으로 피해자가 수치심을 느끼는 상황이 발생한 경우(의복 등)
	부당한 징계	• 징계할 근거가 전혀 없는 상태에서 부당징계가 발생했으며, 그 징계의 결과가 인사고과 및 승진에 직접적인 영향을 끼친 경우 • 사용자의 부적절한 의사결정 또는 회사 내의 관습으로 발생한 문제의 책임으로 개인 노동자를 징계한 경우 • 신고인과 유사한 집단의 판단으로 명백한 허위 괴롭힘 신고가 발생한 상황에 피신고인을 징계한 경우 • 징계 취소와 처분을 반복하여 피해자를 압박하는 수단으로 활용한 경우
	안전 관련 주의사항 및 안전장비 미전달	• 다른 직원과 달리 피해자에게만 중요한 안전장비나 주의사항을 미전달하여 그 결과가 피해자의 생명이나 신체적 안전을 심각하게 위협한 경우 　* 괴롭힘으로 인정하기 어려운 경우에도 안전 수칙을 위반한 것에 대한 조치는 필요
	타인 앞에서 (온라인상에서) 모욕감을 주는	• 가해자의 언행이 피해자를 대상으로 함이 명백하며, 그 결과로 피해자가 심각한 모멸감을 느꼈을 것이라고 목격자 또는 피해자와 유사한 집단이 동의하는 경우

	언행	
	상사의 관혼상제 및 개인 일상과 관련된 일 지시	• 상사의 차량 세차, 집 청소, 마당 쓸기, 자녀 무료 과외/등하교 보조 등 가혹한 사적 지시가 발생한 경우
	힘들고 모두가 꺼리는 업무 지시	• 절도, 폭행, 사문서 위조 등 명백한 불법행위 지시 • 긴급사항을 요구하지 않는 상황에서 담당업무가 아닌 육체노동 지시(예: 잔디 뽑기, 화장실 청소 등)
	차별대우 및 불리한 처우	• 차별대우로 인한 불이익이 큰 경우(예: 타당한 근거 없는 승진 누락 및 강제적인 이동 명령 등)

출처: 서유정·김종우(2023)[12]

---

12) 서유정·김종우(2024). 직장 내 괴롭힘 성립기준 및 사업장 모니터링 체계 구축 연구. 한국직업능력연구원.

직장 내 괴롭힘, 대체 뭘까?

앞 장에서는 왜 우리나라에서 유독 괴롭힘 사건을 어렵게 판단하고 있는지, 이런 점을 보완하기 위해서 어떻게 해야 할지, 자가 진단은 어떻게 할 수 있는지 맛보기 식으로 살펴봤습니다. 이번 장에서는 본격적으로 직장 내 괴롭힘의 개념과 판단기준에 대해 이해해 보도록 하겠습니다. 실무를 실행하게 위해서는 필수적으로 이 개념과 판단기준에 대한 명확한 이해가 뒷받침되어야 하니까요.

근로기준법 제76조의2는 직장 내 괴롭힘을 '지위나 관계상의 우위를 이용하여 업무상 적정 범위를 넘어 다른 노동자에게 신체적, 정신적 고통을 주거나 근무 환경을 악화시키는 행위'라고 정의하고 있습니다. 이 정의에 반영된 판단기준과 미처 고려하지 못한 기준 때문에 혼란이 발생하고 있습니다. 해외에서도 직장 내 괴롭힘 금지법 초기에 혼란이 발생하긴 했으나 우리나라만큼 카오스적인 혼란을 겪은 곳은 드뭅니다. 직장 내 괴롭힘 금지법 때문에 괴롭다는 말이 그래서 나오고 있습니다.

1 괴롭힘의 개념, 제대로 이해하기

근로기준법 제76조를 포함한 직장 내 괴롭힘 금지법은 2018년의 11월에 통과되었고, 2019년 7월부터 시행되었습니다. 당시 법령 제정에 참여한 사람들은 국제적으로 괴롭힘이 크게 두 유형으로 분류되며, 많은 국가에서 각 유형에 대해 다른 법을 적용하고 있음을 미처 깨닫지 못했습니다. 아예 두 개념을 같은 것으로 착각하기도 했습니다. 시작부터 이미 혼란의 씨앗이 뿌려진 것이죠. 그 두 개념은 해라스먼트(Harassment)와 불링(bullying)이었습니다. 앞 장의 자가 진단표에서 별도로 구분된 괴롭힘의 유형이기도 합니다.

1) 해라스먼트와 불링의 차이

해외에서도 직장 내 괴롭힘 연구가 아직 초기에 머물러 있을 무렵엔 해라스먼트와 불링이 혼용될 수 있는지에 대한 논란이 있었습니다. 1990년대, 노르웨이의 연구자 아이나슨(Einarsen)이 해라스먼트를 불링 대신 사용할 수 있다는 언급을 한 적도 있었고요. 아이나슨의 발언은 일정 부분 일본 측이 해라스먼트와 불링을 구분하지 못하는 원인이 되기도 했습니다. 또한 일본의 자료를 참고하는 우리나라의 전문가들도 해라스먼트와 불링을 같은 개념처럼 착각하게 되었습니다. 하지만 정작 아이나슨 본인도 해라스먼트를 불링 대신 사용할 때는 앞에 일반적인(Generic)이라는 단어를 붙였습니다. 해라스먼트 앞에 범위를 넓혀주는 단어가 붙었을 때야 불링과 같은 개념이 될 수 있었던 것입니다.

2000년대에는 해라스먼트와 불링의 개념 차이가 깔끔하게 정리되었습니다 (〈표 II-1〉 참조).

표 II-1 해라스먼트와 불링의 개념 차이

출처	해라스먼트	불링
Gilmour & Hamlin (2003)	• 일회성으로 발생해도 성립할 수 있는 행위	• 지속적으로 반복되는 행위로 시간에 따라 강도가 강해지는 행위
Jones (2006)	• 주로 인종, 성별, 장애, 편견, 차별과 관련된 행위 • 신체적이거나 성적인 행위	• 심리적인 행위(최소한 시작 단계에는)
Vega & Comer (2005)	• 구체적인 행위	• 포괄적인 행위
Matthiesen (2008)	• 일회성으로 발생해도 성립할 수 있는 행위	• 일정 시간 이상 지속된 행위
Raver & Barling (2008)	• 제한된 범위의 구체적인 행위	• 해라스먼트를 포함하는 포괄적 개념 (umbrella term)
행위 유형	• 폭언, 성희롱, 차별(성, 인종, 장애인등), 물리적 폭력 등	• 지나친 관리감시, 의사결정에서의 배제, 업무 몰아주기, 사소한 일에 대한 트집 및 시비, 근무시간 외 연락 등

유사 개념	-	• Mobbing, Moral harassment, Generic harassment, Psychological harassment, Emotional Abuse, Offensive Act
조사방식	• 자기보고방식: 괴롭힘 당한 적 있다고 생각하는지 확인 • 행위척도 방식: 소수의 행위 유형, 일정 기간 내 경험 유무 여부 확인	• 자기보고방식: 얼마나 자주/오랫동안 괴롭힘 당했다고 생각하는지 확인 • 행위척도 방식: 20~40개 이상의 행위 유형, 얼마나 자주/오랫동안 경험했는지 확인
관련 법 시행국	• 대부분의 개발국 • 다수의 개발도상국 (볼리비아, 네팔 등)	• 22개국 (우리나라 포함) • 미국/캐나다는 연방법 없이 주정부의 법령

재구성 및 보완: 서유정 외(2022)[1]

해라스먼트는 신체적이고, 구체적이며 제한적인 영역을 아우르지만, 일회성으로도 인정될 수 있는 행위로 구분되었습니다. 무조건 일회성으로 인정된다는 뜻은 아닙니다. 해라스먼트에 해당해도 행위가 경미하다면 여러 차례 반복되어야 피해를 인정받는 것을 국내외의 여러 판례에서 확인할 수 있습니다. 한번 큰 소리를 내거나, 욕 한마디를 했다고 바로 인정되는 게 아닌 것입니다. 해외의 관련 법령과 정책 자료에서 더 많이 언급되는 것은 해라스먼트인데, 그 이유는 단순합니다. 해라스먼트 금지법을 보유한 국가는 많아도, 불링 금지법을 보유한 나라는 20여 곳에 불과하기 때문입니다. 영국과 독일에도 해라스먼트 금지법은 있으나, 불링을 금지하는 법은 없습니다.

불링은 포괄적인 범위의 행위, 정신적이고 교묘한 가해행위를 모두 아우르지만, 지속·반복성의 특성을 가진 괴롭힘으로 정리되었습니다. 상식적으로 업무상 필요했던 행위, 적정 범위를 넘어서지 않는 행위와의 경계가 다소 모호할 수 있습니다. 따라서 불링 금지법을 시행하는 국가 대부분이 지속·반복성을 핵심 판단기준으로 적용하여 객관성을 부여하고 있습니다. 아이나슨이 그랬던 것처럼 해라스먼트 앞에 정서적인(moral), 일반적인(generic)과 같은 단어를 붙어 정서적인 영역을 포괄하고 범위를 넓힐 수 있을 때, 불링을 대체하는 개념

1) 서유정 · 김상진 · 박윤희(2022). 직장 내 괴롭힘 분쟁해결 방안 연구. 고용노동부. 한국직업능력연구원.

으로 시용할 수 있습니다. 물론 지속·빈복성 기준이 꼭 적용되고요. 근로기준법 제76조2의 정의는 지속·반복성을 포함하지 않으나, 국내의 여러 판례에서 주요 판단기준으로 적용되고 있습니다.

2) 국내의 해라스먼트 금지법과 불링 금지법

해라스먼트 금지법과 불링 금지법은 별도로 분리되어 있을 때가 많으며, 법령 시행의 방향성 역시도 다릅니다. 예외가 되는 곳이 우리나라, 일본, 호주입니다. 일본과 우리나라는 두 개념을 제대로 구분하지 않은 채로 법을 시행해서였고, 호주는 불링 금지법으로 해라스먼트까지 아울렀기 때문입니다. 이 과정에서 호주는 신체적 폭력만 일회성으로도 인정하고 그 외의 행위는 모두 지속 반복성을 적용하게 되어 신고를 접수하는 것도, 괴롭힘 피해를 인정받는 것도 세계에서 가장 어려운 나라로 손꼽히고 있습니다.

해라스먼트 금지법은 대체로 사업장뿐만 아니라 사회 전반적으로 공통 적용됩니다. 해라스먼트 자체가 언제, 어디서 발생해도 사회 통념상 심각한 가해행위로 인지될 수 있는 행위기 때문입니다. 불링은 학교면 학교, 직장이면 직장 각각 별도의 법으로 제정되는 경우가 흔합니다.

해라스먼트는 가시적인데다 사회 통념상 범죄형 행위로 인식되므로, 관련 금지법도 가해자를 적발하여 처벌하는 사후구제 방식의 법령을 쉽게 찾아볼 수 있습니다. 하지만 불링은 교묘하고 심리적이며, 구체적 묘사 자체가 어려울 때가 많아 피해를 입증하기가 어렵습니다. 피해자가 괴로워하면서도 정작 자신이 괴롭힘의 피해자인지는 잘 인지하지 못하기도 합니다. 때문에 불링 금지법은 예방에 중점을 둡니다. 애초에 행위 자체가 발생하기 어려운 환경, 조직 문화를 만드는 것에 집중하는 것입니다.

우리나라 역시 국제적 관점에서 보면 해라스먼트 금지법과 불링 금지법이 별도로 구분되어 있습니다. 해라스먼트 금지법은 2018년 이전부터 이미 시행되고 있었습니다(〈표 Ⅱ-2〉 참조). 불링 금지법이 바로 2018년에 제정되어 2019년부터 시행된 직장 내 괴롭힘 금지법에 해당합니다.

표 II-2 국내의 해라스먼트 금지법과 불링 금지법

해라스먼트	불링	국내 관련법
성희롱	-	남녀고용평등법 제12조, 제13조, 제14조, 제25조, 제37조, 제39조 성폭력범죄의 처벌 등에 관한 특례법 제13조
폭행		형법 제260조의1, 제257조의1
폭언		형법 제311조, 제283조
차별		평등법·차별금지법 국회에 계류 중
-	포괄적인 관점의 괴롭힘 행위	<직장 내 괴롭힘 금지법> 근로기준법 제76조의2, 제76조의3, 제93조, 제109조, 제116조 산업재해보상보험법 제37조 산업안전보건법 제4조, 제41조, 제170조 고용보험법 제101조의 2 시행규칙 직업교육훈련촉진법 제24조 병역법 제31조의5, 제31조의6

다만 우리나라의 직장 내 괴롭힘 금지법은 불링 금지법이 아닌, 해라스먼트 금지법을 참고하여 만들어졌습니다. 그래서 우리나라의 직장 내 괴롭힘 금지법은 마치 해라스먼트 금지법처럼 사후구제 중심으로 시행되고 있습니다. 법령의 효과가 크지 않은 이유 중 하나입니다. 피해자가 본인이 겪은 피해 상황을 구체적으로 설명하며 신고하기도 어렵고, 가해자가 가해자로 발각될 가능성도 작기 때문입니다.

참고로 2023년 조사에서 우리나라의 직장 내 괴롭힘 금지법이 효과가 있었는지 5점 만점 척도로 조사한 결과는 2점 중반대에 불과했습니다(〈표 II-3〉 참조). 남성과 여성 사이에는 큰 차이가 없었지만, 연령대 별로는 주요 노동력을 차지하는 30~40대가 가장 직장 내 괴롭힘 금지법의 효과를 낮게 인식하는 것으로 확인되었습니다. 법령 시행 5년이 되었지만 큰 효과는 없었다는 것입니다.

표 II-3 직장 내 괴롭힘 금지법의 효과성 인식(5점 만점)

성별	평균	남				
		20s	30s	40s	50s	60s
남	2.67	2.62	2.48	2.54	3.0	2.84
여	2.72					

*서유정 · 김종우(2023)[2]

3) 괴롭힘을 의미하는 해외의 다양한 용어들

우리나라에 큰 혼란을 불러온 해라스먼트와 불링 외에도 괴롭힘을 의미하는 다른 용어들이 있습니다. 좁은 범위의 괴롭힘을 의미하는 단어는 해라스먼트 정도가 법적 용어로 사용되지만, 넓은 범위의 포괄적 괴롭힘을 의미하는 용어는 모럴 해라스먼트(harcèlment moral), 사이콜로지컬 해라스먼트(psychological harassment), 이모셔널 어뷰즈(emotional abuse), 불링(bullying), 모빙(mobbing), 오펜시브 액트(offensive act) 등 다양한 용어가 있습니다.

그릇된 개념 이해로 또 다른 혼란이 발생하지 않도록 각각의 어원과 의미를 구체적으로 살펴보겠습니다.

해라스먼트는 1600년대에 괴롭힘/문제유발 등을 의미하는 프랑스 단어 harcèle가 영국으로 전파되면서 만들어진 단어입니다. Harass라는 동사가 먼저 만들어졌고, 이후에 해라스먼트라는 명사가 파생되었습니다. 고문(torture)과 같은 극심한 고통을 주는 행위는 아니지만, 일상에서 누군가를 괴롭게 만드는 상황을 묘사하는 단어로 쓰이게 되었습니다. 1600년대의 유럽의 인권 수준이 반영되었기 때문에 상당히 강도 높고, 가시적인 괴롭힘 행위를 의미하는 단어로 쓰이게 되었습니다.

모럴 해라스먼트(harcèlment moral)는 신체적이고 가시적이고 좁은 범위의 괴롭힘을 의미하는 해라스먼트에 대비하여 정신적이고 교묘한 괴롭힘을 설명하

---

2) 서유정 · 김종우(2023). 직장 내 괴롭힘 성립기준 및 사업장 모니터링 체계 구축 연구. 한국직업능력연구원.

기 위해 만들어진 단어입니다. 프랑스의 정신의학자들이 처음 소개했으며, 프랑스어권의 국가에서 주로 사용되고 있습니다. 이 단어에서 사이콜러지컬 해라스먼트와 이모셔널 어뷰즈 등의 단어가 파생되었고, 프랑스의 인근 국가에서 사용되고 있습니다.

불링은 학계에서 가장 많이 사용되는 용어인데, 처음에는 괴롭힘과 전혀 다른 의미로 쓰였습니다. 연인을 의미하는 네덜란드어 'boele'에서 파생되어 16세기 중반에는 연인을 일컫는 표현으로, 이후에는 친한 남성 친구를 의미하는 단어로 사용되었습니다. 괴롭힘을 의미하는 용어로 문헌에 처음 등장한 것은 1838년 찰스 디킨스(Charles Dickens)의 소설 '올리버 트위스트(Oliver Twist)'가 출간되면서부터였습니다. 소설 속 주인공인 어린 소년이 성인들에게서 괴롭힘을 당하는 상황을 묘사하며 사용되었습니다. 1897년에는 버크(Burk)가 발표한 '티징 앤 불링(Teasing and Bullying)'에서 괴롭힘의 유형이 처음 등장했고[3], 이후 해라스먼트와 대비하여 포괄적인 영역의 괴롭힘을 아우르는 단어로 사용되게 되었습니다. 디킨스의 소설에서 처음 등장했던 배경 때문에 강자가 약자를 괴롭히는 상황을 표현하는 어감을 갖게 되었습니다. 국제적으로는 불링이 포괄적 괴롭힘을 묘사하는 단어로 가장 널리 사용되고 있습니다.

모빙은 북유럽과 독일에서 사용되며, 본래 집단생활을 하는 동물 무리에서 여러 마리가 하나를 괴롭히는 상황을 묘사하는 단어였습니다. 사람을 대상으로 사용된 것은 1969년 스웨덴의 내과의사 하이네만(Heinemann)이 학교 괴롭힘 상황에서 여러 아이가 한 명을 괴롭히는 상황을 묘사한 것이 처음이었습니다[4]. 어원 때문에 개별 가해자와 피해자 간에는 유사한 수준의 힘을 갖고 있으며, 집단 괴롭힘을 묘사하는 어감을 갖게 되었습니다.

오펜시브 액트는 다른 용어가 갖고 있는 특유의 어감을 제하고, 순수하게 괴롭히는 행위 자체에 집중하기 위해 만들어진 용어입니다. 핀란드의 법적 용

---

3) Burk, F. L. (1897). Teasing and Bullying. The Pedagogical Seminary, 4(3), 336-371.

4) Boge, C., & Larsson, A. (2018) Understanding pupil violence: Bullying theory as technoscience in Sweden and Norway Nordic Journal of Educational History, 5(2): 131-149

어로 사용되고 있습니다. 물론 영어 단어 그대로 시용되는 것은 아니고, 그에 준하는 핀란드어로 쓰입니다.

각 용어의 발생 배경이나 어감이 있지만, 현재의 국제 학계에서는 해라스먼트를 제외한 다른 용어는 거의 유사한 개념으로 사용되고 있습니다. 불링이 동일 직급자 간 괴롭힘이나 후임의 괴롭힘을 묘사하는 용어로 쓰이기도 합니다. 모빙이 선임의 가해행위를 묘사할 때 쓰이기도 하고요. 다만 피해자와 가해자의 직급 차이에 따른 괴롭힘을 분류하기 위해서 용어를 구분하기도 합니다.

표 II-4 피해자와 가해자의 직급 차이에 따른 괴롭힘 용어 구분

구분	국제적	독일*
상급지의 히급지에 대한 괴롭힘	Downward Bullying	Bossing
동일 직급자 간의 괴롭힘	Horizontal Bullying	Mobbing
하급자의 상급자에 대한 괴롭힘	Upward Bullying	Staffing

* 독일 튀링겐 지역 노동법원의 분류

② 괴롭힘의 판단기준

괴롭힘의 개념을 이해했다면 다음은 판단기준을 살펴볼 차례입니다. 국제적으로는 어떤 기준이 활용되고 있을까요? 〈표 II−5〉는 우리나라를 제외하고 직장 내 괴롭힘(bullying) 금지법을 시행하는 국가와 주 정부 20여 곳의 법령을 정리한 것입니다. 직장 내 괴롭힘 금지법을 시행하면서도 표에서 제외된 곳은 세르비아, 아이슬란드, 핀란드로 제가 언어상의 한계로 파악을 하기가 어려웠거나, 법령에 판단기준이 언급되지 않는 국가였습니다. 즉, 이 표는 직장 내 괴롭힘 금지법을 시행하는 국가 대부분의 법령을 담고 있는 것입니다.

표에서 볼 수 있듯이 가장 많이 활용되는 기준은 지속·반복성과 피해자에게 끼치는 악영향입니다. 다음이 상식적인 범위고요. 우위성이나 가해자의 의도는 거의 사용되지 않고 있습니다.

표 II-5 국가별 직장 내 괴롭힘 법적 정의에 포함된 판단 요소

	국가/주	핵심 판단요소	양면적 요소	주관적 요소		
		지속·반복성	힘의 불균형 (우위성)	가해자 의도	피해자 악영향	상식적인 범위
처벌조항 보유국	대한민국	판례 언급	O	모호	O	O
	프랑스	O		의도/비의도	O	
	브라질	O		의도/비의도	O	
	노르웨이	O		의도/비의도	O	
	호주	O			O	O
	루마니아	(O)	O	의도/비의도	O	
	버뮤다	O		O	O	
	룩셈부르크	O			O	
사용자에게 예방 및 사건 대응 의무 부여	스웨덴	(O)			O	
	네덜란드	O	O			
	벨기에	O		의도/비의도	O	
	아일랜드	O			O	O
	폴란드	O		의도/비의도	O	
	캐나다 온타리오	O				O
	캐나다 매니토바	O	O		O	
	지브롤터	O		의도/비의도	O	O
	일본		O		O	O
	미국 푸에르토리코	O		의도/비의도	O	O
	덴마크	O			O	O
사용자에게 사건 대응 의무 미부여	캐나다 퀘벡	O			O	
	캐나다 브리티시 컬럼비아				O	O
	미국 캘리포니아			O		O
	미국 테네시	O			O	O
	미국 유타	O			O	O
해외의 적용 국가 수		20	4	2	20	11

*재구성: 서유정(2023). 23개 국가㈜의직장 내 괴롭힘 정의 및 법령 분석 연구.

1) 국제적으로 통용되는 기준: 상식적인 범위, 지속·반복성, 피해자에게 끼치는 악영향

국제적으로 통용되는 기준 중 가장 먼저 봐야 할 것은 상식적인 범위입니다. 상식적인 범위가 충족된 다음에 행위의 지속·반복성을, 마지막으로 피해자에게 끼친 악영향을 검토하는 것이 일반적인 판단 방식입니다. 국내에서는 다른 맥락 의존적 기준에 더 무게를 두는 사건이 적지 않습니다만, 저는 이 세 가지를 중심으로 판단하도록 권하고 있습니다. 국제적으로 통용되는 데는 분명 이유가 있으니까요.

① 상식적인 범위

상식적인 범위를 판단하는 관점은 총 두 가지입니다. 첫 번째는 발생한 행위가 상식적으로 볼 때 업무상 필요한 적정 범위를 넘어서는지 보는 관점입니다. 두 번째는 발생한 행위가 상식적으로 괴롭힘이라고 볼 수 있는 행위인지 보는 관점입니다.

첫 번째 관점만 고려할 경우, 자칫 업무상의 괴롭힘(work-related)만이 직장 내 괴롭힘에 해당한다는 착각을 하게 될 수 있습니다. 하지만 관련 연구에서는 업무상 괴롭힘과 개인적 괴롭힘(person-related)을 모두 직장 내 괴롭힘의 행위 유형 안에 포함합니다. 일하는 중에 또는 업무와 관련되어 부차적으로 발생하는 다른 상황에 발생하는 모든 가해행위를 괴롭힘 행위라고 봅니다(예: 회식, 야외 워크샵 등). 업무상의 괴롭힘과 개인적 괴롭힘은 가해 방식의 차이일 뿐입니다. 또한 여성 피해자는 남성 피해자에 비해 상대적으로 개인적 괴롭힘을 많이 겪는 편입니다. 업무상의 괴롭힘만이 직장 내 괴롭힘이라고 주장한다면 상당수의 여성 피해자를 배제하게 됩니다. 따라서 두 번째 관점도 함께 적용하는 것이 마땅합니다.

해외에서는 상식적인 범위를 충족하지 않는 행위가 신고될 경우, 신고 자체를 인정하지 않고 돌려보낼 수 있습니다. 아무리 많은 행위의 증거를 제출해도 그 행위 자체가 상식적인 범위를 충족하지 않는다면 인정되지 않습니다. 사법기관과 행정기관은 물론, 사업장도 마찬가지입니다. 다만 왜 신고를 받아들이지 않는지 그 사유를 신고인에게 알려줍니다. 이런 판단을 할 수 있도록 높은 전문성을 가진 전문인력을 활용하는 것입니다.

상식적인 범위에 해당하는 행위와 그렇지 않은 행위가 섞여 있을 때는 전자만을 분류하여 조사와 판단에 활용합니다. 상식적인 범위를 넘어서는 행위만으로 신고가 접수되어도 무조건 후속 조치를 해야 하는 우리나라와 대조됩니다.

또한 우리나라에서는 '상식적인 범위'를 어떻게 적용해야 하는지에 대해서도 논란이 많습니다. 성별, 연령대별 집단 간의 상식에 큰 격차가 있기 때문입니다. 해외에서는 비교적 공감대가 형성된 상식적인 범위가 존재하므로 적용이 쉽지만, 우리나라는 누구의 상식에 준해 판단할 것인가도 고민해야 합니다.

관련된 국내 판례에서는 '피해자와 유사한 특성을 가진 보통 사람의 상식'을 언급하고 있습니다. 피해자와 성별, 연령대, 유사한 직군에 속한 사람들의 상식을 참고하는 것입니다. 사업장 단위에서는 신고인과 유사한 특성을 가진 직원을 대상으로 예비조사를 실행하여 상식의 범위를 확인할 수 있습니다. 사업장 규모가 작다면, 같은 산업의 다른 사업장 소속이나 상위 노조의 소속 중 신고인과 유사한 특성을 가진 직원의 의견을 수렴함으로써 상식적인 범위를 확인해 볼 수 있을 것입니다. 예비조사에 대한 내용은 III장에서 상세하게 다뤄보도록 하겠습니다.

② 지속 · 반복성

상식적인 범위가 충족된다면, 다음은 그 행위가 얼마나 자주 반복되고 지속되었는지를 봐야 합니다. 특히 포괄적인 괴롭힘(bullying) 행위는 지속 · 반복성이 반드시 성립해야 신고가 인정됩니다. 설령 상식적인 범위를 충족하는 가해행위가 발생했어도, 충분한 지속 · 반복성이 확인되지 않으면 그 신고는 인정되지 않습니다. 신고인에게 왜 인정되지 않는지 사유와 함께 돌려보내는 것입니다.

다만 이때의 지속 · 반복성은 개별 행위에 적용하는 것이 아닙니다. 각각의 가해행위는 한 번씩만 발생했어도, 발생한 모든 가해행위의 합산 빈도가 여러 건이면 지속 · 반복성을 충족한다고 봅니다.

그렇다면 지속·반복성을 적용하는 해외 국가에서는 우리나라보다 괴롭힘 피해를 인정받기가 어려울까요? 답은 '전혀 아니다'입니다. 지속·반복성과 같이 명확한 기준이 있기 때문에 오히려 피해자도 그 기준에 맞춰 사전에 증거 자료를 준비하기가 더 쉽습니다. 본인이 겪은 괴롭힘 피해를 꾸준히 기록하여 그 수치가 지속·반복성의 기준을 넘어설 만큼이 되고, 그 기록이 사실임이 인정되면 피해를 인정받는 것이 당연해지기 때문입니다.

　하지만 우리나라는 이런 기준이 없고, 피해자도 신고를 어떻게 준비해야 하는지 알지 못합니다. 신고를 결심한 시점이 되어서야 막연히 본인이 겪은 일들을 오랜 기억에 의존하여 끄집어내야 하고, 증언에 구체성이 부족하다 보니 조사 과정이 무척 지난해집니다. 신고하는 피해자도 힘들고, 신고서를 작성하는 사람, 조사를 진행하는 사람 모두가 힘들어집니다. 목격자와 행위자로 조사받는 사람도 모두 기억이 모호한 상황에서 조사에 임해야 하니 사실관계 파악이 더욱 어려워집니다.

　또한 객관적 기준 없이, 위원회 등의 주관적 판단으로 괴롭힘 성립 여부를 판단한다는 점은 사측이 위원회에 압력을 행사하여 원하는 대로 결과를 만드는 부당 행위를 허용하기도 합니다. 노조에서 사측에 위원회 위원을 추천할 수는 있으나 결국 임명하는 것은 사용자입니다. 위원회 진행을 담당하는 것도 인사 부서/감사 부서 등 사측입니다. 사측이 입맛대로 위원회를 구성하여 사건을 미성립으로 만들거나, 성립한 후에도 징계하지 않는 일이 발생합니다. 행위의 심각성조차 주관적으로 판단하기 때문에 타당한 징계 수위에 대한 위원회의 결정을 사측이 원하는 대로 유도할 수 있습니다. 객관적 기준의 부재는 결국 진짜 피해자도 제대로 괴롭힘 피해를 인정받지 못하게 만드는 원인이 되고 있는 것입니다.

　객관적 기준의 부재는 허위 갑질 신고가 발생할 수 있는 근간이 되고 있기도 합니다. 해외에서는 객관적 기준을 충족하지 못하거나 기타 다양한 이유로 타당성이 없다고 판단되는 신고는 기각하고 돌려보낼 수 있지만, 우리나라에는 그런 기준이 없기 때문입니다. 1~2건의 모호한 행위를 신고한 것도 조치해야 하며, 그 과정에서 어마어마한 행정력과 비용이 낭비됩니다.

허위신고를 막고, 피해자들이 제대로 피해를 인정받으며, 사측이 임의적으로 사건 결과를 조작하는 것을 막기 위해서도 지속·반복성의 객관적 기준을 꼭 적용할 필요가 있습니다. 게다가 사측이 사건 결과를 조작할 수도 없이 너무나 명확하게 신고가 인정된 사례들을 보면, 피해자가 본인이 겪은 피해를 꾸준히 기록하여 지속·반복성이 있음을 명확히 했다는 공통점이 있습니다. 피해자의 구체적인 사건 피해 기록이 10 ~ 20건가량 되자 사측도 두 손, 두 발을 들 수밖에 없었기 때문입니다.

그렇다면 지속·반복성은 구체적으로 어떻게 적용해야 할까요? 해외에서 주로 활용하는 지속성 기준은 6개월 이상, 반복성 기준은 주 1회 이상입니다(표 〈Ⅱ-6〉 참조). Ⅰ장에서 본 아일랜드의 판례처럼 상식적 범위의 가해행위가 있었고, 피해자가 고통을 겪었음도 인정되었으나, 입증된 가해행위의 6개월/주 1회의 지속·반복성을 충족하지 못한다는 이유로 피해자가 패소한 판례가 있을 정도입니다.

표 Ⅱ-6 해외의 지속·반복성 기준

구분		관련 연구
지속성	3개월 이상	Baldry & Farrington (1999)(학교 괴롭힘)
	6개월 이상	Agervold(2007), Einarsen & Skogstad(1996) Einarsen et al.(2003), Hoel & Cooper(2000), Leymann(1996), Mikkelsen & Einarsen(2010), Niedhammeret al.(2007), Nielsen et al.(2008), Rahm et al.(2019), Vartia(1996)
	1년 이상	Salin(2001)
반복성	가끔 (occasionally)	Salin(2001)
	자주(often)	Vartia(1996)
	주 1회 이상	Agervold(2007), Einarsen& Skogstad(1996), Hoel& Coope (2000), Leymann(1993; 1996), Mikkelsen & Einarsen(2010), Niedhammeret al.(2007), Nielsenetal.(2008),Notelaers& Einarsen(2008), Rahm et al.(2019), Tsunoet al.(2010), Vartia(1996), Zapf et al.(2003)

주 2회 이상	Hogan et al.(2020)
거의 매일	Leymann(1993; 1996)

* 재구성: 서유정 외(2022)[5]

이 기준이 다소 엄격하다는 비판도 있으나 해외의 사법기관에서는 어느 지점에는 명확한 선을 그어야 함을 내세우고 있습니다. 특히 가해자 형사처벌 조항이 있는 국가일수록 괴롭힘 성립을 인정하는 기준이 매우 엄격합니다. 법원에서 가해자로 인정되면 전과자가 될 수 있기 때문입니다.

다만 우리나라는 해외 국가에 비해 개별 가해행위의 강도가 다소 높은 편이므로 해외의 기준을 그대로 사용하는 것은 적절하지 않다고 봅니다. 그래서 우리나라 노동자들의 집단지성을 바탕으로 기준을 세웠고, 그 기준이 반영된 것이 I장에서 본 KICQ 자가진단표입니다. 3개월간 21개의 불링 행위를 경험한 횟수를 합산하여 12번을 넘으면 행위자가 징계받아야 할 수준의 괴롭힘으로 인정할 수 있다는 것이 노동자들의 판단이었던 것입니다.

③ 피해자에게 끼치는 악영향

피해자에 대한 악영향은 가장 많은 국가의 법령에서 언급되지만, 앞의 두 요건이 성립되면 거의 자동으로 충족되는 것으로 여겨지는 기준입니다. 피해자에게 끼친 악영향이 별로 없다면 애초에 신고하지 않을 것이라고 전제하는 것입니다. 다만 호주만큼은 예외로 실제 피해가 있었음을 증명하는 자료를 신고 접수할 때 함께 제출해야 합니다(예: 진단서).

물론 피해자에 대한 보상 수준을 결정하거나 가해자에 대한 형사처벌이 이뤄질 때는 피해자가 겪은 정신적·신체적 피해가 어느 정도인지를 고려합니다. 다만 여기서도 '상식적인 범위'가 적용됩니다. 실제로 발생한 가해행위나 지속·반복된 정도에 비해 피해자가 과도한 피해를 주장할 경우, 극도로 민감한 피

---

5) 서유정·김상진·박윤희(2022). 직장 내 괴롭힘 분쟁해결 방안 연구. 고용노동부. 한국직업능력연구원.

해자에게 맞출 수 없다고 명시한 판례들이 있습니다. 사회 통념상 상식적으로 공감할 수 있는 수준의 정신적·신체적 피해 주장에 해당하는지 보는 것입니다.

2) 우위성에 매몰된 국내 판단기준

우리나라에서는 유독 직장 내 괴롭힘 성립 여부를 판단할 때 우위성(직급상 또는 관계상)을 중요시합니다. 하지만 이 우위성을 해석하는 방식에 따라서 현장에서 또 다른 혼란이 발생하고 있습니다. 직급상 우위는 그나마 상대적으로 혼란이 적지만, 관계상 우위를 해석하는 방식은 각자 다릅니다. 매우 보수적으로 사회 통념상 인정되는 관계상 우위만이 해당한다고 보는 시각도 있습니다 (예: 나이, 성별, 학력 등). 관계상 우위를 이렇게 좁은 범위로만 인정하면, 명백한 가해행위가 발생했는데도 괴롭힘이 인정되지 않는 오류가 발생할 수 있습니다. 또한 직급상 우위와 관계상 우위가 서로 모순될 때, 성립 여부를 판단하기가 까다로워지기도 합니다. 관련하여 아래와 같은 사례들이 있었습니다.

• 동일 직급자 간 따돌림은 괴롭힘 인정 불가?

본 사례는 여러 명의 동일 직급자가 사업장에서 한 명을 따돌리고 고립시킨 사례였습니다. 피해자가 존재하지 않는 것처럼 무시하거나, 피해자가 앞에 있음에도 공공연히 험담하는 등 명백한 가해행위가 존재했습니다. 또한 그 행위가 수개월 이상 지속되었습니다. 하지만 직급상의 우위가 존재하지 않으며, 신고인과 피신고인의 성별이 같고, 연령대와 학력이 유사하여 관계상 우위도 확인할 수 없다는 이유로 괴롭힘으로 인정받지 못했습니다.

• 남성 후임의 여성 상사 성희롱은 인정 불가?

성희롱은 관련 법령이 별도로 존재합니다. 하지만 직장 내 괴롭힘 금지법 시행 이후 성희롱도 직장 내 괴롭힘처럼 판단하는 사례들이 적지 않게 확인되고 있습니다. 본 사례도 그런 경우였습니다. 남성 후임이 여성 상사에게 언어적 성희롱을 가했습니다. 만약 남성 상사가 여성 상사에게 했다면 확실하게 성희롱으로 인정될 수 있는 수준의 인행이었습니다. 하지만 직급상 우위가 관계상 우위보다 객관적이므로 우선시되어야 한다는 위원회의 판단에 따라 이 신고 건도 인정받지 못했습니다.

• 후임의 상사 험담과 헛소문 전파는 괴롭힘 인정 불가?

상사가 후임에 대해 험담하면 괴롭힘 행위에 해당한다고 여겨집니다. 하지만 반대의 상황에는 상사에 대해 험담하지 않는 후임이 어디 있냐는 태도를 보이는 사람들이 적지 않습니다. 본 사례에서도 마찬가지였습니다. 가해자인 후임은 상사에 대해 거의 매일 같이 험담했으며, 상사의 사생활에 대한 헛소문도 여러 번 언급했음을 여러 증인을 통해 확인할 수 있었습니다. 하지만 이 신고 건도 마찬가지로 우위성이 인정되지 않는다며 괴롭힘으로 인정되지 않았습니다. 상사의 신고가 인정되지 않자, 이번에는 후임이 상사가 누명을 씌웠다며 가해자로 신고했습니다. 그리고 괴롭힘이 성립된다는 인정을 받았습니다. 이처럼 우위성에 매몰되면 같은 사업장 안에서도 이중잣대로 괴롭힘 성립 여부를 판단하는 문제가 발생할 수 있습니다.

• 노 = 가해자, 사 = 피해자인 사건은 괴롭힘 인정 불가?

노조원이 이의제기를 명목으로 사용자에게 상습적으로 폭언 섞인 비난과 업무 방해 행위를 반복했다면 괴롭힘으로 인정될 수 있을까요? 당시 자문을 요청받은 노무법인에서는 우위성을 사회 통념상의 기준에 따라 해석해야 하므로 사에 대한 노의 행위는 괴롭힘으로 볼 수 없다고 답했다고 합니다. 하지만 사용자라는 이유로 가해행위를 겪고도 피해를 호소할 권리를 막는 것이 과연 공정한 법의 잣대라고 볼 수 있을까요?

위의 사례들은 모두 명백한 가해행위가 있는데도, '우위성'이라는 기준에 매몰되어 괴롭힘으로 인정받지 못한 사례였습니다. 정반대의 사례도 있습니다. 직급상 우위성이 명확하다는 이유로 가해행위로 보기 어려운 신고 건이 괴롭힘으로 인정된 것입니다. 직장 내 괴롭힘 사건을 볼 때, 핵심이 되어야 하는 것은 행위 그 자체여야 합니다. 우위성과 같은 주변 정황이 아닙니다. 하지만 I장에서 언급했듯이, 맥락 의존적인 동양권 특유의 인지 방식이 행위보다 주변 맥락에 더 집중하게 하여 판단을 복잡하게 하는 것입니다.

국제적으로 직급상의 우위는 괴롭힘 성립 자체보다는 가중처벌 여부를 판단할 때 주로 사용됩니다. 동일한 가해행위가 발생했어도 직급상 우위인 가해자가 하면 동일 직급자나 후임이 하는 것보다 피해자에게 끼치는 여파가 더 클 수 있기 때문입니다. 과거에 비해 가해자 중 후임이 증가하고 있다는 점을 고려할 때, 직급상 우위를 괴롭힘 성립 자체의 판단기준으로 활용하기에는 한계가 있습니다. 관계상의 우위 역시 사회 통념적 관점의 우위성만 인정하면 앞의 사례처럼 명백한 가해행위가 있어도 괴롭힘으로 인정받지 못하는 모순이 발생할 수 있습니다(예: 노의 사를 향한 가해행위).

그럼 국제적으로는 우위성을 어떻게 판단하고 있을까요? 〈표 Ⅱ-2〉에서 봤듯이, 법령에서 직접 우위성을 기준으로 언급하는 국가는 매우 드뭅니다. 해외의 선행연구에서도 피해자와 가해자 사이에 우위성이 성립한 상태를 괴롭힘의 성립 요건 중 하나로 보고 있습니다. 다만 이런 연구에서 말하는 우위성은 피해자가 어떤 이유에서건 가해자보다 약자의 위치가 되어 '가해행위를 중단시키기 어려운 상태'가 된 것을 의미합니다. 이런 상태가 되었는지를 볼 수 있는 객관적인 방법은 행위가 '계속 지속되고, 반복되는가'입니다. 결국 지속·반복성이 힘의 불균형, 즉 우위성이 발생한 상태를 포함하는 기준이 되는 것입니다.

지속·반복성으로 우위성을 판단한다면, 앞의 사례처럼 사회 통념상 우위성이 성립하지 않는다는 이유로 명백한 가해행위를 괴롭힘으로 인정하지 않는 오류가 발생하는 것을 막을 수 있습니다. 직위상의 우위와 관계상의 우위 사이에 모순이 발생했을 때, 판단에 혼란이 오는 것도 막을 수 있습니다(예: 남성 후임과 여성 상사, 노동자 가해자와 사용자 피해자 등). 행위 자체에 집중하고 그 양태를 바탕으로 우위성을 봄으로써, 괴롭힘의 성립 판단이 훨씬 객관적이 되는 것입니다.

3) 가해자의 의도성, 과연 적절한 판단기준일까?

의도성은 관련 선행연구에서도 판례에서도 언급되는 일이 드문 편입니다. 국내에서도 일부 판례에서만 직장 내 괴롭힘 성립을 판단하는데 가해자의 의도성을 언급하고 있습니다.

하지만 최근 조금씩 의도성을 판단 기준으로 세워야 한다는 의견들이 나오고 있습니다. 심지어 한정애 의원이 새롭게 발의한 법안의 직장 내 괴롭힘 정의에도 의도성이 언급되었고요 하지만 의도성을 괴롭힘의 판단기준으로 보게 되면, 가해자가 인정해야지만 의도성이 있다고 보고, 인정하지 않으면 괴롭힘으로 인정하지 않는 부적절한 사례가 증가할 수도 있습니다.

실제로 이미 '우위성을 이용하여'라는 문구를 의도성으로 해석하고, 가해자를 보호하는 데 악용하는 일이 발생하고 있습니다. 행위자가 괴롭히려고 한 것이 아니라며 아예 신고 자체를 인정하지 않고 무마하거나, 위원회 판단에 수긍하지 않는 가해자에 대해 '인정하지 않는다 = 의도성이 없었다'로 임의 해석하여 징계 수위를 낮춘 사례도 있었습니다. 의도성 기준은 가해자를 보호하는 또 다른 수단이 될 위험이 큽니다.

① 의도적/비의도적 가해행위 모두를 인정하는 국제 기준

직장 내 괴롭힘 금지법을 시행하는 국가 대부분은 의도적 가해행위와 비의도적 가해행위 모두를 인정합니다. 의도성이 있으면 가중처벌의 대상이 되는 것이지, 의도성이 있어야만 인정되는 것이 아닙니다.

수십 년간 진행된 직장 내 괴롭힘 연구의 역사 속에서도 가해자의 의도성을 주장한 연구자는 비에르크비스트(Björkqvist)와 그의 동료들을 포함한 극소수에 불과했습니다. 그들의 연구조차 1980~90년대에 머물렀으며 이후로는 가해자의 의도성을 판단기준으로 내세우는 연구를 찾아보기 어렵습니다. 의도성 자체가 판단기준이 되어서는 안 된다는 공감대가 연구자들 사이에서도 있었기 때문입니다.

서구권이 가해자의 의도성을 판단기준으로 인정하지 않는 배경에는 독일 나치 정권의 판례가 있습니다. 그중 특히 유명한 것이 아돌프 아이히만의 판례입니다. 아이히만은 유럽 각지의 유태인을 체포하고 강제 이주시키는 계획을 실행한 나치 간부였습니다. 하지만 재판에서 그는 유태인 학살에 대해 전혀 책임감을 느끼지 않았고, 도리어 무죄를 주장했습니다.

아이히만이 특별히 도덕심, 윤리 의식, 책임 의식이 없는 인격장애자였을까요? 전혀 아니었습니다. 당시 재판에 참석한 아우슈비츠 캠프의 생존자는 아이히만이 너무나 평범한 사람, 일반적인 윤리 의식과 책임 의식을 가진 사람이라는 점을 깨닫고 충격을 받아 쓰러지기까지 했습니다.

아이히만은 맡은 바 책임을 다하는 높은 직업윤리를 가진 사람이었습니다. 그저 그가 받은 업무지시가 유태인을 추적하여 체포하고 강제 이주시키는 것이었고, 그는 성실하게 지시에 따를 방법을 찾아낸 것일 뿐이었습니다. 그 결과가 유태인의 학살이었으나, 아이히만은 본인이 의도한 것이 아니기 때문에 죄책감을 느끼지 않았던 것입니다.

의도성이 있어야만 가해행위로 인정된다면 2차 세계 대전 직후 처형된 수많은 나치 정당원 대부분이 무죄 판결을 받았어야 합니다. 그들 중 의도를 갖고 유태인을 학살하고자 한 사람은 극소수였고, 나머지는 본인의 위치에서 상사가 내리는 지시를 따른 것에 불과했습니다. 하지만 그렇다고 해서 그들에게 죄가 없다고 볼 수 있을까요? 나치 정권의 사례처럼 행위의 결과가 심각할 때만 의도성 없이도 인정한다면 그 심각함의 기준은 또 어디쯤으로 잡아야 할까요? 가해자의 의도성이라는 기준에는 이런 문제가 존재하는 것입니다.

② 의도성 없이 실행되는 수많은 가해행위

• 괴롭히려고 한 게 아니에요

보통의 가해자들은 피해자에게 고통을 줄 의도가 있었음을 인정하지 않습니다. 심지어 본인의 행위가 피해자에게 괴로움을 준다는 생각 자체를 하지 못하는 사람도 많습니다. 회사 업무 수행에 필요해서, 목표 달성에 필요해서, 그저 기분이 좋지 않을 때 곁에 있던 사람이 피해자라서 했던 행위가 피해자에게 고통을 준 경우를 종종 찾아볼 수 있습니다. 심지어 괴롭힘당하던 피해자가 의식을 잃고 쓰러져 응급실에 실려 가기까지 했으나, 가해자가 "괴롭히려고 한 게 아닌데 피해자가 약해서."라고 한 사례도 있었습니다. 눈앞에서 쓰러지는 피해자를 보고서도 본인의 행동에 문제가 있다는 생각은 전혀 하지 못한 것입니다.

• 지시대로 따랐을 뿐인데 제가 가해자래요

개인적인 공감 능력은 낮지 않은데도, 본인의 가해행위에 대한 문제 인식을 하지 못하는 일도 있습니다. 바로 상사의 지시를 이행했고, 그 행위가 괴롭힘으로 신고된 경우였습니다. 가해행위를 지시한 사람과 실행한 사람이 각각 분리되어 있었던 것입니다. 마치 나치 정권에서 유태인 학살을 지시한 사람과 실행자가 분리되어 있었던 것처럼 말입니다.

실행자에게 의도가 없었다고 가해자로 인정하지 않는다면, 지시한 사람은 가해자로 볼 수 있을까요? 지시자도 본인은 그런 의도로 지시를 한 것이 아니라며 발뺌하려 할 것입니다. 실행자는 본인의 의지가 아니었기 때문에, 지시자는 행위 자체를 본인이 실행한 것이 아니기 때문에 둘의 책임의식마저 분산됩니다. 가해자로 인정한다는 결론이 나와도 수용도가 낮아지게 됩니다.

• 비인격화된 가해자(depersonalized bully)

위와 같은 가해자들은 의도성을 숨기는 거짓말쟁이들일까요? 아니면 정말로 아무런 의도 없이 그저 업무 수행을 위해 필요한 수단 정도로만 생각하며 가해행위를 하는 것일까요? 분명 전자도 있으나, 후자도 적지 않습니다. 이런 사람들을 비인격화된 가해자라고 부릅니다. 해외에서는 이미 1940년대 이전부터 비인격화된 가해행위에 대한 문제 제기가 있었고, 나치 정권의 사례는 가해행위가 비인격화될 때 얼마나 극단적으로까지 악화할 수 있는지를 보여주었습니다. 의도 없는 가해행위가 오히려 의도 있는 가해행위보다 쉽게 극단적으로 될 수도 있는 것입니다.

우리나라에도 군대, 경찰, 의료 직종 등에서 명백한 가해행위가 '정신 차리고' 일하도록 하기 위한 수단처럼 여겨지기도 합니다. 개인 대 개인의 관계에서는 바로 가해행위라고 볼 행위조차 업무조직 안에서 발생했다는 이유로 필요한 조치인 것처럼 정당화될 수 있는 것입니다.

③ 괴롭힘 인정 기준을 후퇴시키는 '의도성'

앞의 사례가 보여주듯, 의도성을 괴롭힘 성립의 판단기준으로 두는 것은 적절치 않습니다. 의도성을 적용하는 것은 괴롭힘 인정 기준을 후퇴시키는 것입니다. 설령 의도성이 있던 가해자라도 스스로 피해자에게 해를 끼칠 의도가 있었음을 인정하지 않습니다. 비인격화된 가해자는 본인의 행위가 왜 문제인지조차 인식하지 못할 수 있습니다.

게다가 가해자에게 의도성이 있었는지 제3자가 파악하기란 매우 어렵습니다. 의도성이 없다면 도저히 할 수 없었을 가해행위는 극히 소수에 불과합니다. 그렇다고 피해자의 신고를 통해 의도성을 파악할 수도 없습니다. 피해자는 대부분 가해자에게 의도가 있었다고 생각하기 마련입니다. 가해자의 악의적인 의도성을 강하게 주장하는 신고는 오히려 진(眞) 괴롭힘 신고보다 허위신고에서 두드러집니다. 신고를 수단화하는 허위 신고인은 과장된 묘사를 통해 실제로는 신고된 행위가 발생하지 않았거나, 또는 괴롭힘으로 보기 어려운 애매한 건임을 감추려 하기 때문입니다.

직장 내 괴롭힘 문제와 관련하여 현장에서 발생하는 혼란을 완화하는 데 필요한 것은 괴롭힘 판단을 공정화·객관화해 줄 수 있는 기준입니다. '의도성'과 같이 또 다른 주관적 판단기준을 추가하는 것은 그런 혼란을 더욱 악화시킬 수 있습니다. 가해자의 의도성은 가중처벌을 위한 보조적인 기준이어야 합니다. 괴롭힘 판단 자체를 위한 핵심 기준이 되어선 안 될 것입니다.

직장 내 괴롭힘 신고,
어떻게 처리해야 할까?

III

앞 장에서 '괴롭힘'의 개념이 무엇인지, 신고된 사건이 괴롭힘으로 성립하는지 판단하기 위해서는 어떤 요소들을 고려해야 하는지를 살펴봤습니다. 이론을 채웠으니, 이제 실무를 알아볼 차례입니다. 이번 장에서는 직장 내 괴롭힘 신고에 어떻게 조치해야 하는지 함께 생각해 보겠습니다.

① 직장 내 괴롭힘 예방·대응 지침 작성과 실행

10인 이상 사업장이라면, 직장 내 괴롭힘 예방·대응 지침이 이미 준비되어 있어야 합니다. 위반시 500만 원 이하 과태료가 부과됩니다. 만약 아직도 사업장에 관련 지침이 없거나, 언젠가 만들긴 했었던 거 같은데 아무도 그 자료가 어디 있는지 알지 못한다면 서둘러서 정식 지침을 만들어야 합니다. 또한 한번 만들었다고 끝나는 것이 아닙니다. 법이나 고용노동부의 지침이 개정된다면 그에 맞춰 사업장의 지침도 검토와 개정 작업을 거칠 필요가 있습니다. 우리나라의 직장 내 괴롭힘 금지법이 가장 최근 개정되어 시행된 것은 2021년 10월이며, 고용노동부의 「직장 내 괴롭힘 판단 및 예방·대응 매뉴얼」은 2023년 5월에 최신 개정 버전이 나왔습니다.[1] 사업장의 지침이 그 이전에 만들어진 것이라면, 현행 법령이나 고용노동부 매뉴얼에 위배되는 것은 없는지 검토해 볼 필요가 있겠죠. 관련 사항을 여기서 전부 살펴보는 것은 어려우니, 저는 몇 가지의 포인트만 말씀드리려고 합니다.

지침을 개정할 때나 실행할 때, 아래의 사항을 함께 고려하는 것을 권하고 싶습니다. 법과 정부 지침을 위반하지 않는 것도 중요합니다. 하지만 근본적으로 더 중요한 것은 직원이 모든 절차가 공정하고 객관적이었으며, 그 결과를 충분히 수용할 수 있다고 사업장을 신뢰할 수 있게 되는 것입니다. 또한 신고인과 피신고인이 사측으로부터 부당한 대우를 당했다고 느끼지 않도록 배려하

---

1) 고용노동부 매뉴얼 https://www.moel.go.kr/policy/policydata/view.do?bbs_seq=20230500514 (검색일: 2024.7.13.)

는 것도 중요합니다. 이런 점을 고려하지 않으면 잘못 조치한 신고 한 건으로 회사에 대한 신뢰가 크게 깎여나가고, 조직문화가 엉망이 되는 것을 볼 수도 있습니다. 각각의 사건에 대해 공정하고 객관적으로, 절차를 잘 지켜가며 처리한다면 신고인과 피신고인의 수용도를 높이고, 직원에게도 조직의 공정한 일 처리에 대한 신뢰를 줄 수 있습니다.

1) 직장 내 괴롭힘의 개념과 기준은 사업장에서 활용하기 좋게 재구성

앞 장에서 직장 내 괴롭힘의 개념과 기준에 대해 상세하게 살펴봤습니다. 우리나라의 법령에는 국제적으로 통용되는 기준인 지속·반복성이 빠져 있지만, 사법기관과 노동청에서는 이미 괴롭힘을 판단하는 보편적인 기준으로 활용되고 있습니다. 따라서 법령 내용을 그대로 가져오기보다는 판례와 관련 자료를 바탕으로 사업장에서 활용할 수 있는 타당한 기준을 재구성하는 것이 괴롭힘 사건의 인지와 변별, 조치를 훨씬 쉽게 해 줄 수 있습니다. 실제로 해외에서는 직장 내 괴롭힘 관련 취업규칙에 괴롭힘의 정의와 기준을 재정립하여 넣는 조직이 흔하며[2], 이를 돕는 컨설팅 회사들도 있습니다[3]. 지속·반복성은 관련 사례에서도 꾸준히 언급되는 괴롭힘 판단기준입니다.

우리나라의 법적 정의와 언급되는 기준은 이미 괴롭힘 판단기준으로 활용하기에 모호하다는 점 때문에 비판받고 있습니다. 그 정의와 기준을 그대로 사업장의 지침에 가져다 활용하기보다는 II장에서 살펴봤던 정의와 기준을 반영하여 판단기준을 명확하게 해 주는 방식으로 재정립하는 것을 추천합니다. 다만 공정성과 객관성을 부여하는 핵심적인 기준은 꼭 유지를 하면서요.

---

2) 미국 모 대학의 취업규칙 https://adminfinance.umw.edu/hr/employee−relations/respectful−workplace−policies/workplace−bullying/ (검색일: 2024.7.13.)

3) 취업규칙 샘플 https://www.shrm.org/topics−tools/tools/policies/workplace−bullying−policy (검색일: 2024.7.13.)

2) 신고 접수를 보고받고, 조치를 결정할 권한은 노-사 공동으로

현행법상 신고 접수 후 조치할 의무는 사용자에게 부여됩니다. 이를 바탕으로 신고를 접수한 뒤, 조사 등을 결정할 권한을 사용자의 단독 의사결정으로 지침에 넣는 사업장이 있습니다. 조사 이후의 의사결정은 위원회를 통하므로 기본적으로 노사 공통 의사결정이 됩니다. 하지만 신고 접수 직후 사용자에게 보고하고, 사용자가 지시를 내려야 이후의 조치가 시작될 수 있는 방식으로 지침을 만든다면 문제가 될 수 있습니다. 특히 사용자가 본인과 친한 직원이 신고되었을 때, 객관성과 공정성을 잃고 조사를 막았던 사례들이 이미 적지 않게 확인되고 있습니다. 사건이 수개월, 심지어 수년간 방치된 적도 있습니다.

사용자가 법을 위반했으니 신고하면 되지 않냐고 하지만, 가해자 개인을 신고하는 것만도 힘든 피해자가 사용자(즉, 조직)을 신고하기란 쉽지 않습니다. 노동청에 신고해도, 최근엔 근로감독관이 직접 조사하기보다 사측에 관련 내용을 조사하여 제출하라고 하는 경우가 많습니다. 사용자의 부적절 행위를 사측이 조사하면 공정한 조사 결과를 기대하기 어렵습니다.

신고가 접수되고 처리되는 동안, 노조 또는 노사위원회의 노측 대표에게 알리지 않는 사업장도 있습니다. 진상조사를 바탕으로 사건 성립을 판단하려면 위원회도 구성해야 하고, 그 위원회에는 노-사 양쪽이 동수로 들어가야 합니다. 하지만 신고를 노측에 알리지 않는다면 어떻게 노측 위원을 지정할 수 있을까요? 놀랍게도 사측이 임의로 노측 위원을 결정해 버리기도 합니다. 사용자 단독 의사결정권은 이런 면에서도 문제가 있는 것입니다.

때문에 저는 신고 접수 후 의사결정을 노-사 공통으로 하도록 하는 것을 권하고 있습니다. 객관성과 공정성이 상대적으로 더 잘 보장될 수 있기 때문입니다. 또한 모든 신고는 다 정식 조사해야 하는 것은 아니며, 그렇게 하기엔 행정부담도 큽니다. 부적절한 신고, 사실관계 확인이 불가능한 신고도 분명 발생하고 있기 때문입니다. 약식 조사도 고용노동부 매뉴얼에는 들어가 있으나, 그 자체가 법령과 배치된다는 문제가 있습니다[4]. 이런 복잡한 상황에 마주했을 때, 사용자와 노조(또는 노측 대표)가 함께 보고받고, 협의하여 첫 의사결정을 한다면, 그 결정의 타당성과 공정성을 방어하기가 훨씬 쉬워질 것입니다.

3) 조정 역할: 노조 또는 노측 대표 중심으로

고용노동부 매뉴얼의 약식 조사는 법령과 위배되기도 하지만, 특성상 조정에 가깝습니다. 하지만 과거 '조정'을 명목으로 사실상 신고 무마를 시도한 사업장의 사례는 심심치 않게 찾아볼 수 있습니다. 약식 조사가 본래의 의의대로 활용되는 것이 아니라, 신고인과 목격자를 압박하는 절차로 쓰일 수도 있는 것입니다. 또는 약식 조사에 동의했던 신고인과 목격자가 그 과정에서 사측이 본인들을 압박했다고 주장할 수도 있고요. 따라서 조정은 사측보다 노조(또는 노측 대표) 중심으로 하는 것이 절차의 공정성과 결과의 수용성을 더 해 줄 수 있을 것으로 생각됩니다. 다만, 전문가의 도움을 받으면서 진행을 해야 할 것입니다.

4) 고충 처리 담당자와 조사관은 적절한 소양을 갖춘 사람으로

괴롭힘 피해를 상담하고, 신고를 접수하고, 사건을 조사하는 사람이라면 필수적으로 타인의 괴로움에 공감함과 동시에 객관성과 공정성도 유지할 수 있어야 합니다. 또한 직장 내 괴롭힘 관련 이슈와 문제 대응 방식에 대해 적절한 지식을 갖춘 사람이기도 해야 합니다. 1~2주의 온라인 교육, 며칠 간의 집합 교육만으로는 필요한 전문성과 감수성을 제대로 갖추기 어렵습니다. 게다가 오랫동안 역할을 맡는 것이 아니라, 2~3년, 심지어 그보다 짧은 기간 단위로 담당자가 바뀌기도 합니다.

그동안 많은 사업장이 고충 처리 담당자나 조사관을 어느 정도 연령대와 직급이 높은 사람을 중심으로 선택했습니다. 젊은 직원이 고충 처리를 담당하기

---

4) 이준희(2019). 고용노동부 「직장 내 괴롭힘 대응·예방 매뉴얼」의 문제점과 개선 방안. 강원 법학 58, 167 – 201.

에는 사회생활 경험이 충분하지 않을 것이라는 판단이었습니다. 인사 부서에 고충처리 역할을 맡기는 사업장도 흔했습니다. 하지만 피해자 처지에서는 그들에게 상담을 요청하는 것이 쉽지 않습니다. 연령대나 직급이 높은 사람은 이미 그 자체로 편하게 접근할 수 있는 사람이 아닙니다. 인사 부서는 계약이나 근평을 함께 담당하기 때문에 특히 비정규직 직원일수록 접근하기가 어렵습니다. 또한 인사 부서는 부서원들이 같은 사무실을 사용하기 때문에, 고충 처리 담당자에게 연락했다가, 다른 부서원에게 노출될 위험도 큽니다. 이렇듯 피해자를 배려하지 않은 방식으로 고충 처리 제도를 실행하면서, 사업장 안에서 문제해결을 시도하기보다는 외부 신고로 눈을 돌리는 사람들이 많아졌습니다. 매년 노동청 신고가 꾸준히 증가했고, 10,000건을 넘어선 이유 중 하나입니다.

사업장의 사정이 된다면 가급적 고충처리 담당 업무를 계속직, 전담직으로 할 수 있는 것이 좋긴 합니다. 다른 업무를 하면서, 고충 처리 역할까지 해야 한다면 더더욱 전문성을 쌓을 여유도 없을 테니까요. 실제로 이미 규모가 크고 여력이 되는 사업장에서는 아예 전담 인력, 부서를 배치하기도 합니다. 하지만 실제로 이렇게까지 실행할 수 있는 사업장은 많지 않습니다.

그렇다면 외부 전문가를 활용하는 것도 좋은 방법이 됩니다. 그들을 위촉한다면 직원 입장에서도 접근이 쉽고, 상담의 전문성도 보장됩니다. 이들이 부적절한 신고를 걸러주는 역할을 할 수도 있습니다. 또한 전문적으로 사업장의 조직문화를 진단하여 문제를 확인하고, 예방 계획을 세우고, 실행을 주도해 줄 수도 있을 것입니다.

단, 외부 전문가를 활용할 때는 사용자나 사측 간부들, 노측 간부들과 개인적인 친분을 지닌 사람은 피해야 합니다. 직장 내 괴롭힘 문제를 시장처럼 보는 사람, 돈을 버는 수단으로 보는 사람도 걸러야 합니다. 전문성만 가졌고 윤리 의식은 없는 사람에게 잘못 맡긴 결과, 오히려 직원을 부추겨 신고를 수단화한 사례도 발생하고 있기 때문입니다. 이런 문제를 막기 위해, 고충 처리 상담을 맡길 전문가와 신고 처리를 맡길 전문가를 서로 관계가 없는 사람들로 별도로 두는 방법도 고려할 수 있습니다.

참고로 조사를 진행할 때는 외부 전문가가 조사를 주도하도록 하고, 내부에서는 사건 조사 절차와 방식에 대해 잘 알고 있는 노측 1인과 사측 1인이 함께 조사 과정을 참관하는 것을 추천합니다. 조사가 공정하고, 절차를 잘 지키면서 진행되었음을 보장하기 위해서입니다. 이때 참여하는 노측 1인과 사측 1인은 남, 여가 모두 포함되어야 하며, 서로 직급 차이가 없는 것이 좋습니다. 직급 차이가 난다면, 사측 위원이 직·간접적으로 노측 위원의 인사 평가에 영향을 주지 않는 사람이어야 합니다.

사업장의 규모가 작아 단독으로 외부 전문가 활용비를 확보하기 어렵다면, 인근의 여러 사업장이 연합하여 전문가를 함께 위촉하는 방식으로 비용 절감을 꾀해 볼 수도 있을 것입니다. 어느 정도 규모가 큰 사업장이 아닌 한, 직장 내 괴롭힘 관련 문제가 상시 발생하진 않으니 말입니다.

어떤 방식이든 적절한 담당자가 확보되면, 회사 전체에 그들의 이름과 역할, 연락처를 공지합니다. 고충처리위원을 지정만 해두고 정작 홍보를 하지 않아 피해자들이 접근하지 못하는 불상사를 막기 위해서입니다. 전체 이메일로도 공지하고, 게시판에 붙여두는 것도 좋습니다.

고충처리위원을 지정하고 홍보하면, 사업장의 조직문화가 얼마나 건강한가에 따라 신고가 들어오기 시작합니다. 신고가 전혀 들어오지 않는 사업장은 오히려 문제가 있습니다. 피해율이 낮은 국가라면 신고가 없는 것이 곧 피해도 없다는 것으로 받아들여질 수 있습니다. 하지만 우리나라는 피해율이 세계적으로 높은 편에 속합니다. 그런데도 신고가 없다는 것은 피해자가 신고를 생각하기 어려울 만큼 심하게 괴롭힘당하고 있거나, 조직문화 자체가 신고하는 것을 부정적으로 여기며 억제하고 있다는 의미입니다. 동시에 허위 신고가 많은 직장도 조직문화에 문제가 있는 곳입니다. 이런 신고는 처음 발생했을 때 잘 대응하면 이후에 잘 발생하지 않습니다. 하지만 처음 발생했을 때, 사측이 피신고인을 희생양으로 내어주고 책임회피를 하면, 이후부터는 허위신고가 쉽게 증가합니다. 사측이 스스로 신고를 수단화하면 이익을 볼 수 있다는 메시지를 전달하면서, 직원들이 허위신고를 학습하기 때문입니다.

우리나라의 높은 피해율을 고려할 때, 약간의 진(眞) 신고가 있는 수준이 비교적 건강한 조직문화를 의미한다고 볼 수 있습니다. 이미 피해율이 높은 것 자체가 좋은 조직문화라는 뜻은 아니지만, 그래도 피해율은 높으면서 신고도 없는 사업장이나 허위신고만 많은 사업장보다는 나은 편입니다.

5) 신고 접수 후에는 신고인과 피신고인 양쪽에 그들의 권리 전달

이렇게 신고가 접수되기 시작하면, 접수한 담당자는 그때마다 신고인과 피신고인 양쪽에게 그들이 신고 이후에 누릴 수 있는 권리를 알려줄 수 있어야 합니다.

먼저 신고인에게는 어떤 절차로 진행이 될 것인지를 알려줍니다. 사측이 어떤 보호 조치를 해 줄 수 있는지, 그 외에 해 줄 수 있는 지원은 무엇인지, 그 외에도 누릴 수 있는 권리가 무엇인지 확실히 알려줘야 합니다. 이 단계에서 혹시라도 신고인이 회사에서 감당할 수 없는 수준의 분리 조치나 지원을 요구한다면, 어떤 점에서 그 요구가 타당하지 않은지 설명해 줄 수 있어야 합니다[5]. 그 외에도 조사에 참여할 때 정서적 의지처가 되어줄 사람과 동의할 권리, 조사관이나 위원회에 귀책 사유가 있는 사람이 있다면 배제를 요구할 권리 등이 있지만 신고인이 전혀 알지 못한 채 사건 처리가 진행되기도 합니다. 신고를 접수한 담당자가 신고인에게 권리를 알려줘야 한다는 것을 모르거나, 아니면 알면서도 하지 않기 때문입니다.

피신고인도 사건이 입증되기 전까지는 신고인과 같이 보호받을 권리가 있지만, 무시되는 경우가 적지 않습니다. 피신고인에게는 신고된 행위의 내용과 발생했다는 시점을 알고 방어를 준비할 권리가 있으며, 과도한 분리 조치로 피해받지 않을 권리도 있습니다. 하지만 사건이 종료될 때까지 관련 사실이 공식적으로 전혀 전달되는 일 없이 진행될 때도 있습니다. 피신고인도 본인이 가해행위 하지 않았음을 입증할 증거를 찾고, 스스로를 방어할 수 있어야 합니다. 심

---

5) 분리 조치의 적정 범위에 대해서는 뒤쪽에서 좀 더 구체적으로 다루도록 하겠습니다.

지어 범죄 용의자도 본인이 무슨 일로 체포되는지 고지받으면서 체포됩니다. 하지만 여러 사업장이 범죄 용의자도 보장받는 권리를 범죄자가 아닌 피신고인에게서 제한 또는 박탈하고 있는 것입니다.

피신고인에게 신고인과 신고 내용을 공식적으로 알리는 것은 기밀유지 조항 위반이 아닙니다. 반면, 뒤에서 사적으로 알리는 것은 기밀유지 위반입니다. 신고를 인지한 뒤, 피신고인이 관련하여 얘기하고 다닌다면 그것도 기밀유지 위반이니 처벌하면 될 일입니다. 기밀유지를 부적절하게 적용하여 오히려 명확한 진상 파악과 적절한 조치를 방해하는 사업장의 사례들은 적지 않습니다. 같은 실수를 범하지 않도록, 기밀 유지의 의의와 범위를 제대로 이해해야 할 것입니다.

6) 예비조사

예비조사는 아직 정식으로 인정된 절차는 아닙니다. 하지만 저 외에도 현장에서 활동하시는 일부 전문가들이 필요성을 느끼는 절차이긴 합니다.

예비조사는 신고된 행위가 적절한 신고인지, 상식적으로 도저히 괴롭힘으로 볼 수 없는 상황을 신고한 것은 아닌지 검토하는 절차입니다. 해외에서는 수준 높은 전문가들이 괴롭힘 사건을 다루며, 경험도 풍부하기 때문에 부적절한 신고는 접수 단계에서 아예 정리가 됩니다. 부적절한 신고에는 조사 조치를 할 필요도 없기 때문입니다. 하지만 우리나라는 신고하면 무조건 조사 조치가 의무이며, 전문가들이 많지 않기 때문에 '상식적인 범위'와 '신고의 적절성'을 파악하는 조사가 필요한 것입니다.

개인적으로는 신고인에게 누릴 수 있는 권리를 알리는 것을 예비조사 이후에 하는 것이 적절하다고 봅니다. 예비조사를 통해 전혀 상식적이거나 적절한 신고가 아니었다고 확인된다면, 어떤 면에서 신고가 적절하지 못한지를 알려주고 돌려보내거나 보완해 오도록 하는 것입니다. 이런 절차를 통해 적절한 신고라고 확인된 경우에만 보호조치 등의 권리를 누리도록 하는 것이 맞지 않을까 합니다. 피해자를 위한 보호조치를 누리기 위해 신고를 악용하고, 주변인을 무고하는 일도 적지 않게 발생하고 있기 때문입니다.

또한 피신고인에게도 신고인과 신고 내용을 알리는 것을 예비조사 이후에 하는 것이 적절하다고 생각합니다. 예비조사 단계에서 부적절 신고로 확인된다면 신고인에게 그 이유를 알리고, 신고를 돌려보내게 됩니다. 이미 부적절한 신고로 확인되어 조치 없이 종결처리 된 것조차 굳이 피신고인에게 알릴 필요는 없다고 생각됩니다. 적절한 신고로 확인되어 정식 조사를 진행하게 되면 그때 피신고인에게도 알리고, 신고인 보호 조치를 실행하는 것으로 가는 것이 적절할 것으로 생각됩니다.

예비조사를 어떤 식으로 해야 하는지는 관련 내용을 뒤에서 상세하게 다루도록 하겠습니다.

7) 정식 조사는 신고인-목격자-피신고인 순서로

예비조사를 거쳐 정식 조사의 필요성이 인정된다면, 신고인－목격자－피신고인의 순서로 조사를 진행합니다. 신고인의 증언을 바탕으로 피해자가 주장하는 사건의 정황을 파악한 뒤, 목격자의 증언을 얻어 실제로 발생한 일인지를 확인합니다. 그리고 마지막으로 피신고인에 대한 조사를 진행하여 방어권을 행사할 수 있도록 합니다.

조사가 끝난 다음에는 보고서를 작성하여 사용자와 노조(또는 노동자 대표)에서 보고하고, 위원회를 구성하여 개최합니다.

8) 위원회 구성은 누구나 공정성과 객관성을 인정할 수 있도록

조사가 진행된 사건에 대해서는 고충심의위원회[6]를 개최하는 것이 기본 절

---

6) 또는 진상조사위원회 등 다양한 명칭으로 불리나, 기본적으로 조사 결과를 검토하여 괴롭힘 성립 여부를 판단하는 위원회

치입니다. 조사된 결과를 바탕으로, 신고인이 겪은 상황이 괴롭힘으로 인정될 수 있는지 검토하는 것입니다. 괴롭힘으로 인정된다면 징계위원회를 개최하게 됩니다. 발생한 행위와 대비하여 적절한 수준의 징계를 결정하는 것입니다. 사용자는 징계위원회의 권고에 따라 가해자 징계를 결정하게 됩니다.

조사를 통해 진상을 파악하는 것도 중요하지만, 그 조사 결과를 바탕으로 괴롭힘 피해를 인정할 수 있는지 결정하는 위원회의 운영도 무척 중요합니다. 위원회가 잘못 구성되어 있다면, 당연히 결과에 대한 신고인과 피신고인의 수용도도 떨어질 수 밖에 없습니다.

누가 봐도 객관성과 공정성이 있다고 볼 수 있도록 위원회를 구성하기 위해 아래와 같은 원칙익 준수를 권합니다.

결과 수용도를 높이는 위원회 구성의 원칙

- 노와 사, 양쪽에서 같은 수의 인원이 위원회에 들어간다.
- 성비와 연령대별, 직급별 비율을 최소한 균등하게 유지한다. 남성, 40대 이상, 고위 직급자가 많이 들어가는 상황을 피한다. 남성과 40대 이상은 평균적으로 민감성이 떨어지며, 고위 직급자가 많이 들어가면 사측의 입장을 강하게 반영하려는 듯한 인상을 주게 된다.
- 내부 위원의 임명은 노사 양쪽에서 추천한 뒤, 합의를 통해서 결정한다. 사측 위원도 노측이 동의하고, 노측 위원도 사측이 동의하는 사람들만이 들어가도록 한다.
- 사측 위원 중에 간부급이 대거 들어가는 것은 피한다. 노측 위원의 직속 상사나, 인사 평가를 하는 사람이 들어갈 수도 있기 때문이다. 노측과 인원수만 같을 뿐, 직급 높은 사람이 많기 때문에 사측에 무게가 실리는 인상을 주게 된다.
- 외부 위원의 수는 내부 위원 전체보다 많게 한다. 외부 위원도 성비와 연령대별 비율을 최소한 균등하게 유지한다.
- 외부 위원은 관련 전문성이 높은 전문가들을 노사 양쪽에서 추천한 뒤, 합의를 통해서 결정한다. 사측에서 추천한 외부 위원도 노측이 동의하고, 노측에서 추천한 외부 위원도 사측이 동의하는 사람만이 들어가도록 한다. 양쪽에서 추천한 전문가가 같은 수 또는 비슷한 수를 유지하는 것이 좋다.
- 내·외부 위원은 신고인, 피신고인, 목격자, 사용자, 경영진 간부, 노측 간부와 친분이 전혀 없는 사람이어야 한다. 혈연관계는 물론, 지연, 학연 관계가 조금이라도 있으면 피하는 것을 추천한다.
- 신고인과 피신고인이 귀책 사유를 주장하는 위원이 있고, 그 귀책 사유가 타당하다면

위원회에서 제외하고 다른 사람으로 교체한다.
- 사측이 고충심의위원회에 참여했던 노측 위원을 징계위원회에서 제외하고자 한다면, 사측 위원도 같은 수만큼 교체한다.
- 위원회 위원장은 외부 전문가에게 맡긴다. 위원장은 위원들의 토론을 중간중간에 정리하는 역할을 하는데, 내부 위원에게 맡기면 자칫 중립적이지 않은 방식으로 정리할 수도 있다.
- 감사 부서는 절차상의 문제가 없도록 위원회가 진행되는 동안 참관하는 역할을 해야 한다.

위원회 구성 과정에서 노와 사, 양쪽이 동수로 들어가도록 표면적인 인원수를 맞추는 것은 잘 지켜지는 편입니다. 하지만 인원수만 잘 맞췄을 뿐, 사측이 노측 위원까지 멋대로 임명하는 경우, 사측 위원에 고위 직급자를 대거 투입하는 경우 등이 발생하고 있습니다. 또한 다수를 고령자로 임명하거나, 여성의 비중이 매우 낮았던 사례도 있습니다. 외부 위원의 수를 내부 위원보다 많게 하는 것은 상대적으로 잘 지켜지지 않는 것으로 보입니다. 외부 위원을 위촉하는 비용이 부담되어서 또는 위촉할 인력 풀이 없어서인 경우도 있고, 사측이 원하는 방향으로 결론을 내리기 위해서 아주 적은 수의 외부 인력만 위촉하는 경우도 있습니다. 외부 위원이 내부 위원 수에 비해 너무 적다면, 공정성과 객관성에 대한 의심이 생길 수 밖에 없습니다. 가급적 의심의 여지를 남기지 않도록 위원회를 구성하는 것이 훨씬 좋겠죠.

권고사항까지는 아니지만, 외부 위원 중 한 명은 어느 정도는 연령대가 있고, 체구도 작지 않으며, 규모 있는 로펌 출신의 변호사를 위촉하는 것이 하나의 노하우가 될 수 있습니다. 위원회가 신고인과 목격자, 피신고인의 추가 증언을 확인할 때, 이런 변호사가 질문을 주도하도록 합니다. 같은 역할을 젊은 외부 위원이 맡았을 때보다 위의 특징을 가진 변호사가 맡았을 때, 신고인이나 피신고인이 외부 위원의 질문과 발언 등을 트집 잡고, 절차상 문제를 제기할 가능성이 작기 때문입니다. 물론 이 변호사는 당연히 높은 전문성과 더불어 신고인, 피신고인, 목격자를 대할 때의 섬세함을 갖춘 사람이어야 합니다.

9) 신고인과 피신고인에게 결과 공지

피해 사실이 인정된다면 인정된다고, 아니면 아니라고 신고인과 피신고인에게 확실히 알려줘야 합니다. 신고인에게는 피해 사실이 인정되어도, 되지 않더라도 상담 등을 포함한 정서적 지원이 제공되어야 합니다. 어떤 지원 사항을 활용할 수 있는지 신고인에게 알려줍니다. 또한 피해 사실이 인정되지 않은 신고인이 결과에 불복한다면 어떤 조치를 할 수 있는지 알려줍니다(예: 노동청, 지방 노동위원회에 재신고).

피해 사실이 인정된 피신고인(가해자)에게는 어떤 수위의 징계가 내려질 예정인지 알려줍니다. 이후, 피해자에게 부적절한 행동을 하여 2차 가해가 되지 않도록 정기적으로 관리하게 될 것이라는 점, 어떤 식으로 그 관리가 이뤄진다는 점을 알려줍니다. 또한 결과에 불복한다면 어떤 조치를 할 수 있는지도 알려줍니다(예: 3개월 이내 지방 노동위원회에 제소 등).

피해 사실이 인정되지 않은 피신고인에게는 정서적 괴로움에 대한 상담 등의 지원을 제공받을 수 있음을 알립니다. 피신고인의 마음은 달래주되, 혹시라도 신고인을 원망하여 부적절한 행동을 하게 된다면 자칫 2차 가해가 될 수 있으니 조심하도록 알려줍니다.

신고인은 신고나 피해 주장을 이유로 해고나 그 외에 불리한 처우를 받아선 안 됩니다. 예전에는 이 기간이 3년으로 언급된 적이 있었는데, 최신 고용노동부 매뉴얼에서는 이 기간이 삭제되었습니다. 해외 사례를 보면, 벨기에에서 신고일로부터 1년간 보호받을 권리를 보장하고 있습니다.

가해자가 보복행위나 다른 가해행위를 하지 않는지 관리하는 것은 2년간 하도록 고용노동부의 매뉴얼에 언급되어 있습니다. 일부 신고인 중 이 기간을 늘리거나 절차상의 문제를 트집 잡기 위해, 일부러 정기별 모니터링을 피하려고 하는 일도 있습니다. 모니터링을 맡은 담당자는 이런 불상사가 생기지 않도록 모니터링 기간과 빈도를 잘 지켜야 할 것입니다.

10) 회사 전체에 결과 공지

이 절차는 전문가들의 의견이 갈립니다. 기밀유지 조항을 언급하며 전체에 공지하는 일은 없어야 한다는 주장도 있습니다. 반대로 다른 가해자에게 경각심을 심어주기 위해, 전체 공지를 해야 한다고 보는 의견도 있습니다.

제 입장은 인정된 사건에 대해서는 신고인의 동의하에, 미인정된 사건에 대해서는 피신고인의 동의하에 결과를 전체에 공지하는 것이 좋다는 것입니다. 다만, 이때 꼭 신고인과 피신고인이 누구인지 밝힐 필요는 없습니다. 어떤 가해행위에 대하여 어떤 조치를 했다는 정도만 언급해도 됩니다. 전혀 알리지 않고 비밀로 묻어두려고 할수록 오히려 부적절한 방식으로 소문이 퍼져나가기 때문입니다. 신고인과 피신고인이 절대 사건 공개에 동의하지 않는다면 어쩔 수 없겠지만, 동의한다면 공개하는 것이 조직문화와 직장 내 괴롭힘 예방에는 더욱 도움이 된다고 봅니다.

11) 회사 전체에 대한 후속 조치

직장 내 괴롭힘 문제는 하나의 사건 처리가 완료되었다고 끝나는 것이 아닙니다. 다른 사건이 재발하지 않도록 예방하기 위한 조치가 필요합니다. 또한 함께 일하던 동료가 신고하고, 신고되는 상황을 겪고 정서적으로 흔들렸을 다른 직원들에게 다시 소속감을 불어넣고, 안정을 되찾을 수 있도록 돕는 활동도 필요합니다. 후속 조치는 직장 내 괴롭힘 예방을 위한 사업장 전체 캠페인, 직급별 예방 활동 간담회, 팀워크 빌딩 활동 등 사업장마다 다양하게 수행한 사례들이 있습니다.

12) 예방 교육은 실효성 있게

예방 교육은 후속 조치의 하나가 될 수도 있으나, 동시에 매년 해야 하는 의무교육이기도 합니다. 교육 자체는 필요하지만, 현재까지 실효성이 별로 높지 않다는 문제가 있습니다. 직장 내 괴롭힘 예방 교육이 의무화되고, 온라인 교육 과정이 운영되면서 오히려 예방 교육을 대신 듣게 하는 괴롭힘이 등장하기도 할 정도였습니다. 후임에게, 비정규직에게 본인의 계정으로 교육을 듣게 하면, 실제로는 교육을 전혀 듣지 않았어도 들은 척할 수 있습니다. 꼭 교육을 들어야 할 가해자가 오히려 교육을 듣지 않고 피해자가 더 많이 듣는 모순이 발생하는 것입니다. 또한 서로 관련 깊은 성희롱 예방교육, 폭력 예방교육, 직장 내 괴롭힘 예방교육을 각각 별도로, 매년 받도록 하면서 더더욱 학습 의욕을 꺾고 있기도 합니다.

오프라인 교육이라고 문제가 없는 것은 아닙니다. 전문성이나 감수성이 부족한 강사를 위촉하면서 잘못된 내용의 교육이 제공되어 지원들에게 잘못된 인식을 심어주는 문제도 있었고, 심지어 강사가 가해 언행을 한 사례도 확인된 적이 있습니다[7]. 예방 교육의 양적 확대에만 집중했던 정부의 방침이 얼마나 문제 있는지 보여주는 것입니다.

그래도 조금씩 강사의 질이 높아지고 있습니다. 강사로 활동하는 사람 중에는 스스로 스터디 모임을 하면서 정보를 공유하고, 교육 컨텐츠를 더욱 효과적으로 제공하기 위해 노력하는 사람들도 있습니다. 외부 강사가 아닌, 사업장의 직원 중에서도 꾸준히 관련 문제를 담당하면서 전문성을 쌓고, 현장성 넘치는 강의를 하는 사람도 있습니다. 이런 강사들이 계속 발굴된다면, 교육의 질적 문제는 개선될 수 있을 것으로 기대해 봅니다.

다만, 예방교육의 실효성을 더욱 높이기 위해서는 사용자와 경영진이 가장 적극적으로 교육을 듣고 인식 개선을 할 필요가 있습니다. 일반 직원의 인식이 아무리 바뀌어도, 사용자와 경영진이 여전히 같은 태도라면 조직 내에서는 계속 괴롭힘이 전파됩니다. 그들의 태도가 조직문화를 결정하기 때문입니다. 사용자와 경영진에게 왜 직장 내 괴롭힘 문제가 그들의 문제인지 공감하게 할 수 있는 컨텐츠의 발굴이 꼭 필요합니다. 사용자와 경영진이 '아, 이래서 괴롭

---

7) 경향신문(2022.11.17.). "성욕 해소하려 구멍 뚫어"... 신병 성폭력 예방교육 시간에 성희롱 발언한 강사. 출처: https://v.daum.net/v/20221117083253213 (검색일: 2024.7.13.)

힘을 막아야 하는구나'라고 느낄 수 있도록, 그들의 관점에서 설득할 수 있는 컨텐츠 말입니다. 제가 직장 내 괴롭힘 비용 연구를 한 이유이기도 합니다. 직장 내 괴롭힘이 비용의 손실로 이어진다면, 사용자를 설득하는 데 도움이 될 테니까요.

직장 내 괴롭힘의 비용

제가 연구한 직장 내 괴롭힘 비용은 1건당 1,550만 원(2013년)[8]이었습니다. 산업별 인건비 손실은 전자산업 1,380억 원과 철강산업 261억 원(2014년)[9], 국가 단위 인건비 손실은 4조 7,835억 원(2016년)[10] 수준이었습니다. 가장 최근에 산업별 인건비 손실을 산출한 결과는 아래와 같았습니다

산업별 직장 내 괴롭힘으로 인한 인건비 손실

(단위: 억 원)

구분	2023년			
	피해자	가해자	목격자	계
제조업	3,175	1,412	4,220	8,807
건설업	2,443	896	1,459	4,799
도매 및 소매업	1,417	416	1,319	3,152
숙박 및 음식점업	1,231	598	830	2,659
교육서비스업	1,624	854	1,768	4,246
보건업 및 사회복지 서비스업	1,402	681	1,179	3,262

원자료: 서유정·김종우(2023)[11]

여기까지 직장 내 괴롭힘 신고 대응 절차에 대해 전반적인 내용을 살펴봤습니다. 이후부터는 좀 더 상세하게 살펴볼 필요가 있는 영역을 다뤄보고자 합니다.

---

8) 서유정(2013). 직장에서의 따돌림 실태. KRIVET Issue Brief 제20호.

9) 서유정(2014). 전자산업과 철강산업의 직장 따돌림 실태. KRIVET Issue Brief 제63호.

10) 서유정(2016). 국내 15개 산업분야의 직장 괴롭힘 실태. KRIVET Issue Brief 제109호.

11) 서유정·김종우(2023). 직장 내 괴롭힘 성립기준 및 사업장 모니터링 체계 구축 연구. 한국직업능력연구원.

2 예비조사 실행 방법

그 첫 번째는 예비조사입니다. 앞에서 언급했듯 예비조사는 아직 고용노동부 지침 등에 정식절차로 언급되지는 않지만, 효율적인 신고 대응을 위해 필요한 절차입니다. 모든 신고에 대해 정식조사 절차를 거치는 것은 어마어마한 행정력 낭비이므로, 적절한 신고인지 확인하여 그런 신고에 대해서만 정식으로 이후의 조치를 하도록 하는 것입니다. 허위신고를 걸러주면서, 진(眞) 피해자도 어떻게 신고를 준비해야 할지 잘 알게 해주는 방법입니다.

1) 해외 국가의 부적절 신고 스크리닝 조치

예비조사는 해외에서는 운영되지 않는 제도입니다. 대신, 전문가들이나, 신고제도 자체적으로 부적절 신고를 걸러냅니다. 이런 조치에는 다음과 같은 것들이 있습니다.

- 재직자 신고만 접수하며 신고 비용 약 80달러 적용(호주)
- 6개월 이내의 사건에 대해서만 신고 접수(아일랜드)
- 신고된 행위의 지속·반복성 검토(법령 시행 국가 대부분)

위와 같은 조치를 통해 부적절한 신고를 걸러내고, 기준에 적합하지 않는 신고는 사유와 함께 기각하는 것입니다. 이 중 제가 자주 언급해 온 것은 지속·반복성을 적용하는 것입니다. 법령을 시행하는 국가 대부분이 활용하는 조치이기 때문입니다. 하지만 그보다도 전에 먼저 점검해야 하는 것이 있습니다. 바로 신고된 행위가 상식적인 가해행위에 해당하는지 여부를 검토하는 것입니다.

2) 신고된 행위가 상식적인지 점검하는 예비조사

해외의 경우, 사회적으로 어떤 것들이 가해행위에 해당하는지 어느 정도의 공감대가 형성되어 있습니다. 적용 범위가 넓은 불링 행위의 상식적인 범위 수

립을 위해 20~40개의 문항을 포함한 괴롭힘 진단 도구가 스웨덴, 노르웨이, 영국 등지에서 개발되고 보급되기도 했습니다[12]).

하지만 우리나라는 아직 상식적인 범위에 대한 사회 전반의 공감대가 형성되어 있지 않습니다. 성별, 연령대, 직종 등에 따라서 인식하는 상식적인 범위에 큰 격차를 보입니다. 이와 관련된 법원의 판례에서는 상식적인 범위를 피해자와 유사한 특성을 가진 보통 사람이 상식적으로 보는 범위라고 언급하고 있습니다. 과도하게 민감한 신고인이나 부적절한 신고를 한 신고인을 걸러낼 수 있는 기준인 것입니다.

법령이 언급하는 상식적인 행위의 정의를 바탕으로 이런 식으로 예비조사를 해 볼 수 있습니다. 피해자와 유사한 특성을 가진 사람 다수에게 신고된 행위를 제시하고, 그들이 각각의 행위를 가해행위로 인지하는지를 조사하는 것입니다. 사업장의 규모가 크다면 동료 조사로, 작다면 동일 산업 분야의 다른 사업장이나 기타 다른 외부인을 통해 조사할 수 있습니다.

그럼 예비조사에서 총 몇 명의 의견을 수렴해야 할까요? 해외의 관련 전문가들에게 문의한 결과, 최소 12인이 적절할 것이라는 답을 들었습니다. 해외법원에서 12명의 배심원이 사건의 유무죄를 판단하기 때문입니다.

3) 예비조사의 절차

그럼 예비조사를 실제로 하듯 절차를 밟아가 보겠습니다. 먼저 접수된 신고내용을 통해 각각의 행위와 그 행위 발생 정황을 인지할 수 있는 맥락을 구분합니다. 이때의 맥락은 피해자와 행위자가 누구인지 제 3자가 파악할 수 있을만큼 구체적이지는 않도록 합니다. 다만 행위는 어떤 것이었는지 최대한 구체적으로 작성하는 것이 좋습니다. 무슨 행위가 일어났는지 확실하게 알아야 판단을 할 수 있을테니까요. 각각의 행위+맥락을 문항으로 만들어 예비조사 질

---

12) 직장 내 괴롭힘 진단 도구는 불링(bullying) 안에 해러스먼트(harassment)를 포괄되는 것으로 보는 관점을 채택하고 있습니다. 법령에서는 보통 불링과 해러스먼트가 독립된 개념으로 쓰이는 것과 차이가 있습니다.

문지를 준비합니다.

다음은 예비조사 대상자를 선별합니다. 회사 안팎의 피해자와 유사한 특성을 가진 사람 12인 이상을 선별하는 것이 좋습니다. 선별된 대상자들에게 각 문항에 대해 괴롭힘이라고 볼 수 있는지 응답하도록 합니다.

과반수의 응답자가 가해행위로 볼 수 있다고 판단한 행위를 타당한 신고로 인지합니다. 가해행위로 볼 수 있다고 판단된 행위들을 I장에서 본 해라스먼트 유형(성희롱, 폭력, 폭언 등)과 불링 유형(기타 포괄적 가해 행위)으로 구분합니다. 해라스먼트 유형은 보편적인 심각성이라면 한 달간 합산된 발생 빈도가 4회 이상일 때, 그보다 많이 심각하다면 1회성 행위만 신고되어도 인정하고, 정식 조사로 들어갑니다. 불링 유형은 지속·반복성 기준이 충족된 경우에만 신고를 인정하고, 정식 조사 조치를 합니다(3개월간 12회 이상). 불링 행위 중 여러 종류가 한두 번씩만 지속되었다면, 합산한 횟수로 지속·반복성을 판단합니다. 물론 한 유형의 불링 행위만 발생했어도 그 빈도가 높다면 기준을 충족할 수 있습니다.

가해행위로 볼 수 있는 행위 자체가 없는 신고라면 사유와 함께 신고를 기각하고 신고인에게 돌려보냅니다. 관련 근거나 신고 내용을 더 보완해서 재신고할 수 있음을 알려줍니다.

4) 예비조사: 기밀유지 조항에 위배될까?

예비조사와 관련하여 기밀유지조항 위반을 우려하는 사람도 있을 수 있습니다. 하지만 기밀유지조항은 신고된 사건이 개인의 입소문으로 오르내리는 것을 방지하는 것이며, 조사를 위해 공적으로 언급되는 것을 막는 조항이 아니라는 것을 다시 한번 강조하고 싶습니다. 과도한 기밀유지 조치는 자칫 사건의 진상 파악조차 방해할 수 있습니다.

그간 기밀 유지 조항을 잘못 해석한 탓에 피신고인이 조사가 끝나는 시점, 심지어 그 이후까지 신고인이나 신고 내용조차 제대로 통지받지 못하는 경우도 있었습니다. 피신고인의 방어권을 박탈하는 것이나 마찬가지였습니다. 심지어 목격자 조사도 하지 않은 사례도 있었습니다. 마찬가지로 기밀유지 조항을 그릇되게 해석한 경우였습니다. 목격자 조사를 하지 않았다면 진상파악이 불가능합니다. 피해자와 행위자의 입장은 다를 수밖에 없습니다.

예비조사를 실행할 때, 발생한 행위와 그 행위를 이해할 수 있는 맥락을 분리해서 문항을 만들면, 피해자/행위자의 신원이 드러나지 않으면서도 실행이 가능합니다. 물론 조사를 위해 신고된 행위와 맥락을 공유하면 다른 사원들이 피해자/행위자의 신상을 눈치챌 수밖에 없는 사건도 있긴 합니다. 이런 경우에는 사업장 외부 소속이며 피해자와 유사한 특성만을 공유하는 사람들을 대상으로 조사를 진행하면 됩니다. 조사업체를 활용한다면 12인 이상의 데이터는 손쉽게 확보할 수 있으며 큰 비용도 들지 않습니다. 예비조사의 적용을 통해 현재 낭비되고 있는 돈과 인력을 크게 절약할 수 있는 것입니다.

❸ 분리 조치의 적정 범위

신고를 접수한 이후에는 신고인과 피신고인을 분리할 필요가 있습니다. 특히 우리나라에서는 분리 조치가 매우 중요합니다. 피신고인이 진짜 가해자일 때, 반성하는 일이 드물기 때문입니다. 경미한 가해행위를 했거나, 가해자라고 보기 어려운 피신고인 중에서는 차라리 반성하는 사람을 찾아보기 쉽습니다. 오히려 사건이 심각할수록 피신고인이 더더욱 반성하지 않습니다. 오랫동안 그런 행위를 하면서도 적절한 징계를 받지 않고 방치되었기 때문입니다. 운이 나빠서 신고되었다, 신고한 사람이 괘씸하다고 생각할 뿐 스스로 자제하거나 반성할 생각은 하지 않는 것입니다.

분리 조치는 해외에서는 크게 문제가 되지 않는 이슈입니다. 어려서부터 시민의식 교육을 받아왔으므로, 부적절한 행동을 신고당하면 행동을 자제하는 것이 보통이기 때문입니다. 게다가 해외의 선도적인 국가들은 신고 조치의 목적을 가해자의 반성과 행동 교정 중심으로 봅니다. 우리나라처럼 사건의 진상을 확인하고 가해자를 징계하는 것이 주요 목적이 아닙니다. 가해자로 확인되었다는 것이 곧바로 징계를 의미하는 것은 아니며, 반성과 성찰의 기회가 주어지므로 신고인에게 앙심을 품고 보복하려 들 가능성이 우리나라에 비해 상대적으로 낮습니다. 물론 해외에도 반성하지 않고 오히려 보복하려 드는 가해자가 없는 것은 아니지만, 사용자가 피해자를 보호할 의무를 심각하게 여기기 때문에 보복할 기회를 찾기가 쉽지 않습니다. 우리나라는 사용자가 피해자를 잘 지켜줄 것이라고 신뢰하기 어렵다 보니 더더욱 분리 조치가 중요해진 것입니다.

관련하여 아일랜드의 사례를 보면, 조사 기간 중에도 가급적 피해자가 본래의 업무에서 일할 수 있도록 하라는 권고 지침이 있습니다. 신고 결과가 나온 이후에도 피해자의 조직 재적응에 중점을 둡니다. 따라서 신고 직후와 결과가 나온 이후로도 피해자와 가해자가 물리적으로 명확하게 분리되지 않는 사업장의 사례를 쉽게 확인할 수 있습니다. 다만 가해자가 피해자에게 또 다른 가해 행위를 하지 않도록 모니터링 한다는 차이가 있을 뿐입니다. 보통 사업장 내에서 직급이 높고 직원들의 신뢰가 높은 사람이 그 역할을 담당합니다.

게다가 직장 내 괴롭힘 문제와 관련하여 인정되는 행위의 범위부터 적절한 조치 수준에 이르기까지 '상식적인 수준'에 대한 공감대가 어느 정도 형성되어 있습니다. 우리나라는 그런 공감대도 없다 보니 아예 분리 조치를 무시하는 사업장부터 피신고인의 인권을 짓밟는 수준까지 조치하는 사업장까지, 다양한 사례들이 존재하고 있습니다.

1) 부적절한 분리 조치 사례

대다수의 부적절한 분리 조치 사례는 분리 조치를 하지 않거나, 신고인에게 불리한 방식이 문제되었습니다. 기본적으로 가해자 분리가 원칙이지만, 오히려 피해자를 고립시키는 방식으로 하는 것입니다. 특히 가해자가 권력자일수록 이런 상황이 두드러졌습니다.

한 사업장에서는 부서원이 부서장을 신고하자, 피해자에게 병가를 사용하라고 권고했습니다. 피해자가 거절하자, 사측은 더 이상의 조치 없이 피해자를 방치했습니다. 심지어 회사의 전체 워크샵이 운영될 때도 가해자가 참석 의사를 밝히자, 인사부서에서 피해자에게 참석하지 않아도 결근으로 처리하지 않겠다고 했습니다. 가해자의 편안한 워크샵 참여를 위해 피해자의 참여를 막으려 한 것입니다. 이 사건은 조사 기간과 위원회 운영 기간만 6개월 가량을 끌었고, 그 기간동안 피해자는 사업장 내에서 고립되었습니다. 신고인 보호 의무가 무색해지는 사례였죠.

반대로 피해자 보호에 과하게 신경을 쓴 탓에 분리 조치가 피신고인에 대한 가해행위로 돌변한 경우도 있습니다. 첫 번째 사례에서는 피해자와 가해자와 전혀 얼굴을 마주칠 일이 없도록 해달라고 요구했고, 사측은 피해자와 가해자의 구내식당 이용 시간을 구분했습니다. 하지만 구내식당 입구에서 가해자와 마주치는 일이 발생하자 피해자는 그 이상을 요구했고, 사측은 가해자의 구내식당 출입을 아예 금지시켰습니다. 대신 식비를 지원하면서 따로, 혼자 식사하도록 했습니다. 점심 시간에 동료와 소통할 기회 자체를 박탈한 것입니다.

또 다른 사업장에서는 신고 접수 이후, 조사가 진행되는 동안 피신고인을 아무도 없는 독방에 홀로 격리했습니다. 근무시간 중 동료들과 대화를 나누는 것도 제한하였습니다. 격리되었던 동안 피신고인의 머릿속에서는 어떤 생각과 감정이 지나갔을까요? 독방에 홀로 격리하는 것은 교도소에서도 문제를 일으키는 악질 죄수에게 하는 처벌입니다. 그런 조치를 아직 사건이 입증되지도 않은 피신고인에게 한 것입니다. 피해자 보호 수단이었어야 할 분리 조치는 피신고인에 대한 극심한 가해행위가 되었고, 그 결과는 피신고인의 극단적인 선택이었습니다. 가해 사실이 입증되기 전까지는 피신고인도 보호받아야 할 노동자입니다. 더욱이 현재 우리나라처럼 허위신고가 흔한 상황에서는 피신고인 = 가해자라는 생각은 위험합니다. 분리 조치는 신고인에게도, 피신고인에게도 고통이 되지 않으며, 가급적 중립적이어야 합니다.

2) 분리 조치의 취지

 그렇다면 분리 조치의 적정 범위는 어느 수준이 되어야 할까요? 이 질문에 답하기 위해 분리 조치의 의의와 목적을 다시 되짚어볼 필요가 있습니다. 분리 조치의 핵심 취지는 신고 이후 <u>가해자의 추가적인 가해행위나 보복행위로부터 피해자를 보호함으로써 피해자의 회복을 돕는 것</u>입니다. 신고인을 무균실에서 보호하듯 해야 하는 조치가 아닙니다. 신고인의 입장에서는 당연히 피신고인의 얼굴도 보기 싫고, 마주칠 일이 없었으면 할 겁니다. 하지만 만약 사업장이 그렇게까지 조치하는 것이 불가능하거나, 한다면 막대한 손해를 보게 되는 상황이라면 어떨까요? 그 정도까지 감수하고 완전한 분리 조치를 하라고 요구하는 것이 과연 타당한 것일까요? 업무 마비나 심각한 손실마저 감소해야 하는 분리 조치를 강요하면, 사업장은 차라리 분리 조치 의무를 위반하고, 숨기기 위한 편법을 찾으려 할 것입니다. 그렇게 되지 않도록 각 사업장에 적합한 수준의 분리 조치의 범위를 찾을 필요가 있을 것입니다.

 또한 해외의 제도 선도국에서도 직장 내 괴롭힘의 인정과 조치에 대해 극도로 민감한 피해자에게 맞출 수는 없음을 언급하고 있습니다. 괴롭힘 행위로 인정되는 행위의 범위가 상식적인 범위여야 하듯, 후속 조치 역시 상식적인 범위에서 이뤄져야 하는 것입니다.

3) 사업장마다 할 수 있는 범위가 다른 분리 조치

 신고가 접수된 사업장의 규모가 크고, 부서와 사업소가 여럿이라면 분리 조치가 쉬운 편입니다. 피신고인을 다른 부서나 사업소로 임시 발령을 내면 되기 때문입니다. 물론 이런 사업장에서도 피해자가 부서/사업소 직원 전체를 가해자로 신고하면, 피해자를 다른 곳으로 발령낼 수 밖에 없습니다. 피해자 분리 조치는 사측이 할 수 있는 최선이어야지, 사측의 업무에 심각한 지장을 주는 수준이 되어선 안되기 때문입니다.

 문제는 작은 규모의 사업장입니다. 모든 직원이 같은 공간 안에서 일해야 하는 사업장에서 어떤 분리 조치를 할 수 있을까요? 재택근무가 가능한 직장이면 피신고인에게 재택근무를 지시할 수 있습니다. 하지만 재택근무조차 불가능하다면 사측이 할 수 있는 것은 피해자와 피신고인을 최대한 멀리 떨어뜨려 놓거나, 피해자에게 유급휴가를 주는 것뿐입니다.

피해자 입장에서는 사무실 반대편에서 근무하는 것 정도로는 충분하지 않다고 생각할 수도 있습니다. 그렇다고 마냥 유급휴가를 줄 수도 없습니다. 작은 규모의 회사라면 단 한 명의 부재도 타격이 크기 때문입니다. 게다가 신고인에게 유급휴가를 주는 사업장이 늘어나면서, 본인이 원하는 시기에 휴가를 쓰기 위해 신고하는 사례도 발생하고 있습니다. 휴가를 노리고 하는 허위신고가 있어도 마냥 감수하라고 사업장에 요구할 수는 없습니다.

분리 조치의 적정 범위는 <u>사업장이 업무에 과중한 타격을 받지 않는 선에서 할 수 있는 최선이며, 동시에 신고인에 대한 피신고인의 추가 가해행위를 막아서 피해자가 회복할 수 있는 상태를 유지하는 것</u>으로 봐야 할 것입니다. 신고인과 피신고인이 서로 얼굴도 보는 일 없도록 완전히 격리하는 것은 단기간밖에 할 수 없으며, 장기간 하려다가는 오히려 피신고인의 인권을 침해하는 조치가 될 수 있습니다. 하지만 사업장의 최선이며 동시에 추가 가해행위를 막을 수 있는 상태를 유지하는 것은 사건에 대한 조치가 끝난 이후로도 오랫동안 이어갈 수 있습니다.

4) 동의 되지 않은 분리 조치 적정 기간

분리 조치의 범위뿐만 아니라 기간에 대해서도 혼란이 있습니다. 신고 이후 얼마간 분리 조치가 시행되어야 하는 것일까요? 사건이 인정되지 않은 경우에도 계속 분리 조치가 지속되어야 하는 것일까요? 사건이 인정된 이후에는 또 얼마나 지속되어야 하는 것일까요?

사건 결과가 나오기 무섭게 분리 조치를 중단하는 사업장이 있는가 하면, 피해자의 과도한 분리 조치 요구로 골치를 앓는 사업장도 있습니다. 제가 받았던 문의 중 고용노동부에서 권장하는 인사상 불이익 금지 기간(3년)을 피해자가 임의로 해석하고, 분리 조치를 위한 3년간의 유급휴가를 요구한 사례가 있었습니다. 또한 피해자가 가해자의 분리를 계속, 강경하게 요구한 탓에 사건 처리 이후 수년이 지나도록 가해자를 계속 재택 근무하도록 한 사례도 있었습니다.

설령 가해행위가 입증되었다고 해도 필요 이상의 과한 처분은 가해자에게 억울하다는 마음을 심어줄 뿐 반성하게 하진 않습니다. 오히려 이때 생긴 악감정 때문에 더더욱 보복하려는 마음을 먹게 될 수도 있습니다.

분리 조치의 적정 기간은 발생한 사건의 심각성에 따라 달라질 수 있습니다. 심각한 사건을 겪은 피해자는 회복에 더 긴 시간이 필요할 것이고, 경미한 사건을 겪었다면 상대적으로 짧은 시간에 회복할 수 있을 것입니다. 피해자 개별 차이도 있겠지만, 국내외의 법에서 언급하듯 과도하게 민감한 피해자의 기준으로 맞출 순 없습니다. 이 기간도 피해자와 유사한 특성을 가진 보통의 사람이 상식적으로 이 정도면 적절하다고 판단하는 수준에 따라 가는 방법을 고려할 수 있을 것입니다. 다만 그 기간이 종료되는 기준을 <u>상식적으로 피해자가 회사 업무에 복귀하여 사건 이전의 상태에 준하는 수준으로 회복되었다고 볼 수 있을 때까지</u>로 보는 것이 적절할 것입니다.

노동자 집단지성으로 분리 조치의 적정 기준 결정하기

우리나라에서는 직장 내 괴롭힘과 관련하여 성별, 연령, 직종 등에 따라서도 '상식적인 범위'가 다르며, 전문가들조차 견해차가 크게 갈립니다. 사업장 업무에 지장을 초래하는 수준의 분리 조치를 주장하는 사람도 있고, 과도하다고 판단하는 사람도 있습니다. 전문가 논의로 적정 범위와 기간을 합의하기 어렵다는 의미입니다.

직장 내 괴롭힘을 현장에서 직접 겪고 있는 것은 노동자들입니다. '상식'은 대중이 보편적으로 공감할 수 있는 범위로 결정됩니다. 직장 내 괴롭힘 문제는 특히 상식의 영역입니다. 상식적으로 인정될 수 있는 행위, 상식적으로 적정한 수준의 보호조치, 행위의 심각성 대비 상식적으로 수용할 수 있는 징계 수준... 모든 것이 상식으로 연결됩니다. 상식을 구축하기 위해서는 대중(노동자)의 의견을 수렴하고 합의에 도달하는 과정을 거칠 필요가 있습니다. I장의 괴롭힘 피해 자기진단 도구에서도 확인했듯이, 노동자의 집단지성은 전문가 이상의 합리적인 결과를 이끌어 낼 수 있습니다.

노동자 집단지성을 활용하여 분리 조치의 적정 범위와 기간을 찾아가는 것은 대규모 설문 조사를 활용하는 것입니다. 정석적인 방법은 먼저 대표성 있는 노동자 집단을 표집하여 대규모 조사를 실행하고, 분석한 결과를 바탕으로 초안을 마련하고, 공청회 등을 통해 검토하여 대중이 동의할 수 있는 합의점을 찾아가는 것입니다. 이런 과업은 정부 차원에서 주도해야 하겠지만 당장 시행이 어렵다는 한계가 있습니다.

그렇다면 현장에서 스스로 할 수 있는 방법은 뭘까요? 사업장 단위에서 직원을 대상으로 자체 설문 조사를 하는 것입니다. 분리 조치와 관련된 이슈를 바탕으로 문항을 구축하고, 직원들에게 답하도록 하는 것입니다. 문항을 구축할 때는 법적 전문가에게 관련 이슈들이 무엇인지를 조언을 받는 것을 추천합니다. 그 후에 문항 구축과 조사에 전문성을 가진 전문가에게 의뢰하여 각 이슈를 다루는 문항의 초안 작성을 의뢰하는 것이 좋습니다. 잘못된 문항으로 조사하는 것은 조사를 안 하느니만 못할 수 있기 때문입니다. 또한 조사 문항은 최소 허용 기준과 최대 허용 기준, 양쪽 모두를 조사하는 방식으로 구성합니다.

작성된 초안은 파일럿 테스트를 진행합니다. 파일럿 테스트는 준비된 문항이 우리가 묻고자 하는 것을 정확하게 묻고 있는지, 응답하는 사람들이 질문을 쉽게 이해하는지 등을 파악하기 위해 하는 것입니다. 파일럿 테스트는 저학력 고령자를 중심으로 실행하는 것이 좋습니다. 성인 중 저학력 고령자들이 평균 문해력이 낮은 편이므로, 그들이 문항의 문구를 쉽게 이해할 수 있으면 다른 성인들도 쉽게 이해한다고 가정할 수 있기 때문입니다. 파일럿 테스트를 진행한 뒤, 응답자들이 답하면서 불편을 느낀 점이 있는지를 확인하고 수정하여 최종문항을 작성합니다. 소규모 사업장에서 이 작업을 하기는 어려우므로, 규모가 되는 사업장에서 진행한 뒤, 같은 분야의 사업장에 공유하는 것도 좋은 방법이 될 수 있을 것입니다.

사업장이 규모가 작다면 전수조사를 고려할 수 있겠지만, 규모가 매우 크다면 응답자를 표집하는 것도 효율적일 수 있습니다. 표집할 때는 가급적 성별, 연령대, 직급, 직종, 계약 형태(정규직/비정규직)에 따른 집단의 비율을 고려해야 합니다. 또한 조사를 진행할 때 응답자의 절반은 본인이 피해자인 상황을 가정하며 답하고, 다른 절반은 피신고인인 상황을 가정하며 답하도록 해야 합니다. 모두 피해자의 관점에서 답한다면 응답이 한쪽으로 치우칠 수 있기 때문입니다. 조사를 진행할 때는 설문지를 배포하거나, 온라인 설문 링크를 배포하여 조사를 진행할 수 있습니다.

데이터를 분석하여 상식적인 기준의 초안을 만듭니다. 가급적 50% 이상의 구성원들이 동의하는 항목을 기준으로 정하면 좋겠지만, 현재처럼 집단 간의 생각이 다른 상황에서는 응답이 제각각으로 나뉠 수도 있습니다. 그 경우, 가장 합리적인 방법은 중간값(median)에 해당되는 것을 보는 것입니다. 분석된 결과를 검토하고, 관련된 법령의 판례 등을 검토하여 초안을 작성합니다.

직원들에게 어떤 과정을 통해 그 초안에 도달했는지 공표하고, 의견을 수렴합니다. 최종 결과를 바탕으로 기준을 세우면 그것이 그 사업장의 '상식적인 범위'가 됩니다. 사건의 심각성에 따라 최소 조치와 최대 조치의 범위 안에서 적절한 분리 조치를 결정하면 되는 것입니다. 물론 모두가 만족하진 않을 것이며, 특히 극단적인 의견을 가진 사람일수록 강경하게 반발할 것입니다. 하지만 상식을 지키기 위해서는 극단적인 사람에게 휘둘려선 안

됩니다.

사업장 단위로 '상식'을 세우기 시작하면, 이후에는 산업별 연합된 결과를 취합하고, 최종적으로 산업 전체가 연합한 결과를 취합할 수 있을 것입니다.

---

④ 예방 교육: 신고 준비 방법 교육

예방 교육은 이미 관련 내용이 많이 나와 있으므로, 여기서는 신고 준비 방법에 대한 교육에 집중해서 살펴보겠습니다. 직장 내 괴롭힘 예방 교육 중 신고를 준비하기 위해 증거를 정리하는 방법을 알려주는 교육이 드물기 때문입니다.

피해자를 상담해 보면 자주 겪는 공통점이 구체적으로 언제, 어떤 일을 겪었는지가 잘 정리되지 않는다는 것입니다. 괴롭힘 피해를 입증하기 위해서는 발생한 행위와 주변 정황을 확인할 수 있어야 하지만, 이미 피해 경험이 과거의 일이 된 탓에 피해자의 기억이 불분명할 때가 많습니다. 특히 오랫동안 괴롭힘당했고, 심각하게 당한 피해자들은 워낙 많은 일을 겪었기 때문에 기억에 혼선이 발생하거나, PTSD 등으로 괴롭힘 상황을 떠올리는 것조차 힘겨워하여 증언 확보가 더 어려워지기도 합니다.

바로 이런 점 때문에 저는 괴롭힘 다이어리의 보급과 작성 방식 교육을 주장해 왔습니다. 괴롭힘 다이어리는 북유럽의 한 사업장에서 직원들에게 배포한 것으로, 사건 대응뿐만 아니라 예방 차원에서도 다양한 효과로 발휘했습니다.

직원이 가해행위를 겪을 때마다 어떻게, 어떤 식으로 기록해야 하는지를 잘 인지하고 있기 때문에 가해자를 신고했을 때 좋은 증거 자료가 되어줄 수 있었습니다. 또한 사건이 발생한 당일에는 감정적으로 가해행위라고 생각했던 일도 다이어리 작성 중 성찰이 이뤄져 사실상 본인의 오해나 잘못임을 인지하는 기회가 되어주기도 했습니다. 모두가 괴롭힘 다이어리를 갖고 있어서 직원들 스스로 상대방에게 불쾌감을 줄 행위를 자제하는 예방 효과까지 발휘했습니다. 게다가 직원들의 동의하에 사측이 다이어리의 내용을 점검하여 데이터를 확보하고, 어떤 유형의 괴롭힘 행위가 사업장 내에서 발생하고 있는지 정기적인 피드백을 제공할 수 있었습니다. 행위자를 직접 언급하지 않더라도, 행위자 스스로 본인의 행동을 자각하게 하여 예방 효과를 높인 것입니다.

만약 누군가가 다이어리에 계속 허위, 왜곡, 과장된 기록을 한다면 그때는 명확한 무고의 증거가 될 수도 있습니다. 진짜 피해자도 피해를 입증받기 쉬워지고, 허위 신고인의 무고행위도 입증하기 쉬워지는 것입니다. 무고행위의 입증이 쉬워지면, 허위신고도 더 이상 방치되지 않고 적절한 조치를 할 수 있게 될 것입니다.

괴롭힘 다이어리에 대해 언급했을 때, 제가 경험한 반응은 크게 세 가지였습니다. 간부급에서는 직원이 그런 수단을 갖고 있는 것부터가 좀 불편하다는 반응이 다수였습니다. 일반 노동자와 괴롭힘 사건에 대응하는 역할을 맡은 사람들은 "그런 게 있으면 정말 좋겠다."는 반응과 "피해자가 그걸 제대로 작성할 수 있겠냐? 너무 힘들거다."는 반응으로 갈렸습니다.

1) 괴롭힘 다이어리의 작성 시점은?

괴롭힘 다이어리의 작성이 어렵고 고통스러울 것이라는 생각은 '피해자만' 다이어리를 작성한다는 착각에서부터 옵니다. 다이어리를 작성하는 것은 모든 노동자, 시작하는 시점은 입사한 순간부터 진행되어야 합니다. 괴롭힘 신고를 결심한 이후부터 작성하려고 하면, 기억을 되살리는 것만으로도 고통스러울 수밖에 없습니다. 신고를 결심하기 이전, 괴롭힘 피해자라고 인식하기 전, 처음 직장에 입사한 순간부터 노동자가 겪은 모든 부당한 행위들을 구체적으로 기록하도록 하는 것입니다.

한참 괴롭힘을 겪은 뒤 여러 건을 몰아서 작성하는 것이 아니라, 괴롭힘에 해당하는 행위가 발생할 때마다 당일에 바로 작성하는 것이 좋습니다. 이렇게 기록하는 습관을 들인다면 나중에 신고를 결심할 만큼 괴롭힘 피해가 심각해

졌을 때, 증거 부족으로 피해를 인정받지 못하는 일도 훨씬 줄어들 것입니다.

게다가 다이어리를 작성하는 것은 직장 내 괴롭힘 예방교육이나 매뉴얼에서 종종 언급되는 음성녹취보다 안전한 증거 채집 방식입니다. 상대방의 동의를 얻지 않은 음성녹취는 형사상 처벌은 피할 수 있을지 몰라도 민사상 손해배상 책임이 따를 수 있기 때문입니다.

2) 괴롭힘 다이어리의 작성 방법은?

괴롭힘 다이어리의 양식은 정해져 있지 않습니다. 북유럽의 사업장에서 활용한 양식 역시 상당히 단순한 편이었습니다. 다만 국내 피해자들을 대상으로 면담을 진행한 경험을 바탕으로 다음과 같은 양식을 구성해 볼 수 있었습니다.

표 III-1 직장 내 괴롭힘 다이어리 양식

일시	장소	구체적인 정황 및 행위	행위자	목격자	기타 증거 (CCTV 등)
		(사건 발생 배경 및 주변상황) *(행위자의 구체적인 언어/행동)* *(피해자가 느낀 감정)*			

사건을 기록할 때, 일시는 최대한 정확한 것이 좋으며, 최소한 연월일, 오전/오후 정도는 기록하는 것이 좋습니다. 가해자의 괴롭힘과 업무량에 치여 구체적인 시간을 기억하진 못하더라도, 최소한 점심 식사 전인지 이후인지는 기억할 수 있을 것입니다.

정황 및 행위는 객관적인 사실을 최대한 구체적으로 작성하고, 피해자가 느꼈던 감정이 무엇인지를 따로 적는 것을 추천합니다. 피해자와 상담하다 보면, 어떤 사건과 행위가 있었는지보다 본인이 느꼈던 고통과 감정을 묘사하는데 치우치는 경우가 적지 않습니다. 피해자의 느낀 감정은 사건 일부가 될 수는 있으나 전부가 아닙니다. 조사 과정 중 사실관계를 확인하기 위해서는 구체적으로 어떤 언어와 행동이 있었는지, 어떤 상황 중에 발생했는지 근거가 될 자료가 필요합니다. 피해자가 다이어리에 구체적으로 피해를 기록해 뒀고, 그런 기록이 여러 건이라면 진상 파악을 하는 것도, 피해를 입증하는 것도 훨씬 쉬워질 것입니다. 피해자가 신고를 원할 때도 그동안 작성해 둔 다이어리의 복사본을 증거 자료로 제출하면 되는 것입니다.

3) 바쁜 직장인에게 괴롭힘 다이어리를 작성할 시간이 있을까?

괴롭힘 다이어리의 보급에 대해 직장인들이 바빠서 쓸 시간이 없을 거라고 하는 사람도 있습니다. 실제로 우리나라의 평균 노동시간은 OECD 국가 중 다섯 손가락 안에 들어갑니다. 과거에는 가장 긴 국가였지만, 지금은 근무 시간이 다소 줄어든 편입니다. 여전히 긴 편이긴 하지만요. 이렇게 노동시간이 길다는 것 때문에 우리나라 노동자들은 바쁘다, 바빠서 다이어리 같은 건 작성하기 어려울 거로 생각할 수도 있습니다.

하지만 우리나라 노동자들은 그 긴 노동시간 내내 일하는 것이 아닙니다. 업무와 무관한 가짜노동[13]으로 허비하는 시간이 무척 긴 편입니다. 하루 평균 2시간이 넘으며, 주간 평균은 10.63시간으로, 노동시간 대비 24.1%나 됩니다.

표 III-2 우리나라 노동자의 업무와 무관한 가짜노동 시간 실태 (성별)

구분	평균 가짜노동 (시간)	평균 주간 노동 (시간)	가짜노동 시간 / 주간 노동시간
전체	10.63	43.94	24.1%
남	10.47	42.33	25.5%
여	10.80	45.36	23.1%

원자료: 서유정·김종우(2023)[14]

---

13) 출처: 뇌르마르크·옌센(2022). 가짜노동(이수영 역). 자음과 모음.
가짜 노동은 업무와 유관하지만 생산성에 기여하지 않는 노동과 업무와 무관한 활동을 포함하는 개념으로 볼 수 있음.
14) 서유정·김종우(2023). 직장 내 괴롭힘 성립기준 및 사업장 모니터링 체계 구축 연구. 한국직업능력연구원.

표 III-3 우리나라 노동자의 업무와 무관한 가짜노동 시간 실태 (연령대별)

구분	20대	30대	40대	50대	60대
가짜노동 시간 (시간)	11.55	10.76	10.52	9.91	11.32
주간 노동시간 (시간)	42.31	44.08	43.85	43.58	49.41
노동시간 대비 가짜노동 시간 비중 (%)	27.3	24.4	24.0	22.7	22.9

원자료: 서유정·김종우(2023)

노동자 스스로 인지하는 시간이 이 정도라면, 실제 가짜 노동시간은 그 이상일 수 있습니다. 평균이 이 정도라면 노동자 대부분은 충분히 그 시간 안에 본인이 겪은 피해를 다이어리에 기록할 수 있을 것입니다. 피해 사실 하나를 적는데, 몇 시간씩 걸리는 것은 아니니까요. 가해행위를 겪은 직후, 기억이 살아있을 때 쓴다면 더더욱 빠르게 기록할 수 있을 것이고요. 바빠서 쓸 시간이 없다는 건 썩 타당성이 높지 않은 문제 제기인 것입니다.

게다가 이제는 직장 내 괴롭힘 금지법이 시행된 지도 만 5년이 지났습니다. 신고의 예방과 대응의 전 단계와 관련 활동들이 체계화될 필요가 있습니다. 언제까지 피해자, 목격자, 가해자의 흐린 기억에 의존해 힘겹게, 주먹구구식으로 진상 파악을 해야 할까요? 법령 시행 초기부터 피해자에게 신고 준비 방법을 교육했다면, 피해자가 어떻게 신고해야 할지 몰라 사각지대에 방치되는 경우를 줄일 수 있었을 것입니다.

4) 괴롭힘 다이어리에 구체적으로 기록된 행위는 전부 괴롭힘으로 인정될 수 있을까?

괴롭힘 다이어리에 구체적으로 기록되었다고 자동으로 괴롭힘으로 인정되는 것은 아닙니다. 만약 다이어리 작성자가 극도의 민감성을 갖고 있어서 일상적이고 평범한 언행에서도 상처받는 사람이고, 그런 상황 하나하나를 다 적어뒀다면 어떨까요? 작성자가 그 일로 고통을 받았다는 이유로 당연한 듯이 괴롭힘으로 인정해 줘야 하는 것일까요?

II장에서 봤듯, 국내외의 판례 모두 '상식적인 범위'를 언급합니다. 극도로 민감한 한 개인에게 맞출 수는 없음을 직접 언급하기도 합니다. 판례가 언급하는 상식은 피해자나 행위자 개인의 상식이 아닌, 사회에서 대표성을 가질 수 있는 집단의 상식입니다.

우리나라는 성별이나 연령대에 따라 민감성이 매우 다르기 때문에 피해자와 유사한 특성(성별, 연령, 직급, 직종 등)을 가진 집단의 상식을 적용하는 방안을 생각해 볼 수 있습니다. 그런 특성의 집단이 상식적으로 괴롭힘이라고 동의하는 행위들은 사건 발생 횟수에 포함하고, 그렇지 않은 행위는 제외하는 것입니다.

사업장 차원에서 '상식적인 범위'를 확인하는 것은 예비조사를 통해서 이뤄질 수 있습니다. 피해자와 객관적으로 유사한 집단에게 피해자가 신고한 행위들을 나열하여, 각각의 행위가 괴롭힘의 한 유형이라고 볼 수 있는지 응답하게 하는 것입니다. 법원의 판례에서 언급하는 '피해자와 같은 특성의 보통 사람'이라는 조건을 쉽게 충족할 수 있게 되는 것이죠.

5) 다이어리에 기록된 행위에 지속·반복성을 적용하는 방법은?

괴롭힘에 해당하는 행위라고 모두 똑같이 취급될 수 있는 것은 아닙니다. 해라스먼트(harassment)이 일회성으로도 인정될 수 있는 것과는 달리, 불링(bullying)의 판단기준에는 지속·반복성이 필수입니다.

지속·반복성을 괴롭힘 다이어리의 활용에 어떻게 적용할 수 있을까요? 국내 사례를 보면, 같은 행위가 서로 다른 시점에서 여러 번 발생했음에도 하나의 행위로만 보는 경우가 있었습니다. 또는 지속·반복성의 기준이 각각의 행위에 따로 적용되어야 한다고 착각하는 사례도 있었습니다. 해외에서는 매우 명료한 지속·반복성이 국내 현장에서는 이런 혼란으로 이어지는 것입니다.

해외의 지속·반복성 적용 사례를 보면 대략 두 가지 방식을 확인할 수 있었습니다. 예를 들어 어느 노동자가 월, 수, 목요일에 굳이 필요하지 않은 추가 근무를 하도록 지시받았습니다. 같은 주의 월~목요일에는 업무를 지나치게 감시당하는 상황을 겪었습니다. 또한 화, 목요일에 중요한 업무 관련 정보를 공유받지 못했습니다.

노동자가 각각의 상황을 기록했을 때, 피해 빈도를 일일 단위로 셈하여 주중 4일 피해를 겪었다고 해석하는 경우와 각각의 상황을 따로 셈하여 주중 9회라고 해석하는 경우가 있었습니다. 저는 후자 쪽이 적합하다고 보는 입장이지만, 9회 모두를 인정받기 위해서는 각각의 상황에 대해 진상 확인을 할 수 있을 만큼 구체적인 기록이 있어야 한다고 봅니다. 때문에 입사 초기부터, 행위가 발생할 때마다 괴롭힘 다이어리를 작성하도록 노동자 교육이 이뤄져야 한다고 생각하는 것입니다.

6) 괴롭힘 다이어리의 관리 주체는?

괴롭힘 다이어리의 양식을 공유하는 것은 사측이지만, 작성된 내용은 노동자가 스스로 관리하는 것입니다. 노동자의 동의 없이 사측이 일방적으로 기록된 내용을 확인해선 안 됩니다. 만약 노동자가 괴롭힘을 신고하고자 한다면 최소한의 입증책임을 위해 신고 시점에 기록된 내용을 공유할 필요는 있습니다.

위와 같은 방식으로 현장에 괴롭힘 다이어리 정책을 적용한다면, 피해자가 신고를 결심했을 때 진상 파악을 하는 것도 훨씬 쉬워질 것입니다. 신고하지 않더라도, 직원들의 동의하에 익명으로 다이어리의 기록을 공유받는다면, 사업장 내에서 어떤 유형의 가해행위가 발생하고 있는지 피드백을 줄 수 있는 근거가 될 것입니다. 북유럽의 사업장에서 그랬듯, 다이어리의 존재가 가해자의 행위를 억제하는 효과도 기대해 볼 수 있을 것입니다. 직장 내 괴롭힘 해소는 단순히 가해자 한 사람을 신고에 의존하여 처벌하는 것으로 이뤄지는 것이 아닙니다. 조직문화의 전체적인 변화와 개선이 요구됩니다. 괴롭힘 다이어리는 그런 조직적 변화를 끌어내는 노력의 한 부분이 될 수 있습니다.

⑤ 직원의 신뢰를 높이는 신고 대응 사례

제가 그간 접한 실제 사례 중 가장 정석에 가까우면서도, 직원들의 수용도가 높았던 사업장의 사례를 얘기해 보겠습니다. 그 사업장이 처음부터 정석으로 잘 대응한 것은 아닙니다. 하지만 개선의 필요성을 자각하는 변화는 빨랐습니다. 이제는 정석으로, 누가 봐도 문제가 없을 절차와 방식을 통해 신고를 처리하게 되었습니다. 사용자도 "무조건 정석으로, 무조건 공정하게"를 지시하게 되었고요.

해당 사업장의 특징은 모든 절차에 걸쳐 공정성과 객관성 확보, 노사 공통의 의사결정, 외부 위원 중심의 위원회 운영 등이 있었습니다. 사업장에서 따르는 절차는 다음과 같았습니다.

직원의 신뢰도를 높인 신고 대응 절차 사례

- 신고가 접수되면 신고인, 피신고인, 목격자에게 절차, 권리 등의 관련 정보를 전달합니다.
- 피신고인에게 대기발령을 내려 신고인과 분리 조치합니다.
- 전문성이 보장된 노무사를 위촉하여 조사를 진행하는데, 조사에는 감사부서장 또는 다른 전문가가 동행하여 절차상에 문제가 없는지, 부적절한 언행이 오가지는 않는지 확인합니다. 감사부서장이 직접 조사 질문을 하진 않습니다. 조사에 사측이 영향을 주려 했다는 인식을 주지 않기 위해서입니다. 조사가 끝나면 노무사가 보고서를 작성하고 의견을 첨부합니다.
- 조사 결과를 검토할 위원회를 구성합니다. 여성이 피해를 신고한 사건의 내부 위원을 지정할 때는 노측과 사측, 남녀 각 1인씩만 지정하는데, 둘 다 노사 협의회에서 동의한 사람으로 임명합니다. 전문가 성비 때문에 감수성의 문제가 지적되는 것을 피하고자 여성 3명, 남성 2명으로 위촉합니다. 진상조사위원회와 징계위원회는 모두 인원이 겹치지 않도록 구성합니다. 위원장은 위부 위원 중 한 명이 맡습니다(남성이 피해를 신고하면 내부위원은 남성 하나만, 외부위원은 성비 균형을 50:50으로 맞춥니다.) 외부 위원을 지정하기 위해서는 사전에 충분한 전문가 풀을 구성해 뒀다가 무작위로 5명을 추출합니다. 다만 특별히 사건의 판단에 대해 높은 전문성을 보인 전문가가 있다면, 가급적 또 위촉하는 편입니다.
- 고충심의위원회는 마라톤 회의를 진행해서라도 당일에 결론을 맺습니다. 신고 조치 기간이 늘어지면 신고에 연루된 사람들이 더 오랫동안 괴로움을 겪어야 하므로, 최대한 빠르게 진행하는 것입니다. 다만, 복잡한 사건일수록 오랜 검토 시간이 필요하므로 반드

시 충분한 시간을 확보해 둡니다.
- 위원회에서 신고인, 피신고인, 목격자를 면담할 때는 서로 마주치는 일이 없도록 대기 장소와 시간을 조절합니다.
- 사건에 대한 결론이 확인된 이후, 사후 예방조치를 위해, 위원회의 의견을 수렴하고, 위원회의 권고사항은 최대한 모두 실행합니다.

이렇게 대응한 사업장에서 접수되는 신고 건수가 적은 것은 아니었습니다. 하지만 신고하면 사측이 공정하고 객관적으로 대응해 준다는 신뢰가 직원들에게 있습니다. 우리나라처럼 피해율이 높은 곳에서 아예 신고 접수가 없는 사업장보다 훨씬 건강한 조직문화를 가진 것으로 짐작할 수 있습니다.

6 난감한 신고, 조치하는 방법

위의 사업장처럼 적절한 신고가 접수되어, 적절하게 대응하기만 하면 좋겠지만, 신고 자체부터가 난감한 경우도 있습니다. 신고에 대한 사측의 반응이 난감할 때도 있고요. 익명 게시판에 신고가 접수되었거나, 사건에 대해 증언해 주는 목격자가 없거나, 사용자가 신고를 인지하지 못한 척하기 위해 도망을 다니는 등 다양한 사례가 있을 수 있습니다. 이런 경우에는 어떻게 대응하는 것이 좋을지 생각해 보겠습니다.

1) 익명 게시판에 신고가 접수되었다면?

먼저 신고가 익명 게시판에 접수되어 신고인을 알 수 없다면, 어떻게 처리해야 할까요? 신고인이 누구인지 알지 못해도 신고된 내용이 사실인지, 구체적으로 어떤 일이 있었는지 확인할 수 있다면 다른 신고처럼 처리하면 됩니다 (예: 다수가 있는 장소에서 공개적으로 발생한 가시적인 가해행위).

하지만 신고인의 증언이 있어야 구체적인 사건의 내용을 파악할 수 있다면, 신고인 없이 사건을 진행하기가 어렵습니다. 신고인 스스로도 알아야 하는 것이, 누군가를 가해자로 지목하기 위해서는 본인도 그만큼의 역할을 해야 한다는 것입니다. 이런 경우, 익명 게시판의 댓글 기능을 통해 고충처리 담당자에게 신고를 해달라는 요청을 남긴 뒤, 신고가 들어오면 조사 등의 조치로 넘어가고, 그렇지 않으면 부득이 해당 신고 건은 종결처리 해야 할 것입니다. 다만, 사업장 전체적으로 설문조사를 진행하여 괴롭힘 피해 실태를 파악하고, 그 결과를 전체조회에서 공유하여 가해자가 가해행위를 자제하기를 유도하는 것은 가능할 것입니다.

2) 사건에 대해 증언하려는 목격자가 없다면?

신고인과 피신고인은 있는데, 어느 누구도 목격자로 나서서 증언해주길 원하지 않는 사건도 있을 수 있습니다. 몇 가지 예시를 들어보자면 다음과 같습니다. 한 사건에서는 신고인이 내부고발자라서 사측이 신고인을 문제 인물로 인식하고 있었고, 주변인들이 사측의 눈 밖에 날까봐 또는 그 내부고발로 인해 본인들이 직접 영향을 받아서 신고인을 도우려 하지 않았습니다. 또 다른 사건에서는 피신고인이 또는 신고인이 평소 주변 사람을 집요하게 괴롭히고, 힘들게 하는 사람이었기 때문에 생긴 문제였습니다. 목격자들이 피신고인 또는 신고인과 관련된 사건에 연루되기를 기피한 것입니다. 세 번째는 허위신고가 접수되었는데, 허위 신고인이 자신에게 불리한 증언을 할 가능성이 있는 사람들을 협박한 사례였습니다.

목격자가 원하지 않는데 증언하라고 강요할 수는 없습니다. 하지만 진상을 파악하기 위해서는 객관성이 확보된 증거가 필요합니다. 이럴 때는 부득이 다른 증거 자료를 검토하는 방식으로 사건의 진상을 파악해야 할 것입니다. 신고인이 꾸준히 작성해 온 구체적인 피해 기록이나 녹취 파일을 갖고 있다면, 또는 사건이 발생한 장소에 CCTV 같은 것이 있었다면 도움이 됩니다.

신고인과 피신고인의 증언이 극명하게 갈리고, 둘 중 누가 맞는 말을 하는지 확인이 불가능하다면, 사실상 사건은 미성립으로 결론 날 수밖에 없습니다.

간혹, 피신고인이 가해 행위를 하지 않았음을 입증하지 못했다고, 신고인의 주장을 뒷받침하는 증거가 없거나 불충분한데도 괴롭힘 성립으로 인정하는 사례가 있긴 합니다. 즉, 유죄추정의 원칙을 적용하는 것이죠. 하지만 범죄 용의자도 기본이 무죄추정 원칙입니다. 과거의 전과가 있어도 마찬가지입니다. 범죄 용의자도 아닌 사람에게 유죄추정의 원칙을 적용하는 것은 명백한 인권 침해 행위가 됩니다.

사업장이 모든 사건의 진상을 다 파악할 수 있는 것은 아닙니다. 수많은 전문 수사 인원을 보유한 경찰과 검찰도 담당하는 모든 사건의 진상을 제대로 파악하진 못합니다. 사업장이 할 수 있는 일의 한계를 인정하고 받아들여야 할 것입니다.

물론 이 문제는 피해자가 신고를 준비하고 증거를 정리하는 방법을 잘 알게 되면 상당 부분 해소될 수 있습니다. 때문에 피해자에게 무작정 신고하라고만 하지 말고, 어떻게 피해 상황을 기록하고 증거를 남겨야 하는지 잘 숙지하도록 예방 교육이 제공되어야 하는 것입니다.

3) 비매너와 괴롭힘의 차이란?

신고인에겐 무척 괴롭고 불쾌했던 상황이지만, 사실상 괴롭힘으로 볼 수는 없는 것이 신고될 때도 있습니다. 예를 들어, 잦은 방귀나 트림, 불결한 위생 상태와 역한 체취, 구취 같은 것들입니다. 신체 활동에서 나오는 것이며, 특정 피해자를 대상으로 하지 않았기 때문에 가해행위로 보기 어렵습니다. 피신고인이 신고인을 노리고 방귀나 트림을 날리기라도 하지 않은 한은 말입니다.

비매너이며, 교정이 필요한 행위이긴 합니다. 하지만 이런 행동을 하는 사람들을 모아서 따로 매너 교육을 한다면 반발이 있겠죠. 전체적인 매너 교육을 통해 불결함이 어떤 면에서 문제인지, 좋은 매너와 깔끔한 차림새가 어떻게 호감을 얻을 수 있는지 공감대를 형성하는 것을 추천합니다.

4) 피해자가 과도한 요구를 한다면?

피해자로서 보호받고, 구제받을 권리를 과도하게 주장하는 사람도 간혹 있습니다. Ⅴ장에서 상세하게 다룰 예정이라 여기서는 간략하게 정리하고 넘어가겠습니다. 피해자에 대한 보호와 보상은 사측이 감당할 수 있는 범위 안에서 이뤄져야 하며, 피해자가 겪은 행위를 고려할 때 상식적으로 타당한 수준이라고 볼 수 있는 수준에서 주어져야 합니다. 경미한 행위를 당하고도 과도한 보호조치와 보상을 요구하거나, 겪은 피해 자체는 심각한 수준이 맞으나 사측에 큰 손실을 끼치거나 업무 수행에 큰 영향을 줄 수준으로 요구한다면 사측이 거절할 수 있어야 합니다. 다만, 이런 범위를 사측이 스스로 결정하는 것은 문제가 있으므로 직원 다수의 의견 수렴을 통해서 범위를 결정하는 것이 적절하다고 판단됩니다.

5) 허위신고가 접수되었다면?

허위신고는 사실상 정석으로 대응하면 큰 문제가 되지 않는 신고입니다. 그동안 정석으로 대응하지 않고 피신고인을 신고인에게 먹잇감으로 던져줬기 때문에 지금에 이르러 큰 문제가 된 것이죠. 앞에서 본 단계별 절차를 통해 정석을 지키며 대응하면 됩니다. 허위신고인이 결과에 수용하지 않고 또 신고할 수도 있습니다. 그럼 그 신고에 대해서도 또 정석으로 처리하면 됩니다. 절대 해서는 안 되는 것이, 쉽게 사건을 종결시키기 위해 피신고인에게 사과하도록 종용하는 것입니다. 그 자체가 사측이 허위 신고인을 도와 피신고인에게 누명을 씌우는 행위가 될 수 있습니다. 또한 피신고인은 좋은 의도로, 또는 회사를 위해서 사과했어도, 법적으로는 가해행위를 인정한 것이 되어 피신고인이 구제받을 수 없게 될 수 있습니다.

6) 사용자가 신고인으로부터 도망 다닌다면?

사용자는 괴롭힘이 발생했음을 인지하면 즉각 조치해야 할 의무가 있습니다. 이 법령을 임의로 본인이 개인적으로 인지하지 않으면 조치하지 않아도 된다고 해석하고, 신고인으로부터 또는 신고 접수를 보고하려는 담당자로부터 도망 다니는 사용자도 있습니다. 하지만 이런 사용자의 착각과는 달리, '인지' 조건은 사측에 신고가 접수된 순간 이미 충족됩니다. 사용자 개인이 보고받지 않았다고 인지하지 못한 것이 되진 않습니다.

사용자로부터 직접 조사를 시작해도 된다는 지시를 듣지 못했다고 사건을 방치하다간, 자칫 담당자 본인이 즉각 조치 의무 위반에 대한 책임을 져야 할 수도 있습니다. 사용자는 보고를 전혀 듣지 못했던 척하며, 얼마든지 본인의 책임이 아니라는 증거를 만들어 낼 수 있습니다. 사용자가 계속 피한다면 이메일로 신고 접수 사실을 보고하고, 사용자의 다른 지시가 없다면 법령과 정부 지침, 회사 매뉴얼 등에 따라 조치하도록 하겠다는 보고 내용을 남기시는 것이 좋습니다.

7) 아무런 증거가 없는 신고가 접수되었다면?

괴롭힘을 당했고 고통받고 있다는 신고인의 주장만 있을 뿐, 구체적으로 언제 무슨 일이 일어났는지 전혀 파악도 되지 않고, 증거도 없는 신고가 접수될 수도 있습니다. 사실 꽤 많은 신고가 이런 식으로 접수되고 있습니다. 아직 우리나라에는 입증책임이 누구에게 있는지 합의된 사항이 없기 때문입니다.

관련해서 해외의 법령을 찾아봐 달라는 정부 부처의 요청을 받은 적이 있는데, 법령에 직접 입증책임을 언급하는 나라는 없었습니다. 축적된 판례를 바탕으로 사회적 동의를 이루거나, 또는 정부 지침에서 언급하는 방식이었습니다.

사례를 살펴보면, 신고인이 입증책임을 전혀 지지 않는 경우는 폴란드에서 사용자가 신고되었을 때뿐이었습니다. 그 외에는 최소한 신고 접수 단계에서부터 합리적인 초기 증거를 제출해야 하며, 심지어 완전히 신고인에게 입증책임을 두는 국가도 있었습니다.

표 III-4 해외의 입증책임

구분	사법처벌 조항 없음	사법처벌 조항 있음	
		사용자	가해자
신고인 입증책임	캐나다, 스웨덴, 아일랜드(사법기관 신고) 폴란드(사법기관 신고, 보상청구)	-	호주 (행정/사법기 관 신고)
신고인의 확고한 증거 + 이후 사용자/행위자 책임	지브롤터(사법소송) 아일랜드(행정기관 신고)	-	
50:50	미국(캘리포니아)	-	-
신고인의 합리적 초기 증거 + 이후 사용자/행위자 책임	아일랜드(사업장 내부 신고) 벨기에	프랑스, 노르웨이	
사용자 책임	폴란드(노동자 보호 의무 위반시)	-	-

보완: 서유정 외(2022)[15], Government of Canada(2015.8.21)[16]

해외 국가와는 달리, 국내에는 피해자가 입증책임으로부터 자유로워야 한다고까지 주장하는 사람들도 있습니다. 저는 거기엔 동의하지 않는 입장입니다. 우리나라는 허위신고가 피해가 유독 심각한 국가이며, 누군가를 가해자로 지목하기 위해서는 피해자도 최소한의 책임은 져야 한다고 보기 때문입니다.

허위신고와 같은 부적절 신고를 어느 정도 걸러낼 수 있게 되고, 상식적인 범위에서 적절 신고만이 처리된다는 전제하에, 저는 입증책임을 이런 식으로 두면 어떨까, 생각하고 있습니다.

- 사용자 · 행위자 입증책임: 사용자가 노동자 보호 의무를 위반한 의무
- 신고인의 합리적 초기 증거 + 사용자/행위자 책임: 신고인의 요구가 행위 중단을 넘어서지 않는 경우

---

15) 서유정 · 김상진 · 박윤희(2022). 직장 내 괴롭힘 분쟁해결 방안 연구. 고용노동부. 한국직업능력연구원.

16) Government of Canada(2015.8.21.). Investigation Guide for the Policy on Harassment Prevention and Resolution and Directive on the Harassment Complaint Process. 출처: https://www.canada.ca/en/government/publicservice/wellness−inclusion−diversity−public−service/harassment−violence/investigation−guide−policy−harassment−prevention−resolution−directive−harassment−complaint−process.html (검색일: 2024.7.13.)

- 50 : 50 입증책임: 신고인의 요구가 행위자의 사과 및 경징계 수준인 경우
- 신고인 입증책임: 신고인이 보상, 중징계, 또는 사법처벌을 요구하는 경우(신고인 요구와 상관 없이 행위 자체의 심각성으로 인해 물질적 배상, 중징계 또는 사법처벌이 적용되는 경우는 제외)

다만 합의된 기준이 아니므로, 아직 추가적인 논의가 필요한 영역입니다. 너무 세분화하면 오히려 현장에서 활용하기 어려울 수도 있습니다. 현재로써는 아무 증거도 없는 신고가 첨부되어도 일단 조사하고, 위원회를 구성하여 괴롭힘 인정 여부를 결론 내야 합니다. 조사를 진행한 뒤에도 괴롭힘당했다는 피해자의 증언을 뒷받침하는 목격자의 증언이나 다른 증거가 나타나지 않는다면, 위원회에서 사선을 미성립으로 판단하게 될 것입니다.

난감한 신고는 여기서 본 것 외에도 많은 다른 사례들이 있을 수 있습니다. 난감한 신고가 골치 아프긴 하지만, 대응을 두려워할 필요는 없습니다. 직장 내 괴롭힘의 개념과 기준을 잘 이해하고, 정석적인 대응 절차를 잘 숙지하고 있다면 그에 맞춰서 처리하면 됩니다. 사건 처리와 관련하여 전문성, 객관성, 공정성을 꾸준히 보여주면, 부적절한 신고나 애매한 신고는 점차 줄어들게 됩니다.

직장 내 괴롭힘 피해,
왜 사라지지 않을까?

IV

이제 우리는 괴롭힘의 개념과 판단기준에 대해 이해하게 되었습니다. 어떻게 신고에 대응해야 하는지도 살펴봤고요. 다음은 왜 괴롭힘이 우리 사회에서 사라지지 않는지 생각해 볼 필요가 있습니다. 문제해결을 위해서는 원인 분석이 필수니까요.

직장 내 괴롭힘의 원인을 설명하는 관점은 여러 가지가 있는데 저는 여기서 진화론적 관점과 조직·문화적 관점, 생애 주기적 관점, 사회적 관점, 제도적 관점을 살펴보고자 합니다. 진화론적 관점은 괴롭힘의 첫 발생을 설명해 주고, 조직·문화적 관점과 생애 주기적 관점은 왜 괴롭힘이 유지되는지를 알려줍니다. 사회적 관점과 제도적 관점은 왜 괴롭힘 해소가 어려운지, 왜 현행 제도가 문제해결에 별 도움이 되지 않는지를 보여줍니다.

❶ 진화론적 관점: 이기적인 권력자

진화론적 관점은 조직 안에서 발생하는 괴롭힘의 원인을 과거의 부족했던 자원과 그 자원을 이용하여 쉽게 권력을 유지하고 싶어 했던 이기적인 권력자의 존재에서 찾고 있습니다.

인류가 충분한 자원을 확보할 수 있게 된 것은 비교적 최근의 일입니다. 지금도 모든 국가가 풍족한 자원을 누리는 것은 아닙니다. 하지만 과거에는 더욱 심각했고, 자원을 배분할 권리를 가졌다는 것은 어마어마한 권력이었습니다. 권력자가 그 권력을 지키려면 그 지배하에 있는 사람 다수가 권력자로부터 배분받는 자원에 만족하는 상황을 계속 유지할 수 있어야 했습니다. 하지만 자원은 부족했고, 모두가 배부르게 먹고, 풍족한 생활을 할 수는 없었습니다. 그런 사람들에게 만족감을 느끼게 하는 방법은 상대적 만족감을 이끌어내는 것이었습니다. 소수를 희생양 삼아 극단적으로 적은 자원만 주고, 다른 사람들에게는 그보다 좀 많은 자원을 나눠주면, 그들은 희생양과 자신을 비교하면서 '난 쟤들보다는 잘 먹고 잘 사니까'하고 만족한다는 것입니다.

이토록 이기적인 권력자 밑에서 희생양은 끝없이 생겨났습니다. 먼저 희생양이 되었던 사람들이 사라져도, 권력자는 다른 희생양을 결정했습니다. 권력자가 희생양을 정하면, 권력자에게 동조하는 다른 사람들은 죄책감 없이 그들을 괴롭혔습니다. 권력자에게 깊이 동조하지 않던 사람도 본인이 다음 희생양이 될까봐 그런 행위에 점점 더 동참하게 되고, 희생양을 지정하는 것도 권력자의 권력을 뒷받침하는 기반이 되었습니다.

권력자의 지배 아래에 있는 사람들은 그런 권력자의 행동이 이익이 된다는 점을 체감했습니다. 또한 권력사 본인의 생존과 사손 번식 가능성이 증가하년서, 그 자손들이 이기적인 권력자의 행동을 배우며 성장했습니다. 권력자의 이기적인 행동이 계속 전파되는 상황이 만들어진 것입니다.

이런 이기적인 권력자의 행동은 혈연관계의 조직에서도 마찬가지였습니다. 자녀를 여럿 둔 가정을 보면, 부모가 심부름을 몰아서 시키고 희생을 강요하는 아이가 하나씩 있는 것을 꽤 흔하게 볼 수 있습니다. 이런 부모들은 한 자녀를 다른 자녀 앞에서 괴롭히고 소외시킴으로써 본인이 가진 힘을 과시하고, 이를 목격한 다른 자녀들은 본인이 희생양이 되지 않기 위해 부모의 애정을 더 많이 받고자 경쟁합니다. 게다가 다른 자녀들도 희생양으로 삼은 아이를 만만히 보고 함부로 대합니다. 문제가 생기면 부모와 함께 그 아이를 나무랍니다. 자녀 간에 계층을 만들고, 한 아이를 희생시켜 다른 자녀들을 통제하기 쉬워지는 것입니다.

어린 시절에 이런 성장 환경을 조성한 부모는 자녀들이 모두 성장한 뒤에도 상황을 계속 이어갑니다. 희생양인 자녀가 벌어온 돈으로 다른 자녀에게 베풀고, 다른 자녀가 앉아서 쉴 때 희생양인 자녀는 가사를 돕도록 합니다. 손주 세대들도 조부모의 그런 행동을 학습하면서 이기적인 권력자의 행동이 다양한 경로로 세대 간에 전파됩니다.

이제는 자녀를 하나만 낳는 세대가 증가했고, 자녀 안에서 희생양을 찾는 일은 줄어들었습니다. 하지만 부모들은 가정 밖에서 다른 희생양을 찾기 시작했습니다. 자녀 앞에서 교사를 괴롭히고, 식당 직원을 괴롭히면서 본인의 힘을 과시하는 행위를 이어갔습니다. 외동이라 부모의 관심을 독차지하는 자녀는 더 이상 부모의 애정을 받고자 눈치 보고 경쟁하진 않게 되었습니다. 하지만 부모가 타인에게 갑질하고 괴롭히며 힘을 과시하는 행위는 계속 학습하고 있습니다. 핵가족화된 사회에서도 누군가를 희생양 삼고, 괴롭히는 행위가 계속 학습되어 전파되는 것입니다.

희생양이 된 피해자는 본인도 주변에 공격적으로 행동하게 되기 쉽습니다. 인간의 본능은 타인으로부터 받은 대우대로 주변 사람을 대하는 것이기 때문입니다.[1] 가해행위를 한 당사자에게 되갚아 줄 수 없을 때는, 다른 약한 상대를 찾아서 합니다. 우리 속담처럼 종로에서 뺨 맞고 한강에서 화풀이하는 것입니다. 이런 경로로도 괴롭힘은 계속 전파됩니다.

진화론적 관점에서 보면 괴롭힘을 완전히 소멸시키는 것은 불가능합니다. 인류가 존재한 기간만큼 오랫동안 이익이 되는 행위로 학습되었고, 한번 시작된 괴롭힘은 계속 다른 괴롭힘으로 이어지는 악순환이 되기 쉽기 때문입니다. 인류가 다시 오랜 시간에 걸쳐 '괴롭힘 가해 ⇒ 불이익'이라는 것을 학습해야 하지만 현실적으로 어렵습니다.

2 조직 문화적 관점 I: 괴롭힘 피해를 유발하는 조직 요소

조직 문화적 관점은 괴롭힘 피해를 유발하는 원인을 조직의 특성에서 찾아보는 접근 방식입니다. 본래 초기의 괴롭힘 원인 분석 연구는 피해자와 가해자의 특성을 살펴보는 것에서 처음 시작되었습니다. 하지만 이런 접근 방식은 극소수의 피해와 가해는 설명할 수는 있어도 광범위하게 퍼진 직장 내 괴롭힘을 설명할 수는 없었습니다. 따라서 조직적 요소에서 그 원인을 찾아보는 것으로 연구의 방향성이 바뀌게 되었습니다.

조직적 요소는 개인적 요소에 비해 직장 내 괴롭힘을 최소 2배 이상 설명할

---

1) Benard, S., Berg, M.T., & Mize, T.D. (2017). Does Aggression Deter or Invite Reciprocal Behavior? Considering Coercive Capacity. Social Psychology Quartery 80(4), pp. 310-329.
   Helm, B., Bonoma, T.V., & Tedeschi, J.T. (1972). Reciprocity for harm done. The Journal of Social Psychology, 87, pp. 89-98.

수 있었으며, 5배 이상까지 나온 연구결과도 있었습니다. 조직적 원인이 개인적 원인에 비해 괴롭힘 유발에 압도적으로 큰 영향을 가진 것이죠. 그렇다면 이렇게 괴롭힘을 유발하는 조직적 요소 중에는 어떤 것이 있을까요?

1) 수직적 조직문화

첫 번째는 수직적 조직문화입니다. 상하관계가 뚜렷하고, 직급 간 힘의 격차가 크면 괴롭힘 피해율이 높아지는 현상을 보입니다. 수평적 조직문화를 가진 북유럽보다 수직적 조직문화를 가진 영국, 호주의 피해율이 월등히 높은 점이 바로 그런 이유에서죠.

이런 조직에서 갑질 피해가 높은 건 당연하지만, 흥미롭게도 을질 피해도 만만치 않습니다. 그 이유는 뭘까요? 최상위 직급자와 친분이 있거나, 기타 이유로 신뢰를 얻은 하급자들이 최상위 직급자와 본인을 동일시하면서, 중간에 위치한 사람을 만만하게 보기 때문입니다. 관련하여 다음과 같은 사례가 있었습니다.

특정 학교 출신 간부급이 많은 조직에 같은 학교 출신의 후임이 입사했습니다. 그 후임은 선배의 지시에는 무조건 복종하고, 심지어 그 이상을 해내며 그들의 총애를 얻었습니다. 하지만 정작 타 학교 출신인 선임의 업무지시는 간부급의 지시를 따라야 한다는 핑계를 대며 무시하기 일쑤였습니다. 소속 부서의 업무 중 본인이 담당해야 할 영역을 자신이 임의대로 결정해 놓고, 그 외의 일은 손대려 하지 않았습니다. 어쩔 수 없이 해야할 때도 건성으로 하는 탓에 문제상황이 발생했습니다. 직속 상사가 그런 점을 지적하면 갑질이라고 항의했습니다. 회사 워크샵에서도 상위 직급자의 곁에서 시중을 들며, 부서 간 활동에는 건성이었습니다. 직속 상사가 상부에 이러한 사실을 알렸으나, 상위 직급자는 '그럴 사람이 아니다, 얼마나 싹싹하게 일을 열심히 하는 친구인데 그러느냐'며 직속 상사의 호소를 무시했습니다.

비슷한 패턴은 특정 지역 출신이 많은 조직에서도 확인되고 있습니다. 또한 지연·학연이 없어도 최상위 직급자에게 '입 안의 혀'처럼 굴며 총애를 얻은 뒤, 사례 속 후임처럼 행동하는 사례들이 있습니다. 최상위 직급자들이 이런 을질러를 두둔해 주면, 중간에 위치한 사람들은 아무 말도 할 수가 없습니다. 최상위 직급자와 그들 간의 힘의 격차 때문이죠. 그 결과, 을질러의 행위가 계속되는 것입니다.

2) 긴 근무 시간

두 번째는 긴 근무 시간입니다. 우리나라의 평균 근무시간은 과거에 비해 많이 짧아졌지만, 여전히 OECD 최상위권에 속합니다.

긴 근무 시간은 스트레스의 축적으로 이어지고 피로도를 높입니다. 작은 의견 차이도 쉽게 갈등으로, 괴롭힘으로 악화하게 만듭니다. 같은 사업장 소속 노동자들이 오랜 시간을 함께 보내면서 괴롭힘 행위를 할 기회도 많아집니다. 게다가 우리나라는 업무와 무관한 활동으로 허비되는 가짜노동 시간이 전체 근무 시간 중 무려 24.1%에 달합니다(원자료: 서유정·김종우, 2023). 바쁘게 회사 업무에 집중하다 보면 남을 괴롭힐 시간도 없습니다. 하지만 일하지 않으면서 회사에 머무는 시간은 많다보니 다른 생각을 하게 되고, 누군가와 갈등이 생기고 괴롭힐 기회도 많아지는 것입니다.

주간 노동시간에서 업무와 무관한 가짜노동 시간을 제하면 우리나라도 근무시간을 30시간 중반대 이하로 낮출 수 있습니다. 노동자의 근무시간 중 낭비되는 시간이 최소화되도록 관리자와 경영자들이 인력활용도를 높인다면 생산성을 유지하거나, 심지어 더 높이는 것도 기대할 수 있습니다. 단축된 근무시간으로 피로도가 줄어들면 집중력이 높아지고 시간당 노동생산성도 증가합니다. 게다가 짧은 근무시간 동안 업무에만 충실히 집중하는 문화가 조성된다면 괴롭힘의 피해도 줄어들 수 있습니다. 누군가를 괴롭힐 기회 자체가 줄어들 테니까요.

3) 역할 갈등과 역할 혼란

역할 갈등과 역할 혼란 역시 스트레스를 축적시켜 괴롭힘을 유발하는 원인입니다. 역할 갈등은 서로 다른 역할이 동시에 노동자의 존재를 요구할 때 발생합니다. 예를 들자면, 한 상사가 행사장에 나와서 일을 도우라고 했는데, 다른 상사가 같은 시간에 서류 작업을 하라고 지시하는 것입니다. 한 상사의 업무지시를 수행하려면, 다른 상사의 지시는 도저히 따를 수가 없습니다. 역할 혼란은 누가 어떤 일을 해야 하는지, 어떻게 업무 분담이 이뤄지는지 애매한 상황을 의미합니다. 상사가 부서원 여러 명에게 일을 통째로 맡기면서 적당히 나눠서 하라고 하거나, 함께 일하는 부서원 간 소통 부재로 각자 서로의 역할을 다르게 인식하고 있던 것을 뒤늦게 확인했을 때, 또는 유사한 다른 상황에 역할 혼란이 발생합니다.

국내 데이터에서는 역할 갈등이 역할 혼란보다 더 큰 괴롭힘의 원인으로 확인된 바 있습니다. 서양과는 달리 노동자 개개인의 역할이 명확하게 정리되지 않는 우리나라 조직문화 특성상 역할 혼란 자체가 노동자에게 매우 익숙하기 때문으로 짐작됩니다. 하지만 역할 갈등은 우선순위를 정하기 힘든 상황에 결정을 내리고, 그 여파를 감당해야 하기 때문에 큰 스트레스를 유발하고, 괴롭힘 발생의 주요 원인이 되는 것으로 볼 수 있습니다.

4) 조직구성원 내의 다양성 부족

조직구성원 대부분이 유사한 특성을 가진 사람들로 구성되면, 즉 조직 내 동질 집단의 비중이 높으면 직장 내 괴롭힘 피해가 증가합니다. 그 유사한 특성을 가진 사람들이 강자, 그렇지 않은 사람은 소수의 약자인 상황이 쉽게 만들어지기 때문입니다.

해외에서는 인종을 중심으로 다양성 부족 문제를 다뤄왔으나, 우리나라는 아직 다민족 국가에 해당하지 않습니다. 하지만 우리나라에서도 다수의 동질 집단을 포함한 조직에서 괴롭힘 피해율이 높은 사례를 쉽게 볼 수 있습니다.

앞에서 본 수직적 조직문화에서 같은 학교나 지역 출신자가 많이 채용되는 직장의 사례를 보여드렸는데, 동질 집단의 높은 비중으로 인한 괴롭힘 증가의 예시로도 볼 수 있습니다. 또한 외국인 노동자를 많이 채용하는 사업장에서는 한 국가 출신이 다른 국가 출신에 비해 월등히 많을 때, 그들이 기득권층처럼 행세하며 다른 국가 출신을 괴롭힌 사례도 있었습니다.

차라리 모든 직원을 같은 학교, 같은 지역 출신으로 채용하면 이런 문제를 예방할 수 있을 거라는 생각을 할 수도 있습니다. 하지만 어느 한 학교 출신만 채용한다 해도, 결국 그 안에서 새로운 다수 집단이 생성됩니다. 학교라면 특정 학과 출신의 비중이 높을 경우, 그 학과 출신이 다수 집단이자 기득권이 되기 때문입니다. 같은 나라라면 어느 지역 출신인가, 같은 지역이라면 그 지역에서 어떤 고등학교, 중학교를 나왔는가에 따라 다수 집단이 형성됩니다. 타지펠(Tajfel)의 Social Identity Theory 관련 연구에서 볼 수 있듯이, 인간에게는 본인과 유사성을 가진 사람들과 결집하고, 다른 점을 가진 사람을 멀리하려는 성향이 있기 때문입니다.[2]

5) 사용자의 갈등 회피 성향과 준법정신 결핍

직장 내 괴롭힘의 확산 또는 해소에 가장 큰 역할을 하는 것은 사용자입니다. 사용자의 태도가 조직문화의 방향성을 결정하며, 직장 내 괴롭힘은 조직문화의 문제이기 때문입니다. 게다가 우리나라의 직장 내 괴롭힘 금지법은 사용자에게 막강한 권한을 부여하고 있습니다. 신고 대응 관련 주요 의사 결정권이 사용자에게 있기 때문입니다. 신고를 인정하고 조치할지 결정할 권한이 사실상 사용자에게 있습니다. 조사관 임명권도 사실상 사용자에게 있습니다. 공정한 판단을 위한 위원회가 운영되긴 하지만, 결국 위원회 임명권도 최종적으로

---

2) Tajfel, H., & Turner, J. C. (1986). The social identity theory of intergroup behaviour. In S. Worchel & W. G. Austin (Eds.) Psychology of Intergroup Relations (1st ed., pp. 7-24). Nelson-Hall, Chicago.

는 사용자에게 있습니다. 사용자가 작정하면 모든 절차 단계에서 본인이 원하는 방향으로 결정이 이뤄지도록 영향력을 행사할 수 있습니다. 이런 사용자를 신고하면 된다고 하지만, 가해자 신고도 어려운 피해자에게 사용자까지 신고하라는 것은 모든 부담을 피해자에게 몰아주는 것입니다. 온라인 게임에 비유하자면, 낮은 비율로 특수효과를 내는 무기만 저레벨 이용자에게 쥐어준 뒤, 혼자서 고레벨 이용자와 싸우고, 길드에 대항하라는 것과 마찬가지입니다.

법령 시행 이전부터 사용자의 공감대를 형성하고, 책임 의식을 심어주었어야 했으나 그런 노력 없이 법령부터 통과되었습니다. 법령 이후로도 사용자의 근본적인 인식 수준은 큰 변화 없이 이어졌습니다. 사용자의 갈등 회피 성향은 전 세계 공통이지만, 동양권에서는 특히 두드러지는 특성입니다. 여러 사용자는 문제가 발생해도 해결하려고 나서기보단 문제를 지적한 사람에게 문제가 있다고 생각하고 싶어합니다. 직장 내 괴롭힘과 같은 사건이 신고되었을 때도 정석으로 대응하기보다는 적당히 무마하는 것을 선호합니다.

게다가 직장 내 괴롭힘 예방 교육이 의무화되었지만, 사용자가 괴롭힘 문제를 본인의 문제로 인식하도록 하는 내용이 포함되지는 않습니다. 사용자 중에는 여전히 직장 내 괴롭힘을 피해자와 가해자 간의 개인적인 문제로만 보는 사람이 많습니다. 사용자의 입장에서 직장 내 괴롭힘은 본인과 직접 상관없는 타자의 일인데, 귀찮게도 그런 문제를 직접 나서서 대응해야 하고, 하지 않으면 처벌까지 받아야 하는 '억울한' 상황이 된 것입니다. 게다가 직장 내 괴롭힘 신고에 정석으로 대응하는 것은 사실상 복잡한 생각을 싫어하는 인간의 본성을 거스르는 일이기도 합니다. 인간은 인지적 구두쇠(cognitive miser)니까요.

높은 윤리의식, 책임의식, 준법정신이 뒷받침되어야 하지만, 우리나라는 기본 경영 윤리조차 낮은 편입니다. 조사 → 진상 파악 → 조치 → 사후관리라는 정석적인 절차를 충실히 따르는 대신 적당주의식 편법적 대응이 성행하고 있습니다.

〈표 Ⅳ-1〉는 괴롭힘 피해 인정 여부와 무관하게 사업장이 준수해야 하는 절차와 준수한 비율을 보여주고 있습니다. 직장 내 괴롭힘 금지법 시행 이전에는 성희롱, 폭언, 폭력 등의 신고에 대해서만 절차가 진행되었고, 이후에는 괴롭힘까지 포함한 신고에 대해 절차가 진행되었습니다.

절차별로 준수율은 100%여야 하지만, 그에 훨씬 못 미치는 수준임을 볼 수 있습니다. 법령 시행 이후인 2023년에도 2016년에 비해 일부 항목에서만 준수율이 높아졌으며, 오히려 더 하락한 항목도 있었습니다. 또한 2023년도에 반드시 지켜야 할 절차를 모두 지킨 사업장은 10.8%에 불과했습니다. 법령 시행 이후에도 사업장의 절차 준수가 크게 개선되지 않았음을 보여줍니다.

표 IV-1 사업장의 직장 내 괴롭힘 대응 절차 준수 현황(%)

구분	2016	2023
1. 접수된 신고를 정식으로 사용자에게 보고	78.6	94.6
2. 신고인에게 신고인으로서 요청할 수 있는 권리 알림(분리 조치, 귀책사유 있는 조사관/위원회 배제 요청 등)	-	71.0
3. 행위자에게 신고되었음을 통보(신고 내용 등)	-	80.6
4. 정식 조사관 임명	55.1	30.1
5. 고충심의위원회 구성 및 운영		38.7
6. 신고인 조사	78.6	73.1
7. 피신고인 조사	80.6	67.7
8. 목격자 조사	69.4	74.2
9. 조사 결과 작성 및 사용자에게 보고	58.2	71.0
10. 조사 보고서 검토 및 의사결정(괴롭힘 성립 여부 판단)		54.8
11. 결과 통보(신고인, 피신고인)	65.3	60.2
12. 피신고인 행동 변화 감독	55.1	57.0
13. 신고인 보호 조치	59.2	66.7
14. 지속적인 예방 대책 마련	60.2	28.0

원자료: 서유정·이지은(2016)[3], 서유정·김종우(2023)[4]

사업장이 괴롭힘 신고 조치와 관련하여 행하는 편법·위법 행위를 봐도 단계별로 다양한 형태가 있음을 확인할 수 있습니다(〈표 IV-2〉 참조). 사용자가 직장 내 괴롭힘 문제에 부적절하게 대응하면 가해자는 가해행위를 계속해도 된다는 암묵적인 지지를 느끼게 됩니다.[5] [6] 아예 대응하지 않아도, 절차를 무

---

3) 서유정·이지은(2016). 국내 직장 괴롭힘의 실태 분석 및 대응방안 연구. 한국직업능력연구원.

4) 서유정·김종우(2023). 직장 내 괴롭힘 성립기준 및 사업장 모니터링 체계 구축 연구. 한국직업능력연구원.

시하거나 적당주의로 결론을 내려도 마찬가지입니다. 갈등 상황에 관여하기 회피하는 사용자의 성향이 가해자에게 계속 해도 된다는 메시지를 주는 것입니다.

표 IV-2 직장 내 괴롭힘 신고 조치 관련 사업장의 편법/위법

단계	편법전략	세부전략
신고 이전	부적절한 정책	• 0건 정책 • 옴부즈맨/고충처리위원의 신원 숨기기 • 부적절한 옴부즈맨/고충처리위원 임명(고령 남성, 사용자 본인 등)
신고	신고 차단 및 제한	• 신고를 인지하지 않기 위한 다양한 행동(부적절한 신고 양식, 보고자/신고인을 피해 다니는 사용자 등) • 접수된 신고를 사용자에게 보고하지 말라는 압력
신고	신고 무마	• 기히지의 행위 정당화 • 피해자/목격자에게 승진 등의 가능성을 언급하며 암묵적으로 신고 취하 권고
신고	신고방치	피해자가 포기하거나 퇴사할 때까지 신고 방치
신고	불공정한 정보제공 및 태도	인사 부서의 제한적 정보제공 및 미제공
신고	불공정한 정보제공 및 태도	신고인과 피신고인에 대한 인사 부서의 불공정한 태도
조사	부적절한 조사관 선정	• 피해자와 과거에 갈등이 있었던 직원 (허위신고에서는 피신고인과 갈등이 있던 직원) • 조사 및 조치 절차 수행 역량을 갖추지 못한 직원
조사	조사 미실행	
조사	목격자 조사 미실행	
위원회 운영	부적절한 위원회 임명	• 노조/노사위원회 협의 없이 위원회 구성 • 대다수의 내부위원과 소수의 외부 전문가만으로 구성 • 위원회 위원에 대한 사용자의 은근한 압력(사용자가 원하는 방향으로 결론을 내리라는 압력) • 위원회 위원에게 피해자에 대한 부정적인 정보 전달 (허위 신고에서는 피신고인에 대한 부정적인 정보) • 관련 법령의 창의적 해석
결과 통보/공표	• 결과의 미공표 • 정식 결과 공표 이전에 가해자에게 결과 사전 통보 • 피해자나 목격자에게는 결과 미통보	

5) Einarsen, S. (1999). The nature and causes of bullying. International Journal of Manpower, 20(1/2), 16－27.

6) Rayner, C., Hoel, H., & Cooper, C. L. (2002). Workplace Bullying. What we know, who is to blame and what can we do? London: Taylor & Francis.

| 가해자에
대한 조치 | • 가해행위로 성립한 사건임에도 가해자 비징계
• 피해자에게는 가해자에게 경고를 주겠다고 하고 실제로는 미실행 |

출처: 서유정(2024)[7]

6) 사용자의 경영 윤리 부족

우리나라 사용자의 윤리 수준에 대한 신뢰도는 매우 낮은 편입니다. 실제로 저는 강의를 할 때 종종 해외의 기업들은 법을 잘 지키냐는 질문을 받곤 합니다. 우리나라 기업들은 잘 지키지 않는다는 점을 반영하는 질문이죠.

위의 갈등 회피 성향에서 살펴봤듯이 우리나라 기업에는 '좋은 게 좋은 것'이라는 생각, 문제상황이 발생해도 쉬쉬하고 넘어가는 태도, 문제 자체보다 문제가 있음을 지적한 사람을 문제 요소로 보는 습성, 까다로운 정석보다는 적당주의식 편법을 선호하는 업무처리 방식 등 문제상황을 암묵적으로 허용하는 분위기가 존재합니다. 그런 특성 하나하나가 가해자의 괴롭힘 행위를 강화하는 작용을 하는 것입니다.

사용자가 경영 윤리를 지키지 않으면, 노동자도 직업윤리를 지키지 않습니다. 조직문화는 위에서 아래로 흐르는 것이니까요. 게다가 우리나라의 사업장 안에서 위법 행위가 발생해도 직원이 그런 행위를 신고할 가능성은 작습니다. 신고해봤자 사측이 적절히 대응하기보다 오히려 신고한 사람에게 불이익을 줄 것이라는 두려움도 있고, 내 일이 아니라고 생각하기도 합니다.

심지어 자국에서는 법을 잘 지키며 경영하던 해외 기업도 우리나라에 진출한 이후에는 비윤리 경영을 하는 사례들이 확인된 바 있습니다. 우리나라에서는 그래도 된다는 것을 그들이 학습했기 때문입니다. 그래서 국내의 외국계 기업에서 오히려 심각한 괴롭힘 피해가 보고되기도 하는 것입니다.

---

7) 서유정(2024). 판단과 절차의 카오스: 직장 내 괴롭힘 신고에 대한 사업장의 절차 미준수 사례연구. 노동정책연구 24(1), 133－165.

③ 조직문화적 관점 Ⅱ: 사용자 곁의 악질 가해자

우리나라에서 유독 두드러지는 또 하나의 조직 문화적 특징이 있습니다. 바로 사용자 곁에 악질 가해자가 있다는 것입니다. 악질 가해자는 사업장 안에서도 특히 두드러지는 가해자로 여러 피해자에게 큰 고통을 주어 악질적이라고 다수가 동의하는 가해자를 의미합니다. 악질 가해자 중에는 사용자 본인이나 측근 또는 권력자를 뒷배로 둔 사람의 비중이 높습니다.

직장 내 괴롭힘 금지법이 시행되기 이전부터 꾸준히 축적된 데이터를 보면 거의 일관적으로 70~80%의 악질 가해자가 사용자 본인이나 관련된 사람임을 확인할 수 있습니다. 악질 가해자로부터 괴롭힘당한 피해자뿐만 아니라 그런 상황을 목격한 목격자 역시 같은 패턴의 응답을 보이는 것을 보면, 악질 가해자와 사용자의 친분이 피해자만의 착각은 아니라는 뜻입니다.

왜 사용자 곁에 악질 가해자가 많은 걸까요? 우선 사용자 곁에 있다는 것은 본인이 큰 권력을 갖고 있다는 의미입니다. 가해행위를 할 기회도 수단도 많다는 뜻이죠. 그 점을 악용하여 주변의 직원을 괴롭히면 가해자가 되고, 그렇게 피해자가 증가하면 악질 가해자가 되는 것입니다.

표 Ⅳ-3 악질가해자와 사용자와의 관계

(단위: %)

구분	사용자 본인 및 혈연		사용자 지연·학연		혈·지·학연 없는 측근 및 측근의 측근		외부 권력·재력가 친인척		무관	
	피해자	목격자	피해자	목격자	피해자	목격자	피해자	목격자	피해자	목격자
'19.7~'23.6	9.4	6.9	20.8	17.2	52.8	65.5	1.9	3.4	15.1	6.9
'15.7~'19.6	7.7	11.5	7.7	19.2	55.8	42.3	0.0	3.8	28.8	23.1
'11.7~'15.6	4.3	4.5	17.0	22.7	68.1	47.7	2.1	0.0	8.5	25.0
'07.7~'11.6	12.0	13.7	18.7	15.7	38.7	47.1	12.0	0.0	18.7	23.5
총계	8.8	9.3	16.3	18.7	52.0	50.0	4.8	1.3	18.1	20.7

출처: 서유정(2024)[8]

사용자의 측근은 왜 악질 가해자가 되는 것일까요? 사용자 앞에서는 그의 수족 노릇을 하는 것이 즐거운 것처럼 행세하지만 실제로는 많은 스트레스를 겪기 때문입니다. 스트레스 유발자인 사용자에게 표출할 수 없으니, 그 스트레스는 만만한 하급자에게로 향하게 됩니다. 설령 사용자 수발에 크게 스트레스를 느끼지 않더라도 본인이 사용자에게 하는 것만큼을 하급자에게 기대하고 요구하면서 그것이 괴롭힘이 될 수 있고요.

게다가 사용자 곁에 몰리는 사람들은 권력 거리를 크게 느끼는 만큼 상명하복 성향을 가진 사람이 흔합니다. 이런 사람이 사용자에게 인정받고, 리더의 자리에 오르면, 그 부서의 구성원들은 고통받게 됩니다. 리더가 사용자의 무리한 요구도 모두 수용하려고 하니, 그 일은 고스란히 부서원들이 해야 하기 때문입니다. 이런 점 때문에 일개 직원이었을 때는 주변의 다른 직원들로부터 인성이 순하고 좋은 사람으로 인정받던 사람이 사용자의 측근이 되고, 리더급의 자리에 오르는 순간 평이 확 바뀌기도 합니다.

사용자 곁을 차지하기 전부터 이미 가해자였던 측근들도 있습니다. 그들은 하급자의 실적을 빼앗고, 본인이 해야 할 일을 하급자에게 시키면서 본인보다 조금 더 권력을 가진 사람부터 차례로 접근하고 적극 수발을 드는 행동 패턴을 보입니다. 그런 과정을 통해 차츰차츰 더 큰 권력을 가진 사람과도 친분을 쌓고, 사용자 또는 상급자로부터 일 잘하고 성격 좋은 사람이라는 평을 얻어냅니다. 그렇게 최종적으로 사용자의 측근 자리까지 오르는 것입니다.

이들은 또한 하급자가 한 일을 본인이 한 것처럼 포장하면서, 정작 하급자는 별다른 일을 하지 않는 무능력한 사람인 것처럼 윗선에 이간질하기도 합니다. 하급자가 실제로는 능력이 뛰어난 사람임을 윗선이 알게 될 가능성을 차단하는 것입니다. 그런 행동의 동기는 능력 있는 하급자를 계속 본인의 곁에 두고 일을 대신 시키려고, 또는 실적을 약탈하고 업무를 대행시키는 행위를 감추기 위해서로 볼 수 있습니다. 실제로 이런 악질 가해자들은 윗선 앞에서는 하

---

8) 서유정(2024). 국내 사업장의 직장 내 괴롭힘 악질 가해자에 대한 탐색적 분석 연구. 미발간 원고.

급자의 무능력을 토로히면서도 계속 곁에 두며, 다른 부서로 이동하거나 이직하는 것을 막기도 했습니다.

그렇다면 사용자는 악질 가해자의 가해 행각을 잘 모르는 걸까요? 정말 모를 수도 있고, 아니면 알아도 본인 앞에서는 함부로 행동하지 않으니 모르는 척할 수도 있습니다. 가해자는 보통 권력 거리(power distance)를 크게 보기 때문에 본인보다 큰 권력을 가진 사람 앞에서는 입 안의 혀처럼 굴기 때문입니다. 자신을 적극적으로 챙기고 섬겨주는 사람을 싫어할 사람은 없습니다. 특히나 악질 가해자의 행각 중에는 사용자를 위해서라는 명목의 가해 행위가 두드러집니다. 사용자가 지시하지도 않았는데 깜짝 생일 파티같은 이벤트를 준비하거나, 사용자의 개인사에 대한 것까지 하나하나 다 미리 챙기기도 합니다. 사용자의 기분이 좋아 보이지 않는 날 회식 자리를 마련하고, 사용자가 평소 외모를 마음에 들어 하던 젊은 직원을 불러 곁에 앉힌 사례도 있었습니다. 늘 어난 업무를 처리하는 것은 측근의 부서원이고, 성희롱당하는 것은 젊은 직원입니다. 악질 가해자인 측근은 지시만 하는 것으로 사용자를 만족시킵니다. 사용자의 만족은 악질 가해자에 대한 총애를 더 해주고, 악질 가해자의 가해행위는 계속 강화됩니다.

사용자라면 조직문화 전체에 끼치는 영향을 먼저 생각할 수 있어야 합니다. 하지만 리더십 역량이 부족한 사용자들은 본인을 기쁘게 해준다는 이유로 악질 가해자를 방관하고 심지어 두둔하기도 합니다. 피해자들은 사용자의 이런 태도 때문에 악질 가해자를 좀처럼 신고하지 못하고, 또 신고해도 적절한 조치가 이뤄지지 않았습니다. 표면적으로는 악질 가해자 자체의 특성처럼 보이는 원인이 실제로는 조직 문화적 원인인 것입니다.

표 IV-4 피해자의 대응 및 사측의 조치

(단위: %)

시기	신고 안 함	신고 후 사측의 조치					
		사용자의 피해자 호소 비인정	피해자 호소 인정+비조치	조사 없이 가해자에게 언질	조사+괴롭힘 미성립 판단	조사+괴롭힘 성립판단+가 해자 비징계	조사+괴롭힘 성립판단+ 가해자 징계
'19.7~'23.6	92.5	1.9	1.9	1.9	-	1.9	-
'15.7~'19.6	90.4	5.8	1.9	-	1.9	-	-
'11.7~'15.6	95.7	4.3	-	-	-	-	-
'07.7~'11.6	93.3	4.0	-	1.3	1.3	-	-
총계	93.0	4.0	0.9	0.9	0.9	0.4	-

출처: 서유정(2024)[9]

4 생애 주기적 관점: 학교 괴롭힘과 직장 내 괴롭힘

생애 주기적 관점은 과거 괴롭힘에 연루된 경험이 현재의 연루 경험으로 이어진다고 설명하고 있습니다.[10] 불안정한 가정환경이 학교 괴롭힘으로, 학교 괴롭힘이 직장 내 괴롭힘으로, 부모의 괴롭힘 피해로 불안해진 가정환경이 다시 자녀의 괴롭힘 경험으로, 이렇듯 하나의 괴롭힘이 또 다른 괴롭힘으로 이어지는 것입니다.

국내에는 학교 괴롭힘과 직장 내 괴롭힘을 함께 살펴본 연구가 드물지만, 해외에는 이미 오래전부터 둘의 연관성을 분석한 연구가 진행됐습니다. 그중 노르웨이의 연구자 Hetland와 동료들이 진행한 10여 년간 종단연구는 둘의 관련성을 확실하게 보여주고 있습니다.[11] 10대 때 학교 괴롭힘에 연루되었던 학

---

9) 서유정(2024). 국내 사업장의 직장 내 괴롭힘 악질 가해자에 대한 탐색적 분석 연구. 미발간 원고.

10) White, S. (2004). A psychodynamic perspective of workplace bullying: Containment, boundaries and a futile search for recognition. British Journal of Guidance & Counselling, 32(3), 269−280.

11) Hetland, J. et al.(2008, June). Bullying from adolescence into adulthood: A 17−year longitudinal Study. 6th International Conference on Workplace Bullyung: Sharing our Knowledge. Montreal: Canada.

생들이 30대가 되었을 때, 연루되지 않았던 학생들에 비해 징역을 살고 있거나 실직자거나 저임금 노동자로 살고 있거나 직장 내 괴롭힘에 연루되어 있을 가능성이 더 높았던 것입니다.

이 종단연구의 결과를 피해자 관점에서 이렇게 해석해 볼 수 있습니다. 가장 민감한 10대 때의 고통스러운 괴롭힘 피해 경험으로 인해 피해자는 주눅 들고, 소통 능력과 대인관계능력이 악화되어 성인이 되어서도 주변과 긍정적인 관계를 쌓는데 어려움을 겪게 됩니다. 가해자 성향을 가진 이들에게 쉬운 먹잇감으로 찍혀 괴롭힘을 당하게 될 가능성이 높아질 수도 있고, 피해자였던 이들 스스로가 주변 상황을 부정적으로, 악의적으로 해석하면서 공격적으로 반응하여 가해자가 될 수도 있습니다.

같은 연구의 결과를 가해자 관점에서 보면, 공격적인 행동에 대해 적절한 제재가 이뤄지지 않으면서 가해자가 스스로의 행동을 반성하고 교정할 기회가 없었기 때문으로 해석해 볼 수 있습니다. 제재가 없거나 미약하면 나쁜 행동을 계속 해도 별다른 책임이 없다고 생각하게 됩니다. 반대로 제재가 과하면 가해자는 억울하게 과한 징계를 받았다고 생각하여 스스로를 피해자로 인식하게 됩니다. 나쁜 행동을 하고도 반성할 필요가 없었으니 또 괴롭히는 행위를 반복할 수도 있고, 과도한 징계 때문에 억울한 마음으로 주변 상황에 공격적으로 반응하면서 계속 가해자가 될 수도 있습니다. 어린 시절부터 잘못한 것에 대한 적절한 수준의 제재가 필요한 것은 바로 이 점 때문입니다.

국내 연구에서도 부모의 직장 내 괴롭힘 경험이 자녀의 괴롭힘 경험과 연관성이 높다는 결과가 확인되기도 했습니다(〈표 IV-5〉 참조).

표 Ⅳ-5 부모의 직장 내 괴롭힘 경험과 자녀의 괴롭힘 경험의 연관성

(단위: 명(%))

구분		자녀의 괴롭힘 경험					Chi-square (p)
		피해자	가해자	목격자	위기집단	해당 없음 / 모름	
부모의 직장 내 괴롭힘 경험	피해자	34 (10.7)	10 (3.1)	29 (9.1)	44 (13.8)	201 (63.2)	69.543 (.000)
	가해자	11 (12.8)	3 (3.5)	6 (7.0)	7 (8.1)	59 (68.6)	
	목격자	36 (9.8)	7 (1.9)	19 (5.1)	49 (13.3)	258 (69.9)	
	해당 없음	84 (7.7)	12 (1.1)	32 (2.9)	73 (6.7)	889 (81.6)	

* 쉐이딩 된 셀은 관찰빈도가 기대빈도보다 높은 경우
* 출처: 서유정·이지은(2016). 국내 직장 괴롭힘의 실태 분석 및 대응방안 연구.

이 결과는 또 어떻게 해석해 볼 수 있을까요? 먼저 부모 피해자에서 자녀에게로 이어진 경로를 살펴보면, 한 사례에서 자살을 생각할 정도로 심각한 직장 내 괴롭힘을 당한 여성이 극도의 스트레스로 인해 자녀를 잘 돌보지 못했고, 자녀에게 2~3일간 같은 옷을 입혀 보낸 경우가 있었습니다. 그러자 다른 아이들이 자녀에게 냄새가 난다며 놀리기 시작했고, 한번 시작한 놀림은 장기적인 괴롭힘으로 이어졌습니다.

다른 사례에서는 직장에서 괴롭힘당한 스트레스를 자녀에게 푼 부모가 있었고, 자녀는 부모로부터 받은 스트레스를 다른 아이들을 괴롭히는 방식으로 해소했습니다. 직장 내 괴롭힘 피해자였던 부모가 자녀에게 상습적인 폭력을 가하면서 가정에서부터 극도로 위축된 자녀가 학교에서도 위축된 모습을 보이며 다른 아이들에게 손쉬운 희생양이 되기도 했습니다.

습관적으로 회사에서 겪은 좋지 않은 일들을 어린 자녀 앞에서 하소연하던 피해자가 자녀에게서 높은 반사회적 성향을 확인하고 충격을 받은 사례도 있었습니다. 피해자의 하소연이 자녀에게는 '세상은 불공정하고 억울한 일이 가득한 곳', '세상 사람들은 부모에게 나쁜 짓을 하는 나쁜 사람들'이라는 메시지로 전달되면서 자녀가 반사회적 성향과 공격성을 보이게 된 것입니다.

목격자 역시 목격한 사건의 물결효과로 인해 스트레스를 겪기 때문에 유사한 원리로 자녀에게 괴롭힘을 대물림하게 됩니다. 목격자들이 피해자만큼은 아니더라도 유사한 정신적·신체적 스트레스 증상을 겪는다는 점을 생각할 필요가 있습니다.

그렇다면 가해자는 어떤 식으로 자녀에게 괴롭힘을 대물림하는 것일까요? 직장 내 괴롭힘 가해자 중에는 정작 본인의 자녀에게는 지극히 약하고 오냐오냐하는 부모를 쉽게 찾아볼 수 있습니다. 그런 부모에게서 자란 자녀는 이기적이고 자기중심적으로 성장하여 학교에서 다른 아이들을 괴롭히는 가해자가 되거나, 그런 점 때문에 다른 아이들에게 배척받아 따돌림 피해자가 되기도 했습니다. 반대로 직장에서처럼 자녀에게도 폭군처럼 군림하는 부모들도 있습니다. 그 자녀들은 부모의 행동을 학습하여 가해자가 되거나, 부모로 인해 심하게 위축되어 다른 아이들에게 쉽게 괴롭힐 수 있는 타겟이 되기도 했습니다.

이렇듯 학교 괴롭힘과 직장 내 괴롭힘은 각자 분리된 것이 아니라 서로 사이클처럼 이어지는 현상입니다. 직장 내 괴롭힘에 비해 학교 괴롭힘의 양태가 명확한(overt) 행위 중심이긴 하지만, 가해자가 고학년이 될수록 점차 증거를 포착하기 어렵도록 덜 명확한(covert) 행위를 하는 경우가 증가합니다. 가해자의 성장과 함께 괴롭힘 양상이 점점 더 교묘해지고, 성인이 되었을 때는 괴롭힘이 맞는지조차 판단하기 어려운 애매한 행위들이 등장하게 되는 것입니다.

양 괴롭힘의 해소가 어려운 이유 중에도 유사성이 존재합니다. 첫째, 악질 가해자는 오히려 신고하기 어렵습니다. 피해자들은 악질적인 가해자로 인해 학습된 무기력(learned helplessness) 상태에 빠져 뭘 해도 상황이 나아지기 어려울 것이라고 느낍니다. 여기에 보복에 대한 두려움마저 더해져 더욱 신고하기 어렵게 됩니다. 학교 괴롭힘 피해자 중 신고 한 번 해보지 못하고 극단적 선택을 한 사례들이 확인되는 원인 중 하나는 그만큼 가해자가 악질적으로 그들의 정신을 짓밟았기 때문입니다.

둘째, 힘 있는 사람들이 가해자를 두둔합니다. 학교 괴롭힘의 경우에는 가해자의 부모가 "우리 애는 그럴 애가 아닙니다"라며 막무가내로 나옵니다. 직장 내 괴롭힘의 경우, 사용자가 "그럴 사람이 아닙니다"라고 가해자를 두둔하고,

피해자의 피해 호소를 무마하려 합니다. 학교 괴롭힘 가해자의 부모들은 대체로 그들도 문제 부모인 경우가 많으며, 본인 자녀의 문제점을 객관적으로 보려 하지 않습니다. 직장 내 괴롭힘의 경우, 가해자 대부분이 사용자만큼은 적극적으로 섬기며, 때로는 사용자(사용자)를 위해서라는 핑계로 가해행위를 하곤 합니다. 그런 가해자의 행위로 이득을 본 사용자가 그들을 두둔하곤 합니다.

셋째, 사건에 대응할 책임을 가진 사람들이 사건 축소와 은폐, 적당주의식 대처를 우선시하는 경우가 적지 않습니다. 학교 괴롭힘 사건에서 여러 명인 가해자는 보호하고, 한 명인 피해자를 전학 보내는 방식으로 처리한 학교의 사례는 이미 언론에서도 몇 차례 보도된 바 있습니다. 피해 학생이 괴롭힘 피해를 호소할 때, 왜 다른 친구들과 잘 어울리지 못하냐며 도리어 피해자를 나무란 사례도 있습니다. 직장 내 괴롭힘에서도 마찬가지로 피해자가 신고조차 하기 어렵게 만들거나 신고 무마를 시도하거나 위법적인 대응 절차로 가해자를 보호하고, 미봉책으로 사건을 종료하는 사례들이 흔히 확인되고 있습니다. 그런 안일한 태도가 가해자들에게 행동을 반복해도 된다는 인식을 심어주기도 합니다.

넷째, 능력 있는 가해자의 가해행위를 인정하지 않거나 심지어 정당화합니다. 전교 1-2등을 다투는 학생이 가해자로 신고됐을 때, 학교 측이 공부 잘하는 모범생이 그럴 리 없다며 인정하지 않았던 사례들은 심심찮게 찾아볼 수 있습니다. 물론 머리 좋은 가해자는 괴롭힘도 더욱 교묘하게 할 가능성이 높아서 증거를 포착하기 어렵기도 합니다. 하지만 공부를 잘한다는 것이 인성을 보장해 주는 것은 아닙니다. 교사 앞에서는 모범생이어도, 약자 앞에서는 폭군이될 수 있지만 학교 측은 쉽게 받아들이지 않으려고 합니다. 때로는 가해 사실이 확인되었어도, 명문대에 갈 수 있는 학생이라는 이유로 사건의 축소와 은폐를 시도하기도 합니다.

직장에서도 실적/성과를 잘 내는 사람이 가해자로 신고되었을 때, 사용자가 유사한 반응을 보이곤 합니다. 해고가 타당할 만큼 심각한 가해 사실을 확인했을 때조차 해고를 고민하기도 합니다. 우리나라 사용자의 이런 성향은 직장 내 괴롭힘 피해율이 세계 최저 수준에 가까운 노르웨이와 대조됩니다. 90년대 노르웨이의 모 조직에서는 뛰어난 전략가이며 능력자로 손꼽히던 여성 고위 간부가 다수의 직원에 대한 가해행위로 신고되었습니다. 그 사건의 조사와 법적 비용으로 미화 200만 달러에 해당하는 금액이 소요되었습니다. 결론은 가해자에게 사표를 내도록 하는 것이었습니다. 아무리 뛰어난 능력자라도 가해자로서 조직에 끼친 해악이 큰 사람을 계속 남겨둘 수 없다고 판단했기 때문이었습니다. 또한 간부급의 직원이 낸 성과는 그 직원이 혼자서 만든 것이 아니며, 그 직원의 지시에 따라 성실히 일한 팀이 있기에 낼 수 있는 성과라는 것도 당시 의사결정권자들의 판단이었습니다. 특히 우리나라의 경우, 역할 분담이 명확하지 않으며, 괴롭힘 가해자가 하위 직급자에게 일을 떠맡기고 실적이나 성과를 약탈하는 일도 저지 않게 발생합니다. 사용자가 판단하는 '능력 있는 간부'가 사실상 부서원들을 잘 만났거나, 실적/성과 약탈자에 불과할 가능성도 있습니다. 그러나 시야가 좁고, 측근들의 말만 듣는 사용자는 그런 이들이 일을 잘하는 사람이라고 착각하고 보호하려 하곤 합니다.

다섯째, 허위신고가 존재하며 의도적으로 허위신고를 수단으로 이용하는 사람들이 있습니다. 직장 내 괴롭힘 중 허위신고가 존재한다는 것은 이제 모르는 사람이 없을 것입니다. 직장 내 괴롭힘은 2023년도에 1.4%의 허위신고 피해와 1.6%의 허위신고 협박 피해가 확인되었습니다.[12] 괴롭힘을 신고한 응답자가 3.3%인 샘플에서 발견된 결과입니다.

학교 괴롭힘의 통계는 없으나 마찬가지로 허위신고의 사례들이 계속 확인되고 있습니다. 학교의 허위신고 사례로 수집된 사례 중, 가장 흔한 것은 일상적인 또래 간의 갈등에 대해 부모가 과민반응을 한 경우입니다. 학생끼리 서로 다툰 상황에 대해 부모가 본인의 자녀만 일방적으로 피해자인 것처럼 신고하는 것입니다. 하지만 학생이 주도적으로 나서서 허위신고를 한 사례들도 확인되고 있습니다. 그중 한 유형은 피해 학생을 도우려고 한 학생이 도리어 가해자로 신고당하는 경우였습니다. 진짜 가해자들이 피해 학생에게 허위신고를

---

12) 서유정·김종우(2023). 직장 내 괴롭힘 성립기준 및 사업장 모니터링 체계 구축 연구. 한국직업능력연구원.

하지 않으면 더 심하게 괴롭히겠다고 협박했고, 피해자가 그 협박에 굴한 것입니다. 또 다른 유형은 가해자가 도리어 피해자인 것처럼 진짜 피해 학생을 신고한 경우였습니다. 피해 학생이 신고하기 위해 증거를 수집한다는 것을 알게 되자마자 가해자가 피해자 행세를 한 것입니다.

본인의 잘못을 나무란 다른 학생들에게 보복하기 위해 허위신고를 한 일도 있었습니다. 해당 허위 신고인은 다른 학생들이 특히 좋아하고 따르는 교사의 과거에 대해 전혀 사실무근인 악의적 헛소문을 지어 퍼뜨렸습니다. 다른 학생들이 허위 신고인을 나무랐고 그 과정에서 욕설이 발생하자 허위 신고인은 바로 본인을 나무란 학생들을 학교 폭력으로 신고했습니다. 본인이 교사에 대해 헛소문을 퍼뜨렸던 점은 물론 부모에게 말하지 않았습니다. 허위 신고인이 전교에서 최상위권 성적을 보이는 학생이라는 이유로 학교 측은 허위 신고인을 보호했습니다. 명예훼손을 겪은 교사는 보호 대상이 되지 못했습니다.

위 유형들의 공통점은 허위신고한 학생 또는 허위신고를 하도록 다른 학생을 협박한 학생이 성적이 좋거나, 부모의 사회경제적 위치가 높았다는 것입니다. 그에 따른 학교 측의 신뢰가 가해 학생에게는 권력으로 작용했고, 그들은 그 권력을 휘둘러 만만한 상대를 허위로 가해자로 몰아간 것입니다. 직장에서 사용자가 마음에 들지 않는 직원을 공격하기 위해 허위신고를 유도한다는 것과 일맥상통하는 면이 있습니다.

학교 괴롭힘과 직장 내 괴롭힘은 이렇듯 유사성이 있으며 서로 연결된 현상입니다. 아무리 강력한 법으로 현재의 직장 내 괴롭힘을 다스려도, 학교 괴롭힘이 방치되면 연루되었던 학생이 노동시장에 진입하면서 다시 괴롭힘이 부활하게 됩니다. 반대로 현재의 학교 괴롭힘을 다스려도 직장 내 괴롭힘이 방치되면, 그 자녀 세대에서 다시 학교 괴롭힘이 부활하게 됩니다.

5 사회적 관점 I: 집단주의와 서열문화

우리나라는 전통적으로 집단주의를 유지해 왔습니다. 개인보다 집단을 중요하게 여기며, 다수를 위해 소수를 희생하는 것이 당연하다고 생각하는 문화였습니다. 집단의 이익을 위해 희생을 강요하는 것, 그 자체가 이미 다수라는 힘을 이용한 가해행위에 해당합니다. 다수 집단이라는 기득권에 속하면 보호받지만, 소수 집단에 속하면 피해자가 되기 매우 쉬웠던 것입니다. 심지어 기득권에 속해도, 그 기득권이라는 집단을 보호하기 위해 한 개인이 희생양으로 내몰리는 것이 당연했습니다. 집단을 위해 개인이 기꺼이 희생을 자처해야 했으며, 하지 않으면 집단의 평온을 깨는 행위로 여겨졌습니다. 집단이 부적절한 행위를 저지르고 발각 위험에 처했을 때, 개인에게 모든 책임을 떠안게 하는 일은 흔했습니다.

거기에 더해 강한 서열문화가 사라지지 않고 있습니다. 직급, 나이, 학번 등 어떤 것이나 서열의 기준이 될 수 있습니다. 서열에 따른 상명하복이 당연시 여겨졌고, 윗 서열이 잘되어야 아랫 서열도 잘 된다는 의식이 팽배했습니다. 같은 서열들 사이에서 조금이라도 윗 서열에게 더 잘 보이기 위한 경쟁이 생겼고, 갈등으로 이어졌습니다. 윗 서열이 손을 들어주는 쪽이 강자가 되고, 아닌 쪽이 약자가 되었습니다. 점점 더 최 윗선에 결집한 이들만이 완전히 보호받고 기득권을 누리게 되었고, 그 안에 속하지 못한 이들은 언제든 희생양으로 소모될 수 있는 존재가 되었습니다. 그 결과가 지금 우리가 보고 있는 조직이고, 사회입니다. 우리는 모든 면에서 괴롭힘이 쉽게 발생하고 확산될 수 있는 사회적 배경 속에서 일하고 있는 것입니다.

6 사회적 관점 II: 친분에 따른 이중잣대

집단주의 속에서 친분에 따라 판단기준을 다르게 적용하는 이중잣대도 흔하게 나타나고 있습니다. 신고가 발생했을 때, 가해자를 두둔하는 발언을 하는 사람은 드문 편이 아닙니다. 성희롱에 대해서도 그럴 사람이 아닌데, 오해가 아니었냐, 친하다고 생각해서 한 거 아니냐, 이런 발언을 쉽게 하곤 합니다. 가해자가 약자에게 하는 행동과 본인 앞에서 하는 행동은 다를 수 있는데, 그런 점을 전혀 생각하지 않는 것이죠.

가해자와 친분이 있거나, 평소 호감을 갖고 있었다면 이런 성향은 한층 더 강하게 나타납니다. 우리나라 사람들은 정, 친분에 크게 영향을 받기 때문이죠. 사건에 전혀 관여하는 일이 없는 일반 직원이 이런 판단을 해도 사건에 연루된 사람들에게 그 파장이 미칠 수 있습니다. 사건에 관여하는 사람들은 특히나 그런 판단에 영향을 받지 않도록 더더욱 유의해야 합니다. 하지만 현장의 상황을 보면, 사건 대응에 직접 관여하는 사람들이 이중잣대를 보이는 일도 종종 확인됩니다.

① 경영진의 이중잣대

사용자, 간부, 관리자들의 이중잣대는 이미 오랜 이야기입니다. 앞에서 살펴본 '악질 가해자' 관련된 자료가 보여주듯이, 많은 사용자가 본인이나 본인의 측근이 악질 가해자여도 그 사실을 인정하지 않고, 가해자를 적극적으로 두둔하거나 보호하는 행동을 보여왔습니다.

모 민간 회사에서 발생한 실제 사례입니다. 사용자는 평소 아끼던 측근이 여직원에게 가한 성추행과 피해자의 거절에 대한 보복성 갑질 신고를 접수했습니다. 하지만 오해였을 것이라며 조사조차 진행하지 않았습니다. 반면, 측근이 아닌 직원이 행한 성역할 강요 발언에 대해서는 공개 사과를 요구하고, 경징계를 내렸습니다. 그 발언은 결혼할 생각이 없는 젊은 직원에게 선임이 "그래도 결혼은 해야지"라고 일회성으로 성역할 강요를 한 것이었습니다. 같은 회사에서 불과 1~2년의 차이를 두고 발생한 사건이었고, 신고 대응을 주도한 사람들 역시 같았습니다. 그런데도 이런 결과가 나온 것입니다.

공공 조직의 사례도 살펴보겠습니다. 해당 조직의 고위 간부는 친분이 깊으며 권력자를 뒷배로 둔 직원이 신고되자 스스로 고충심의위원회와 징계위원회의 위원장이 되었고 위원을 임명했으며, 사건을 미성립으로 만들기 위해 온갖 전략을 발휘했습니다. 반대로 친분 없는 직원이 허위신고의 피해자가 되었을 때는 조사도 진행되기 전에 빨리 신고인에게 사과하고 사건을 정리하라고 폭언을 가하기도 했습니다. 피신고인과 본인과의 친분 정도, 피신고인의 권력 수준, 신고인이 얼마나 사건을 크게 만드는가에 따라서 전혀 다른 이중잣대를 보인 것입니다.

정도의 차이는 있지만 국내의 사용자, 간부, 관리직급들이 이런 행동을 보이는 것은 의외로 드문 일이 아닙니다. 저의 허위신고 연구 경험을 살펴봐도 불과 2달 만에 명백한 허위신고 120여 건이 수집되었고, 그 중의 상당수의 피신고인이 경영진의 이중 잣대적 대응으로 가해자로 몰리는 등의 큰 피해를 겪었습니다.

② 노조의 이중잣대

노조에서 이런 이중잣대를 보이기도 합니다. 다른 가해 사건에 대해서는 적극적으로 피해자를 돕지만, 노조 임원과 본인과 친한 사람이 가해자로 신고되었을 때 전혀 다른 태도를 보이는 것입니다.

사업장 단위에서 발생한 이중잣대 사례를 먼저 살펴보겠습니다. 모 사업장의 노조 지부장은 피해를 신고하러 온 피해자 앞에서, 신고된 가해자가 본인과 친한 동료라는 이유로 그를 두둔하는 발언을 했습니다. 피해자가 그것이 2차 가해임을 지적하자, 예민하게 따지고 든다며 재차 2차 가해 발언을 하기도 했습니다.

상위 노조의 임원들이 이중잣대를 발휘한 사례도 있습니다. 해당 상위 노조의 임원들은 소속 지부의 사업장에서 직장 내 괴롭힘 사건이 발생했을 때 적극적으로 나서서 피해자가 구제받고, 가해자에 대한 조치가 이뤄지도록 노력하는 모습을 보였습니다. 하지만 정작 내부에서 임원의 가해행위가 신고된 후에는 피해자에 대한 2차 가해가 발생하는 등 노조 임원답지 않은 행동을 보였습니다. 사건이 공론화되자 급기야 징계를 피하려고 노조 자체를 해산하려고 시도했습니다. 징계를 피하기 위한 편법이 어디까지 갈 수 있는지 보여주는 사례입니다.

노조의 이중잣대 사례는 사용자/간부/관리자들의 사례에 비해 던지는 충격이 큽니다. 노조의 근본 원칙은 노동자, 약자의 보호입니다. 사건이 발생했을 때 노조에게 기대되는 것은 사측이 사건을 축소·은폐하지 못하도록 막고 피해자 구제가 적절히 이뤄지도록 감시하고 압력을 가하는 것입니다. 그런데 노조가 오히려 나서서 사건의 축소·무마를 시도했기 때문입니다.

해외에서 발생하는 노조의 이중잣대

노조의 이중잣대는 해외에서도 발생합니다. 특히 호주에서 노조원인 가해자를 보호하기 위해 이중잣대를 범한 사례들이 여럿 확인되고 있습니다. DP World사의 판례를 보면, 노조원인 가해자들이 고의적으로 업무 효율이 떨어지도록 동료들을 괴롭힌 사건이 발생했습니다. 피해자들이 신고했으나, 피해자와 목격자들이 가해자로부터 협박과 성희롱을 당하기도 했습니다. 사건의 피해자들은 오히려 사측은 초기에 이런 조직문화를 바꿔보려 했으나, 가해자 다수가 노조로부터 보호를 받고 있었기에 서로 협력하여 가해행위를 했다고 증언했습니다. 노동자를 보호해야 할 노조가 가해자가 된 사건이었습니다.

제가 개인적으로 접한 또 다른 사례도 있습니다. 호주에서는 기술직종 분야에서 신고식을 가장한 훈련생 괴롭힘이 꾸준히 사회적 이슈가 되고 있습니다. 제가 접한 피해자는 훈련생으로 입사한 첫날부터 언어적, 신체적, 성적으로 심각한 가해행위를 반복적으로 당했습니다. 피해자는 체구가 상당히 큰 남성이었고, 신체 능력도 뛰어난 편이었으나 여러 상급자가 함께 힘으로, 권위로 찍어 누르는 데는 당할 수 없었다고 합니다. 피해자는 노조에 도움을 요청했으나, 가해자 중에는 과거 노조 임원을 맡았던 사람도 포함되어 있었습니다. 노조는 피해자보다 본인들과 친분 있는 가해자를 보호했습니다. 피해자가 겪은 가해행위는 일상적인 신고식에 불과한 것으로 처우 되었습니다. 노조가 움직이지 않으니, 사업장에서도 아무런 조치를 하지 않았습니다.

③ 위원회의 이중잣대

앞에서 살펴본 사측의 편법 중에는 가해자와 학연·지연이 있는 사람을 위원회에 포함하는 것이 있었습니다. 가해자는 아니지만, 경영진과 친한 사람을 외부 위원으로 위촉하면서 경영진이 원하는 방향으로 결정해 주길 암묵적으로 요구하는 사례도 있습니다. 친분을 바탕으로 객관성과 공정성을 흐리는 판단을 하는 것은 전문가로서 결코 적절한 태도가 아닙니다. 하지만 개인적인 친분이 공정하고 객관적이어야 할 괴롭힘 사건의 의사결정에 영향을 주기도 하는 것입니다.

관련 사례에서 제보자는 위촉하는 단계에서부터 이미 신고 행위 자체에 대한 부정적인 언급을 전해들었습니다. 첫 위원회 회의가 개최된 직후에는 인사부서장이 그를 배웅하면서 피해자가 평소에 문제가 많은 사람이라는 말을 넌지시 남기기도 했습니다.

몇 주에 걸쳐 반복된 회의 끝에 그는 무효표를 던졌습니다. 친분 깊은 경영진의 요청을 거절할 수도, 무시할 수도 없었던 것입니다. 사건 자료만을 바탕으로 한 그의 판단은 괴롭힘 인정이었습니다. 양쪽에 같은 수의 표가 나오면서 새롭게 위원회를 구성해 다시 판단해야 한다는 결정이 나왔습니다. 이미 심각한 스트레스를 겪어 왔고, 정신과와 신경과의 치료를 받고 있던 피해자는 사건을 더 진행하길 포기했습니다. 그렇게 사측은 결론 없이 사건을 종결했고, 피해자는 허위신고라는 헛소문에 시달렸습니다.

7 제도적 관점: 신고된 사건에만 집중하는 사후구제제도

우리나라의 현행 직장 내 괴롭힘 금지제도는 신고된 사건을 조치하는 사후구제 중심입니다. 피해자가 신고하지 못한 사건은 사각지대에 방치되는 것입니다. 하지만 신고되는 사건은 극히 일부에 불가합니다. 또한 신고하는 사람이 진짜 피해자가 아닌 경우도 있습니다. 게다가 권력자인 가해자는 더더욱 피해자가 신고하기 어렵습니다.

실태조사 등을 통해 파악되는 가해자의 직급별 분포와 신고된 행위자의 직급별 분포만 비교해 봐도 신고되는 가해자의 특성이 실제 가해자의 특성과 매우 다르다는 것을 볼 수 있습니다(〈표 Ⅳ-6〉 참조).

표 IV-6 가해자와 신고된 행위자의 직급별 비중

구분	악질 가해자	일반 가해자[13]	신고된 행위자
경영자/임원	75.6	38.2	17.5
상급 관리자			
중간 관리자	14.6	23.7	60.4
평사원	9.8	28.2	22.1

*원자료: 서유정·김종우(2023)[14], 서유정(2024)[15]

실제 가해자, 특히 악질 가해자가 집중된 직급은 상급 관리자 이상입니다. 하지만 오히려 신고된 사람 중 가장 높은 비중을 차지하는 것은 중간 관리자였습니다. 상급 관리자 이상은 평사원보다도 비중이 낮았습니다. 괴롭힘 신고에 의존하는 현행 제도는 권력 있는 가해자 앞에서 별 의미가 없음을 다시금 보여주는 것입니다.

피해자가 가해자를 신고할 수 있는 것은 크게 두 가지 경우입니다. 첫 번째는 신고라도 해서 가해자를 저지하지 않으면 본인이 정말 죽을 것 같을 때입니다. 이런 신고인의 비율은 생각 외로 높지 않습니다. 죽을 것 같이 고통스러워도, 가해자에 대한 두려움이 더 앞서서 신고할 수 없는 피해자가 워낙 많기 때문입니다. 신고할 바에는 차라리 이직을 선택하기가 쉽습니다. 그보다 더 심할 때는 이직이라는 가능성이 있음을 생각조차 하지 못하고 극단적인 선택을

---

13) 일반 가해자 중에는 고객과 의뢰인 등 외부인도 포함(약 9.9%)

14) 서유정·김종우(2023). 직장 내 괴롭힘 성립기준 및 사업장 모니터링 체계 구축 연구. 한국직업능력연구원.

15) 서유정(2024). 국내 사업장의 직장 내 괴롭힘 악질 가해자에 대한 탐색적 분석 연구. 미발간 원고.

하기도 합니다. 우리나라보다 훨씬 인구도 적고, 피해율이 적은 스웨덴에서조차 한 해 동안 괴롭힘으로 자살하는 사람이 백 단위에 이를 것으로 추정된 적이 있습니다. 인구도 많고, 괴롭힘 피해율도 훨씬 높은 우리나라는 얼마나 많은 사람들이 괴롭힘을 견디지 못해 자살을 선택하고 있을까요?

두 번째 신고인 집단은 그나마 신고해서 싸워볼 만하다고 판단하는 집단입니다. <표 Ⅳ-6>에서 악질 가해자나 일반 가해자 중 중간 관리자의 비중이 높지 않은데, 신고된 사람 중에는 압도적인 비율을 차지합니다. 중간 관리자는 피해자에게 그나마 해 볼 만한 사람이기 때문입니다.

피해자가 싸워볼 의지조차 가질 수 없을 만큼 높은 직급 가해자, 악질 가해자들은 현행 제도의 사각지대에서 아무런 책임을 지지 않고 있습니다. 그들은 처벌받을 가능성은 전혀 걱정하지 않고 계속 가해행위를 이어갑니다. 그들이 주로 조직 내에서 높은 위치를 차지하기 때문에 그들의 생각과 행동이 곧 조직문화를 형성합니다. 신고 건수는 점점 올라가지만, 여전히 직장 내 괴롭힘 피해가 계속 심각한 상태로 이어지고 있으며, 노동자들이 법령의 실효성을 느끼지 못하는 이유입니다.

8 (번외편) 사업장의 편법과 위법 행위

조직 문화적 관점 파트에서 사업장의 다양한 편법과 위법 행위가 발생하고 있음을 언급했었습니다. 그런 행위가 발생하는 것을 막기 위해 세부적으로 어떤 사례들이 있었는지 이번 파트에서 상세하게 공유하자 합니다. 구체적인 양태를 살펴보면 신고 대응 절차 단계별로 다음과 같은 사례들이 있었습니다.

1) 신고 대응 절차 단계별 편법 위법 행위

① 부적절한 정책 및 신고 차단

신고 대응 의무는 신고가 접수된 이후부터 발생합니다. 즉, 처음부터 신고가 접수되지 않게 하는 것이 의무를 피하는 가장 쉬운 방법입니다. 사업장이 신고를 차단하는 첫 번째 방법은 사내 대응 정책의 목표를 '괴롭힘 0건'에 맞추는 것이었습니다. 표면적으로만 보면 강력하고 적절한 정책처럼 보이지만, '0건'이라는 것은 신고 건수 기준입니다. 이런 사내 정책을 실행한 사업장에서는 부서장과 선임들이 피해자의 신고를 막았습니다. 특정 부서에서 괴롭힘 신고가 발생하면 그 부서는 사용자의 눈 밖에 나기 때문입니다.

두 번째 방법은 신고 접수를 접수하는 고충처리위원을 남성, 40~50대 이상, 인사부서원(부서장 또는 팀원) 중심으로 구성하는 것입니다. 표면적으로 사회 경험이 풍부하고 회사 내에서 발언권이 있는 사람이 그 역할을 맡는 것이 적절하다는 핑계였습니다. 하지만 남성과 40~50대는 대체로 괴롭힘에 대한 민감성이 떨어집니다. 인사 부서는 인사고과와 고용계약, 승진을 담당하는 부서이기 때문에 피해자가 접근하기 쉽지 않습니다. 게다가 인사 부서 중심으로 대응하는 사업장의 사례를 보면, 피해자 보호보다 사용자가 원하는 방향으로 사건 대응이 이뤄진 경우가 흔했습니다. 더 나아가 사용자 본인을 고충처리위원으로 지정한 사업장도 있었습니다.

세 번째는 상식적인 인선으로 고충처리위원을 임명하되, 직원이 누가 고충처리위원인지 모르게 하는 방식입니다. 고충처리위원을 찾기 위해서는 인사 부서에 문의하도록 하여, 인사 부서에 연락하기 껄끄러운 피해자가 신고를 포기하도록 유도하기도 했습니다. 일부 사업장에서는 고충처리위원 본인조차 임명 사실을 모르다가 뒤늦게 깨닫게 되기도 했습니다.

② 신고 무마

신고 차단에 실패하면 다음은 신고를 무마시키는 것입니다. 신고를 무마시키는 첫 번째 방법은 가해자를 두둔하는 것이었습니다. 사용자가 나서서 그럴 사람이 아니다, 회사에 공로가 큰 사람이다, 오해가 있었을 것이다, 괴롭히려고 한 게 아니라며 2차 가해성 발언을 한 사례들이 있었습니다.

두 번째 방법은 피해자를 회유하는 것입니다. 사용자 또는 간부급이 나서서 굳이 문제를 크게 만들 필요가 없다며 적당히 넘어가자고 피해자를 설득합니다. 비정규직 피해자에 대해서는 정규직 전환 가능성을, 정규직 피해자에 대해서는 승진/인사고과 등을 언급하기도 합니다. 하지만 정작 피해자가 수용한 이후, 언급된 보상이 지급된 경우는 극히 드물었습니다. 도리어 비정규직 피해자가 향후 문제 일으킬 가능성이 있는 사람이라며 사측이 계약연장을 거부한 사례, 정규직 피해자의 근평은 낮게 책정하거나 승진에서 누락시킨 사례를 더 흔하게 찾아볼 수 있었습니다.

일부 피해자가 약속된 보상을 받은 사례가 있었으나, 주로 다수의 피해자가 있을 때, 신고를 주도하는 한 명을 배제하고, 다른 피해자에게만 지급된 경우였습니다. 피해자 보상보다는 신고 주도자를 고립시키려 한 전략으로 볼 수 있습니다.

③ 신고인과 피신고인의 권리 미전달

신고 접수는 했지만, 신고인이나 피신고인이 누릴 수 있는 권리를 미전달하는 사례도 확인할 수 있습니다. 신고인에게는 분리 조치 등을 통해 보호받을 권리, 신뢰하기 어려운 사람이 조사관·위원회 위원으로 임명되면 교체·배제를 요구할 권리, 노조 또는 신뢰할 수 있는 사람을 조사에 동행 요청할 권리 등이 있습니다. 피신고인도 혐의가 확정되기 전까지는 신고인과 같은 권리를 누릴 수 있어야 합니다. 또한 피신고인에게는 본인에 대한 신고가 접수되었을 때, 누가 어떤 내용으로 신고했는지 알고 방어권을 행사할 권리가 있습니다.

하지만 신고인에게도, 피신고인에게도 이런 권리와 내용을 전달하지 않는 사례들이 꽤 흔하게 발생하고 있습니다. 신고인에게 미전달한 사업장의 담당자는 피신고인에게서 항의받고 싶지 않아서였다는 어처구니없는 이유를 대기도 했습니다. 반대로 피신고인에게 전달하지 않은 사업장은 기밀 유지 조항을 핑계로 대기도 했고요. 기밀 유지는 개인적으로 소문이 퍼지는 것을 막기 위한 것이지, 조사를 위해 내용을 공개하는 것에는 적용되지 않습니다.

④ 신고인-피신고인 분리 조치의 부적절한 실행

신고 접수 후, 신고인—피신고인 분리 조치는 사용자가 마땅히 해야 할 의무지만, 사실상 제대로 되지 않는 경우가 훨씬 많습니다. 대부분은 신고인에게 불리한 방식으로 부적절한 분리 조치가 이뤄지거나, 아예 분리 조치를 하지 않기도 합니다. 하지만 몇몇 사례에서는 피신고인에게 과도하게 불리한 방식으로 실행되기도 했습니다.

분리 조치는 신고 이후에 피신고인이 신고인에게 더 이상의 직·간접적 가해행위를 할 수 없도록 하는 것이 근본적인 취지입니다. 신고인이 보복행위에 두려워하지 않아도 되도록, 동시에 아직 혐의가 입증되지 않은 피신고인의 인권이 과도하게 침해되지 않도록 적정 수준을 유지하는 것이 필요합니다. 하지만 이 적정 수준이 우리나라에서는 잘 지켜지지 않고 있습니다.

⑤ 부적절한 조사관 임명 및 부적절한 조사 진행

사용자가 부적절한 조사관 임명으로 진상 파악을 방해하는 전략을 쓰는 사례도 종종 확인됩니다. 사용자에게 매우 순응적인 직원, 사용자의 측근이며 회사 내 대표적인 가해자인 직원, 조사에 대한 전문성이 없는 직원, 피신고인과 친분이 있는 직원, 과거에 신고인과 갈등이 있었던 다른 가해자, 사용자와 친분 있는 변호사/노무사 등 신고인보다 피신고인/사측에 유리하게 조사를 진행하고, 판단할 사람으로 임명하는 것입니다.

조사관이 조사를 명목으로 신고인을 회유하기도 하고, 강하게 압박하여 신고를 포기하게 만들기도 합니다. 목격자 조사를 하지 않거나, 신고인의 증언보다 피신고인 증언 중심으로 보고서를 꾸민 조사관, 아예 조사도 없이 허위로 보고서를 꾸민 뒤 피해자에게 서명을 강요한 조사관도 있었습니다.

⑥ 부적절한 위원회 구성 및 운영

위원회 구성과 운영 단계에서는 사측의 편법과 위법이 매우 다양한 형태로 나타납니다. 단계별 절차 자체는 지켰기 때문에 편법이나 위법 행각이 공공연하게 드러나지 않기 때문입니다. 이미 언급했듯 위원회를 결정하는 것은 사용자입니다. 위원회를 개최하는 행정을 담당하는 것은 인사 부서/감사 부서/총무 부서로 사측의 지시를 받는 부서입니다.

게다가 위원회가 부적절하게 구성되어도 이미 구성된 위원회에 이의를 제기하는 경우는 흔치 않습니다. 새롭게 위원회를 구성하려면 시간이 걸리고, 그만큼 사건 조치가 늦어지면서 피해자가 고통받는 시간도 늘어나기 때문입니다.

⑦ 발생한 행위의 경중과 무관한 경고 · 징계

가해행위에 대한 처벌은 행위 자체의 경중과 과거 유사 사례의 판례 등을 고려하여 결정되어야 합니다. 심각한 가해행위는 강한 징계를, 경미한 행위는 경징계나 경고 조치를 하는 식이 되어야 합니다. 하지만 행위 자체보다 힘의 논리로 징계 수준을 결정하는 사업장도 있습니다. 가해자가 힘 있는 사람일 때는 행위보다 약한 징계를 하거나, 징계 없이 경고, 심지어 경고조차 하지 않기도 합니다. 반대로 권력 없는 사람이 신고되거나, 허위 신고가 발생했을 때는 신고인이 사건을 크게 만든다는 이유로 행위 대비 과도한 징계를 하기도 합니다.

한 사업장에서 성역할을 강요하는 언행을 한 여성에게 경징계가 내려졌습니다. 같은 사업장에서 남성이 여성을 성추행하고, 머리를 때리고, 언어폭력을 하며 오랜 시간 괴롭힌 사건이 발생했을 때는 구두경고 조치로 끝났습니다. 성역할을 강요하는 언행과 성추행＋폭력은 경중 자체가 다릅니다. 그런 점을 무시한 채, 힘의 논리로 징계 수위가 결정되었습니다. 남성 가해자는 외부 권력자를 뒷배로 둔 사람이었고, 여성 가해자는 아니었기 때문입니다.

⑧ 징계 처분된 가해자 보호

가해자가 징계받았음을 회사 내부에 알리지 않는 사업장도 적지 않습니다. 정직 처분을 받은 가해자에 대해 질병으로 인한 휴직 등이 사유라고 알리기도 합니다. 가해자 복직 이후에는 몇 달간 근무하지 못하여 실적이 부족하다는 이유로 가해자에게 실적을 나눠주라고 하급자에게 지시한 사업장도 있었습니다. 징계가 사실상 휴직이 되었고, 일을 하지 않아도 실적이 생기는 보상이 된 것입니다.

⑨ 가해자의 보복행위 및 2차 가해 방치

가해자가 피해자와 목격자에게 보복할 수 있도록 방치하거나, 심지어 보복을 돕는 사업장도 있었습니다. 가해자를 피해자/목격자의 부서로 다시 복직시키는 경우, 피해자/목격자의 2차 가해 호소를 그들이 예민한 것이라며 무시하는 경우, 가해자가 피해자/목격자의 승진을 결정하는 인사위원회에 들어가는 경우, 피해자/목격자가 가해자를 인사위원회에서 배제해 달라고 요청해도 거부하는 경우, 사용자가 나서서 피해자의 승진을 막은 경우 등이 있었습니다.

심지어 가해자가 공공연하게 피해자의 신고를 허위라고 주장하고, 회사 전체 메일을 보내고, 대자보를 붙이는 등의 행위를 했어도 방치한 사업장도 있습니다. 노조 측이 가해자의 2차 가해에 대한 조치를 요구했으나, 사측은 법적 자문을 받은 결과 할 수 있는 조치가 없었다는 비상식적인 답변을 내놓았습니다.

⑩ 사용자의 2차 가해

가해 사실이 입증된 사건의 피해자에게 사용자가 2차 가해를 하기도 합니다. 복도 등에서 피해자를 마주칠 때 노려보거나, 회식 자리에서 피해자를 간접적으로 비꼬는 발언을 하거나, 월례 조회 등 공개적인 자리에서 신고한 피해자를 비난하는 발언을 하는 등의 사례가 있었습니다. 다만 대부분은, 피해자가 피해를 호소하기에는 다소 애매한 수준이었습니다. 때문에 피해자가 2차 가해를 당하고 있다고 동료에게 털어놨을 때, 피해자가 예민하게 구는 것이 아니냐고 되물었던 경우가 다수 있었습니다.

위와 같은 편법·위법이 가능한 이유는 사용자의 태도 문제도 있지만, 사업장이 적절한 대응을 하고 있는지 감시하는 주체가 없다는 문제도 있습니다. 신고를 아예 차단하거나, 신고 접수 이후 피해자가 신고를 취하하도록 압박하거나, 표면적으로만 절차를 지키는 척해도 피해자가 신고하지 않으면 발각되지 않습니다. 하지만 가해자 개인에 대한 신고조차 힘들어하는 피해자가 사측의 부당 행위를 추가로 신고하기는 쉽지 않습니다. 목격자가 피해자를 위해 신고해 줄 가능성도 기대하기 어렵습니다. 조직을 상대로 하는 싸움은 개인이 이기기 어렵기 때문입니다. 해외에서는 외부 전문가나 노조 등의 주체가 각 사건을 모니터링하고 있습니다. 국내 사용자들의 태도나 조치 현황을 고려할 때, 우리나라도 객관적으로, 사측의 영향을 받지 않으면서 모니터링을 진행할 주체가 꼭 필요합니다.

2) 편법·위법적 위원회 임명과 운영

위원회의 임명과 운영은 객관적이고 공정한 사건 판단을 위한 절차입니다. 그 절차 자체가 편법·위법적으로 운영된다면 절차를 도입한 의미 자체가 없어질 것입니다. 하지만 실제 현장에서는 부적절한 운영 사례가 거듭 확인되고 있습니다.

특히 아래의 사례는 모두 사용자의 임기 말년일 때 발생했습니다. 퇴임 후에는 임기 중 발생한 부당 행위가 신고되거나 감사에 적발되어도, 은퇴한 사람에게는 큰 책임을 묻지 않는다는 점을 악용하는 것으로 짐작해 볼 수 있습니다.

① 외부 위원은 소수, 내부는 압도적 다수

보통 고충심의위원회나 징계위원회를 구성할 때는 외부를 더 많이 포함하고, 내부는 노사 양쪽을 동수로 임명하곤 합니다. 그런데 반대로 외부 위원은 소수, 내부 위원은 압도적 다수인 위원회를 구성하여 운영한 사업장도 있습니다. 내부 위원들 다수는 사용자의 눈치를 보며 괴롭힘으로 성립한다고 생각하면서도 미성립에 표를 던졌습니다. 외부 위원 중 하나가 내외부 위원 수의 불균형을 지적했으나, 해당 사업장의 인사부서장은 조직의 지침이 그렇다는 핑계로 무시했습니다. 외부 위원 두 명이 모두 괴롭힘이 성립한다고 판단했지만, 내부 위원의 표에 밀려 사건은 미성립이 되었습니다.

② 노조의 추천 없이 일방적인 노측 위원 임명

사측 위원과 노측 위원 모두 노사 간에 합의된 사람으로 구성되어야 하는 것은 당연한 일입니다. 하지만 노조의 추천조차 받지 않고 사측 위원과 노측 위원을 모두 사측에서 일방적으로 임명한 사업장이 있었습니다. 노측 위원들이 사측 위원만큼 위원회에 들어간 것은 사실이라 해당 사업장의 노조는 바로 이의를 제기하진 않았습니다. 하지만 결과는 노측 위원조차 사측의 눈치를 보고, 양심을 저버리는 것이었습니다.

③ 피신고인과 친분 깊은 사람을 위원장/위원으로 임명

피신고인과 친분이 깊은 사람이 조직의 핵심 간부를 맡고 있던 곳에서 발생한 일입니다. 표면적으로 위원장은 다른 위원들과 마찬가지로 한 표를 행사하는 사람이지만, 위원'장'의 역할을 맡기 때문에 증언과 근거, 위원들의 의견을 반영한 결론을 말하는 역할을 합니다. 그 과정에서 피신고인에게 치우치는 형태로 결론을 말해도 오랜 회의로 지친 위원들은 쉽사리 이의를 제기하지 않습니다. 이의를 제기하는 순간 다시 논의가 제기되기 때문입니다.

게다가 한 사례 속 위원장은 신고인의 위원회 앞에서 증언하는 동안, 계속 피해자를 노려보며 두려움과 불안감을 조성하기도 했습니다. 다른 위원들의 시선이 피해자에게 집중된 틈을 노려 한 것이었습니다. 위원장의 날 서린 시선 앞에서 증언해야 했던 피해자는 직후 호흡 발작을 일으켰습니다.

④ 같은 직원을 때로는 사측 위원으로, 때로는 노측 위원으로

괴롭힘 사건을 조사하고 조치할 때는 고충심의위원회, 징계위원회 등의 여러 위원회를 개최되게 됩니다. 이렇게 여러 위원회를 운영하는 과정에서 가해자에게 유리한 결과가 나오도록 같은 직원을 어떤 위원회에서는 사측 위원으로, 어떤 위원회에서는 노측 위원으로 임명한 사례가 있었습니다. 서로 다른 사건에 대해 다르게 임명한 것이 아니라, 하나의 사건을 처리하는 과정에서 벌어진 일이었습니다. 해당 직원은 사건이 성립한다고 생각하면서도 사측의 눈치를 보며 미성립으로 투표했고, 양심의 가책을 다른 직원 앞에서 호소했습니다.

⑤ 피신고인과 학연/지연 있는 사람을 외부 위원으로

위원회에 임명된 외부 위원이 피신고인과 어떤 연이 있는지까지 확인하는 경우는 보통 없습니다. 외부 조직에 속하며, 관련 전문성을 가진 사람이기만 하면 기준을 충족할 수 있습니다. 이 점을 이용하는 사업장도 있습니다. 바로 가해자와 직접 알지는 못하지만, 학연이나 지연이 있는 사람을 위부 위원으로 임명하는 것입니다.

관련 사례 속의 외부 위원은 처음 고충심의위원회에서는 적극적으로 괴롭힘 인정에 찬성표를 던졌습니다. 하지만 이후 징계위원회에 참여했을 때는 전혀 다른 의견을 냈습니다. 앞서 했던 본인의 의사결정이 잘못되었다고 번복하며, 징계해선 안 된다는 쪽에 찬성표를 던진 것입니다. 가해자와 본인이 같은 대학 출신임을 알게 되면서 바뀐 태도였습니다.

⑥ 사건마다 달라지는 절차와 기간

같은 사업장 안에서 사건마다 다른 절차와 기간을 적용하는 사례도 간혹 확인됩니다. 어떤 신고 건에 대해서는 고충심의위원회와 징계위원회만을 개최하고, 다른 신고 건에 대해서는 사건성립판단위원회, 고충심의위원회, 인사위원회, 징계위원회, 2차 인사위원회 … 이런 식으로 위원회 수를 늘려서 개최하는 것입니다.

전자는 사측이 보호할 필요가 없는 피신고인이 신고되었을 때였고, 각각 하루 만에 결정되었습니다. 후자는 권력자, 즉, 사측이 보호하고 싶은 피신고인이 신고되었을 때였습니다. 각각의 위원회는 한 번의 회의로 끝나는 법이 없었고, 사건 조치 기간은 한없이 늘어졌습니다. 신고인이 계약종료로 도중에 퇴사하면서 사건은 흐지부지됐고, 가해자는 아무 징계를 받지 않았습니다.

⑦ 적극적인 노측 위원이 참여할 수 없는 날짜로 위원회 일정 조정

위원회를 개최하기에 앞서 위원들에게 참석이 가능한 날짜를 취합하여 회의 개최일을 결정하는 것은 주로 사업장의 인사 부서/감사 부서입니다. 즉, 사측입니다. 사측이 고의적으로 피해자 보호에 적극적인 노측 위원은 출장 등으로 참여하기 어려운 날짜에 회의 일정을 잡는 사례도 있습니다. 노측 위원들, 특히 피해자 보호에 강경한 위원들은 여럿이 빠졌지만, 사측 위원들은 모두 참여하면서 정족수를 채웠고, 위원회 개최 결과는 가해자에게 유리하게 나왔습니다. 같은 일이 반복되면서 노측이 항의했지만, 사측은 가장 많은 사람이 참여할 수 있는 날짜로 정했을 뿐이라며 발뺌했습니다.

⑧ 사측 간부들이 대거 참여하는 위원회 구성

사측 위원 대다수를 본부장 등 고위 간부들로 구성하는 사업장도 있습니다. 노사 합의가 전혀 이뤄지지 않은 위원회 구성이지만, 이의를 제기해도 이미 구성된 위원회를 바꿀 수는 없다고 핑계 대기도 합니다. 위원회는 같은 회의장에서 참석한 모든 위원들이 얼굴을 맞댄 상태로 진행됩니다. 간부들이 다수 포함되기 때문에 노측 위원의 근평에 영향을 주는 사람들도 당연히 같은 자리에 있게 됩니다. 노측 위원들이 객관성을 유지하기 힘들어지는 것입니다.

⑨ 사측에 동조한 위원에게는 포상, 동조하지 않은 위원에게는 근평 불이익

직장 내 괴롭힘 방지법에서 보호하는 대상은 신고인, 목격자 정도입니다. 위원회의 독립성을 보장하고, 객관적으로 표결한 결과로 인사상 불이익을 받지 않도록 해야 한다는 조항이 명시되어 있지 않습니다. 그 점을 적극적으로 이용한 사업장도 있었습니다.

해당 사업장에서 사측에 동조한 위원은 연말에 상을 몰아서 받았습니다. 반대로 사측에 반대하여 신고인을 보호하고자 한 위원과 조력자들은 근평에서 불이익을 받았습니다. 피해를 당한 위원과 조력자들이 본인들의 근평을 알게 된 것은 사용자가 임기를 마치고 떠나는 시점이었습니다. 따라서 그들은 피해를 겪었음에도 사용자에게 항의할 기회조차 갖지 못했습니다. 또한 부당 행위를 한 사용자는 이미 조직을 떠났지만, 위원회에서 양심적으로 판단하면 불이익을 받을 수 있다는 인식이 남게 됐습니다.

⑩ 사측 위원은 유지, 노측 위원은 위원회마다 변경

하나의 사건에 대해 고충심의위원회와 징계위원회 모두 사측 위원은 같은 사람으로 계속 유지하면서, 노측 위원은 위원회마다 변경하도록 만드는 사업장도 있습니다. 사건의 결론을 사측이 원하는 대로 유도하기 위한 편법입니다. 새로운 위원회가 개최될 때마다, 노측 위원은 사건에 대한 사전지식이 없는 상태로 참여하기 때문에 사측의 의견에 끌려다니게 됩니다.

노측이 이 점을 잘 인지하고 있다면 사측 위원도 함께 변경을 요구하거나, 노측 위원의 유지를 요구할 것입니다. 하지만 노측은 대체로 사측에 비해 법령이나 행정 관련 전문지식이 부족한 편입니다. 때문에 사측의 농간에 넘어가는 것입니다.

관련 사례 중 이런 경우가 있었습니다. 해당 사건은 고충심의위원회 단계에서 괴롭힘 인정으로 결론이 났습니다. 사측이 가해자 보호를 위해 온갖 수단을 동원했으나, 노측 위원들이 신고인 보호를 위해 단결하여 얻어낸 성과였습니다. 그러자 사측은 다음 단계인 징계위원회에서는 그 위원들을 모두 배제할 것을 노조에 요구했습니다. 반면, 사측 위원들은 징계위원회에서도 그대로 유지됐습니다. 새롭게 노측 위원이 된 사람들에게 사건을 설명한 것은 인사 부서,

즉, 사측이었습니다. 신고인에게 불리한 방식으로 사건 설명이 이뤄졌고, 결론은 사건은 성립했으나 징계 없음이었습니다.

⑪ 위원회 위원에게 사측이 원하는 대로 투표하도록 요구

아예 대놓고 위원회 위원들에게 사측이 원하는 대로 투표하도록 요구한 사례도 있습니다. 해당 사례에서는 여성이 다른 여성에게 성역할을 강요한 언행을 몇 년 단위로 한 번씩 했던 것이 신고되었고, 조사 결과 실제로 그런 언행을 한 것으로 확인되었습니다. 피신고인에게 징계를 주는 것이 타당한지를 결정하는 인사위원회가 개최되었는데, 사측은 위원들에게 이런 경우 징계를 주는 것이 맞다며 찬성표를 던지도록 요구했습니다. 위원회 운영의 근본적인 목적과 의의를 훼손한 것입니다.

당시 인사위원회의 위원들은 신고 대응에 대한 절차나 지침에 대해서 잘 숙지하지 못하고 있었습니다. 위원 대다수는 사측이 하라는 대로 투표했습니다. 오직 소수만이 그런 사측의 방식에 이의를 제기했고요. 그 결과, 신고된 여성 피신고인은 징계를 받았습니다.

3) 창의적인 법령 해석

사측의 창의적인 법령 해석 사례도 살펴볼 필요가 있습니다. 귀에 걸면 귀걸이, 코에 걸면 코걸이 식으로 법을 해석하여 가해자를 보호하거나, 허위신고 당한 억울한 피신고인을 부당처분하는데 악용하는 사업장이 있기 때문입니다. 아 해 다르고, 어 해 다른 한국어는 그 특성상 조사 하나에 따라서도 해석이 달라질 수 있습니다. 상식마저 내려놓으면 단어 하나하나에 대해 상상도 못 한 해석들이 쏟아져 나올 수 있습니다.

① 사용자는 (~ 신고를 접수하거나 직장 내 괴롭힘 발생) 사실을 <u>인지</u><u>한 경우에는</u> (제76조의3②)

이 조항을 신고가 접수되지 않거나, 사용자 스스로 피해자의 호소를 신고라고 인지하지 않으면 조치할 필요가 없다고 해석하는 사용자들이 있습니다. 피해자가 신고하기 어렵도록 고충처리위원의 존재를 알리지 않고, 신고가 접수된 다음에도 온갖 핑계로 정식 신고라고 인정하지 않으려고 합니다. 고충사항이 있으면 직접 사용자 본인에게 와서 얘기하라고 한 뒤, 정작 피해자가 피해를 호소하려고 하자 바쁘다는 핑계로 면담을 피하기도 합니다. 심지어 피해자가 직접 호소해도 "가해자는 그럴 사람이 아니다, 오해한 걸거다"라며 무시하기도 합니다. 사용자에게 책임을 부여하기 위해 만들어진 조항을 인지하지 못하는 한 조치하지 않아도 된다고 자의적으로 해석하는 것입니다.

② <u>(우위를) 이용하여</u> (제76조의2)

우리나라 법에서 지정한 직장 내 괴롭힘의 주요 판단기준에는 고의성이 언급되지 않습니다. 그러나 현장에서는 이 "~이용하여"라는 문구가 있으니 가해자에게 의도성이 있어야 괴롭힘으로 인정된다고 주장하는 경우도 있습니다.

한 사업장의 사용자도 바로 이런 해석을 활용했습니다. 해당 사업장에서 신고된 행위는 매우 극심한 갑질 행위와 상대적으로 수위가 낮은 성희롱이었습니다. 이런 행위들이 오랫동안, 여러 차례 반복되었습니다. 괴롭힘 행위가 매우 심각했기 때문에 위원회에서는 해고 조치가 타당하다는 의견이 나왔습니다. 가해자는 결과에 불복했고 강하게 반발했습니다. 사용자들은 '가해자가 반성하지 않으며 사실을 인정하지 않는다 = 고의성이 없다, 고의성이 없으니 괴롭힘으로 인정할 근거가 부족하다'는 논리를 세웠습니다. 결과적으로 가해자에게는 그만큼 낮은 징계가 내려졌습니다. 비록 행위에 비해 낮은 징계긴 하지만 어쨌건 징계가 이뤄졌기 때문에 사업장은 책임도 회피할 수 있게 됐습니다.

③ <u>우위를 (이용하여) (제76조의2)</u>

II장에서 살펴봤듯이 우위성은 해외에서는 거의 사용되지 않는 판단기준입니다. 괴롭힘 행위의 지속·반복성을 곧 가해자－피해자 간에 힘의 불균형(우위성)이 생겼다는 것으로 자동 전제하기 때문입니다. 법령에서 우위성을 언급하는 경우도 드물며, 현장의 판례에서 언급되는 경우는 더욱 찾기 어렵습니다.

하지만 우리나라는 유독 우위성 관련 논란이 자주 발생합니다. 행위 자체보다도, 우위성에 집중하여 명백한 괴롭힘 행위를 놓치기도 합니다. 국내 법령이 직급상의 우위 외에 관계상의 우위도 인정하긴 하지만, 관계상의 우위를 판단하는 기준은 딱히 없습니다. 주관적인 판단에 의존하는 것입니다. 때문에 가해자가 피해자와 동일한 직급자였던 사건에 대해 우위성이 성립하지 않는다며 인정해 주지 않은 사업장이 있었습니다. 피해자가 겪은 괴롭힘 행위는 명확했고, 지속·반복성도 성립했으나 같은 직급이기 때문에 그런 행위를 거부하고 막을 힘이 없었다고 보기 어렵다는 것이 사용자의 해석이었습니다. 이 사건은 신고 단계에서 사용자가 괴롭힘이 아예 성립하지 않는 것으로 판단했기 때문에 아무 조치도 이뤄지지 않았습니다.

④ <u>업무상(의 적정 범위를 넘어) (제76조의2)</u>

유난히 업무상이라는 문구에만 집중하여, 업무와 관련된 행위만을 직장 내 괴롭힘으로 인정할 수 있다고 해석하는 경우도 있습니다. 다수의 괴롭힘 행위 유형이 업무와는 무관하게 개인적인 부분을 공격하는 것이지만, '업무상'만을 강조했습니다.

이렇게 해석한 사업장의 사례는 여럿입니다. 심지어 노조에서조차 같은 방식의 해석을 활용한 적도 있습니다. 관련 사건에서 사측이 업무와 관련하여 발생한 괴롭힘이 아니라는 이유로 신고를 기각하자, 피해자는 노조를 찾아갔습니다. 상담 요청을 받은 노조 간부 역시도 행위가 업무와 관계있는 것들이 아니라며 직장 내 괴롭힘으로 노조에서 나서서 대응하기에는 어렵다고 답했습니다(예: 피해자의 개인사에 대한 뒷담화 및 날조, 동료끼리 함께 히는 식사/티타임에서의 배제, 피해자의 장애인 자녀에 대한 모욕적인 언행 등). 피해자가 겪은 것은 명백한 괴롭힘 행위이며, 심지어 여러 차례 반복되기도 했습니다. 충분히 괴롭힘으로 인정될 수 있는 사건이었음에도 사측이 부적절하게 법령을 해석하고, 노조마저 그런 해석에 동의하면서 피해자가 구제받을 수 없었던 사건이었습니다.

⑤ 적정 범위(를 넘어) (제76조의2)

적정 범위라는 것은 상당히 주관적인 기준입니다. 피해자와 유사성(성별, 연령대 등)을 가진 상식적인 집단의 기준이 허용하는 것을 적정 범위로 볼 수도 있고, 회사 내부의 조직문화에서 허용하는 범위를 적정 범위로 볼 수도 있습니다. 우리나라는 성별, 연령대, 직종/산업 분야 등에 따라서 적정 범위에 대한 인식 격차가 매우 큰 편입니다.

국내 판례에서는 피해자와 같은 특성을 가진 보통 사람의 판단을 적정 범위, 상식적인 범위의 기준으로 언급하고 있습니다. 저 역시도 같은 기준에 동의하고 있습니다. 하지만 본인만의 적정 범위를 적용하는 사용자/사용자도 존재합니다.

사례 속의 피해자는 선임의 비위행위를 감사부서에 신고했고, 선임은 구두경고만 받은 뒤 직책을 그대로 유지하는 상태였습니다. 즉, 공익신고 이후에도 피해자는 계속 선임의 업무 지시를 받으며 일해야 했던 것입니다. 선임은 이후 보복성으로 여겨지는 행위를 피해자에게 하기 시작했습니다.

피해자는 신고 이전과 같은 업무를 계속 담당하는 상황이었으나, 신고 이전에는 할 필요가 없었던 서면 업무 보고를 30분 단위로 해야 했습니다. 피해자가 업무에 집중하느라 서면 보고 시간을 놓치면 바로 선임의 모멸적인 질책이 가해졌습니다. 시간에 맞춰 서면 보고서를 작성하기 위해서는 피해자의 업무 진행이 늦어질 수밖에 없었습니다. 하지만 선임은 그에 대해서도 질책했습니다. 선임은 매시간의 정각과 30분에 정확하게 본인의 이메일로 서면 보고를 전송하라고 지시했고, 피해자는 예약 메일을 걸어보기도 했습니다. 그러자 선임은 실제 업무 진행 상황과 다르게 허위 보고를 했다며 또 피해자를 질책했습니다. 피해자는 수개월간 선임에게 시달리며 위염, 방광염, 우울증 등의 스트레스성 질환을 앓게 되었습니다.

피해자가 견디다 못해 선임을 신고하자 사용자는 피해자를 불러 독대했습니다. 사용자는 친절한 말투를 가장했으나, 결론은 선임의 행위가 실적/성과를 내기 위해 필요한 관리 행위였으며, 그런 행위는 신고해도 괴롭힘으로 인정받기 어렵다는 것이었습니다. 그 과정에서 사용자 본인이 법 전공자이며, 동기들이 대부분 법관임을 내세우기도 했습니다. 압력을 느낀 피해자는 정식 조사와 조치를 계속 요구하기 어려웠고, 사용자는 피해자가 원하지 않기 때문에 신고에 대한 조치를 더 진행하지 않는다고 인사 부서에 통보했습니다.

⑥ 징계, 근무장소의 변경 등 필요한 조치 (제76조의3⑤)

사용자에게는 괴롭힘으로 성립한 사건에 대해 적절한 조치를 할 의무가 있습니다. 다만 법령의 문구는 정확하게 징계도 하고, 그 외에 필요한 조치를 하라고 되어있지는 않습니다. 괴롭힘 사건의 경중에 따라 징계하기에 적절치 않은 경우도 있을 수 있으니, 징계가 무조건일 필요는 없습니다. 다만 상식으로 생각해 봤을 때, 어느 정도 수위가 있는 괴롭힘에는 징계가 따르는 것이 당연합니다.

하지만 이 조항을 악용하여 상당히 수위 높은 가해 행위를 한 가해자에게도 아무 징계 조치를 하지 않은 사례들이 있습니다. 가해자가 신고된 행위는 성추행과 갑질이었습니다. 해당 사업장에서는 가해자 보호를 위한 다채롭고 창의적인 편법이 발생했으나, 그 끝에도 가해자의 행위는 괴롭힘 성립으로 인정되었습니다. 사측의 편법은 거기서 끝나지 않았으며, 가해자의 근무장소만 변경하고, 징계하지 않는 또 다른 편법을 저질렀습니다. '징계, 근무장소 변경 등'에 따라 근무장소 변경을 했으니 문제가 없다는 반응이었습니다.

징계 없는 조치는 가해자에게 본인이 사실은 무혐의였으며 억울하게 이동당했다는 거짓 소문을 퍼뜨릴 기반이 되어주었습니다. 가해자는 회사 전체에 본인이 무혐의였다는 허위 소문을 퍼뜨렸고, 정황을 모르는 직원들은 가해자의 주장을 믿기도 했습니다.

⑦ 비밀을 (피해 노동자 등의 의사에 반하여 다른 사람에게) 누설하여서는 아니된다 (제76조의3⑦)

이 조항 역시 사용자/사용자의 창의성이 발휘되는 조항입니다. 이 조항을 비밀 누설 금지에만 초점을 맞춰 해석하는데, 해석 방식도 다양합니다.

누구에게도 비밀이 누설되어선 안 된다며 조사 과정 중, 피해자와 가해자만 조사하고, 목격자 조사는 하지 않는 사업장의 사례들이 있었습니다. 목격자 조사가 없다면 조사를 하지 않은 것과 다를 바 없습니다. 피해자와 가해자의 입장은 다를 수밖에 없고, 어느 쪽이 객관적 사실에 가까운지 확인하는 것이 목격자 조사이기 때문입니다. 사례 속 사업장은 당연하게도 가해자의 손을 들어 줬습니다.

비밀 유지를 빌미로 피해자의 사건 처리 결과 공표 요구를 거절하는 사업장들도 있었습니다. 사건 처리 결과가 공표되면 그 사실을 직원들이 궁금해하고, 피해자에게 2차 가해를 할 수 있다는 것이 사측의 핑계였습니다. 하지만 사건에 대한 정식 공표가 없는 상태에서 누군가가 불려 가서 조사받았다는 말은 돌았고, 카더라 통신을 거쳐 전혀 사실무근의 다른 소문으로 확산되었습니다. 사건 내용을 꼬치꼬치 캐묻는 사람과 뒤에서 수근 대는 사람들 때문에 피해자는 더 큰 고통을 겪어야 했습니다.

한 사업장은 비밀 유지가 지나쳐 피해자에게도 처리 결과를 알리지 않았습니다. 사건 처리 절차를 과도하게 길게 끌었고, 피해자는 이미 퇴사하고 가해자도 계약 기간이 거의 끝난 상태에서 사건 성립 여부에 대한 결론이 나왔습니다. 사측은 피해자가 이미 퇴사하여 외부인이 되었으므로 회사 기밀을 공유해선 안 된다며 피해자에게 결론을 알리지 않았습니다. 수개월이 지난 다음에야 관련 행정절차를 담당했던 인사 부서 직원이 다른 동료에게 그 얘기를 했고, 피해자와 연락 중이던 동료가 피해자에게 사실을 알렸습니다.

위의 사례들은 일반적인 상식으로 결코 이해할 수 없는 독특한 법의 해석 방식을 보여주고 있습니다. 권력을 가진 가해자를 보호하고자 하는 사용자가 어디까지 상식을 내려놓을 수 있는지 보여주는 사례들입니다. 이런 사례들이 있음을 인지하고, 내가 소속된 사업장에서 같은 일이 발생하려 한다면 막아야 합니다. 직장 내 괴롭힘 관련 문제를 담당하고 있으면서, 사용자나 다른 경영진의 이런 행위를 막지 못한다면, 그 책임이 여러분에게 돌아올 수 있습니다. 도의상 책임만 말하는 것이 아닙니다. 절차의 부적절성이 신고되면 사용자나 경영진은 사건 처리를 담당한 직원을 희생양 삼아 책임을 회피하려고 할 테니까요.

직장 내 괴롭힘 금지제도의 사각지대,
또 있을까?

V

앞 장에서 신고되지 않은 일반 괴롭힘 사건과 절차만 지킬 뿐, 속에서는 편법·위법을 감행하는 사업장들이 제도의 사각지대에 있다는 걸 언급했습니다. 그 외에도 2차 피해, 을질, 허위신고 등 행위 자체가 제도적 사각지대에 놓인 것들이 있습니다. 이번 장에서는 그런 사각지대를 살펴보고자 합니다.

1 범위가 모호한 2차 피해

피해자가 괴롭힘이라고 느끼면 괴롭힘이라는 그릇된 인식이 근로 현장에 끼친 악영향이 적지 않습니다. 업무상 실수를 지적해도 괴롭힘이라고 주장하고, 본인의 마음에 들지 않는 일이 발생하면 다 괴롭힘이라고 주장하는 일도 생깁니다. 피해자 보호를 위해 그들의 입장에서 정의할 필요는 있지만 상식적인 범위라는 선을 제대로 긋지 않아 발생하는 일입니다.

2차 피해에 대해서도 비슷한 상황이 발생하고 있습니다. 2차 피해는 성범죄 관련 연구에서 출발한 개념이지만, 성희롱 외에 직장 내 괴롭힘 사건에서도 적용됩니다. 타당한 이유로 2차 피해를 호소하는 노동자도 있지만, 상식적으로 보기 어려운 2차 피해 주장도 존재합니다.

사업장에서 성희롱이 신고되었고 징계조치를 받은 가해자에게 후임 직원이 회식자리에서 "고생 많으셨다."고 했고, 가해자는 "다 내 잘못이지."라고 답했습니다. 이 상황을 과연 2차 피해가 발생한 것으로 볼 수 있을까요? 놀랍게도 될 수 있다는 논의가 있었다고 합니다. 가해자와 후임 직원 간의 대화로 인해 관련 사건을 인지하지 못했던 다른 직원도 상황을 알게 되었을 수 있다는 이유에서였습니다.

사건 조사 중 조사관이나 노무사가 피해자에게 동조해 주지 않는다고 2차 피해를 주장하는 일도 있습니다. 피신고인이 조사 중 자기방어를 했다고 2차 피해로 몰아가기도 합니다. 저 역시 2차 피해 연구를 위해 응답자를 찾는 공고를 올렸는데, 그 공고 때문에 본인들이 겪은 피해가 생각나서 괴롭다, 그러니

제가 2차 가해자라고 주장하는 피해자 2인을 경험하기도 했습니다. 이토록 중구난방인 2차 피해 주장 앞에서 2차 가해자가 되지 않기란 참 어렵습니다.

피해자가 괴롭힘이라고 하면 괴롭힘, 피해자가 2차 피해라고 하면 2차 피해라는 과도한 피해자 중심 정의는 이런 부작용을 불러옵니다. 1차 피해를 겪은 피해자가 2차 피해를 겪지 않아야 하는 것은 당연합니다. 하지만 피해자가 본인을 자극하는 모든 것을 2차 피해라고 주장하기 시작하면 그때부터는 피해자 본인이 주변인을 힘들게 하는 가해자가 될 수 있습니다.

물론 명백한 2차 가해를 했으면서도 인정하지 않는 가해자의 사례는 더욱 많습니다. 괴롭힘당한 피해자 앞에서 "(가해자가) 그럴 사람이 아니다.", "오해였을 거다.", "(가해자는) 친하다고 생각해서 한 거 아니냐?" 또는 "양쪽 말은 다 들어봐야 아는 거야." 이런 발언을 한 사례는 적지 않습니다. 피해로부터 회복해 가는 피해자를 보고 "큰 일도 아니었나보네." 하면서 피해자가 겪은 고통을 경시하는 사람도 있고, 피해자의 고통을 가십꺼리 정도로 여긴 사람들도 있었습니다.

한쪽에선 가해자들이 너무 본인들의 2차 가해를 인지하지 못해서 문제, 반대쪽에선 피해자가 과하게 2차 피해를 주장하고 있습니다. 역시 2차 가해/피해의 상식적인 개념과 범위가 합의되어 있지 않아서 생긴 문제인 것입니다.

1) 2차 가해(피해)의 정의

현장에서는 2차 가해라는 단어가 많이 쓰이지만, 학술적인 정의는 피해자 관점에서 보는 2차 피해와 가해지는 행위 관점의 2차 가해로 구분해 볼 수 있습니다. 영어로는 둘 다 secondary victimization입니다. 그 용어를 처음 사용한 것은 윌리엄스(Williams)로 2차 피해 관점이었습니다[1]. 그는 1984년에 발표한 논문에서 "피해자에 대한 부정적이고 비판적인 태도와 행동으로부터 발생

---

1) Williams, J. E. (1984). Secondary victimization: Confronting public attitudes about rape. Victimology, 9(1), 66-81.

하는 특정 가해행위의 지속적이고 복합적인 결과, 피해자에게 대한 정신적 지지의 부족 및 비난, 피해자의 고립 등을 유발하는 것"이라고 정의했습니다.

European Institute for Gender Equality(EIGE)의 정의 역시 2차 피해에 해당합니다. EIGE의 정의는 "1차 가해의 직접적인 피해가 아닌, 피해자를 대하는 조직과 개인의 부적절한 태도와 언행으로 인해 피해자가 추가적으로 겪는 피해"였습니다[2]. EIGE는 피해자와 가해자를 반복적으로 대면하게 하는 것, 같은 내용을 반복적으로 취조 하는 것, 부적절하거나 몰이해한 단어와 사용 등을 예시로 들었습니다.

다음의 두 정의는 2차 가해 관점에 해당합니다. 미국 법무부(Department of Justice) 웹페이지에서 등장하는 오스(Orth, 2002)의 정의는 "(1차) 가해행위의 결과로 발생하며, 피해자의 권리와 자격을 추가로 침해하는 부정적인 사회적 반응"이었습니다[3]. 캠벨과 라자(Cambell & Raja, 1999)의 정의는 "피해 경험 이후 […] 피해자에게 책임을 전가하거나 부족한 민감성을 드러내어 트라우마를 자극하는 행동과 태도"였습니다.[4]

위의 4가지 정의에는 몇 가지 공통적인 요소가 확인됩니다. 첫째, 2차 가해자(개인 또는 조직)가 특정 피해자를 인지한 상태에서 그 피해자에게 가해진다는 점입니다. 둘째, 피해자에게 고통을 주고 권리와 자격을 침해하는 것입니다. 셋째, 2차 가해자의 의도는 언급되지 않는다는 것입니다. 다만 위의 정의 대부분이 포괄적이라, 정의에서 나온 기준을 바탕으로는 앞에서 본 비상식적인 2차 가해 주장을 거르기가 어렵습니다. 함께 제시된 예시에서도 비난, 고립 유발, 반복 취조, 피해자-가해자의 반복대면, 책임 전가 등과 같은 공공연하고 노골적인 행위 외에 내포적인 행위도 포함되어 범위가 무척 넓어집니다.

---

2) EIGE의 2차 피해 정의 https://eige.europa.eu/publications-resources/thesaurus/terms/1248?language_content_entity=en (검색일: 2024.7.14.)

3) Orth, U. (2002). Secondary victimization of crime victims by criminal proceedings. Social justice research 15(4), 313-325.

4) Campbell, R. & Raja, S. (1999). Secondary victimization of rape victims: insights from mental health professionals who treat survivors of violence. Violence Vict. 14(3), 261-75.

국내 관련 정의를 살펴보면, 여성가족부에서 발표한 여성 폭력 2차 피해의 정의가 있습니다. 역시 포괄적이며 광범위한 정의로, 한 여성 변호사가 '수사기관이나 법원조차 제대로 된 조사를 하지 못할 정도로 과도하다'는 견해를 표하기도 했습니다.

여성가족부의 2차 피해 정의

가. 수사·재판·보호·진료·언론 보도 등 여성폭력 사건처리 및 회복의 전 과정에서 입는 정신적·신체적·경제적 피해

나. 집단 따돌림, 폭행 또는 폭언, 그 밖에 정신적·신체적 손상을 가져오는 행위로 인한 피해(정보통신망을 이용한 행위로 인한 피해를 포함)

다. 사용자(사용자 또는 사업경영대상자 등)로부터 폭력 피해 신고 등을 이유로 입은 다음 어느 하나에 해당하는 불이익 조치

1) 파면, 해임, 해고, 그 밖에 신분 상실에 해당하는 신분상의 불이익 조치

2) 징계, 정직, 감봉, 강등, 승진 제한, 그 밖에 부당한 인사 조치

3) 전보, 전근, 직무 비부여, 직무 재배치, 그 밖에 본인의 의사에 반하는 인사 조치

4) 성과평가 또는 동료평가 등에서의 차별과 그에 따른 임금 또는 상여금 등의 차별지급

5) 교육 또는 훈련 등 자기계발 기회의 취소, 예산 또는 인력 등 가용자원의 제한 또는 제거, 보안정보 또는 비밀정보 사용의 정지 또는 취급자격의 취소, 그 밖에 근무 조건 등에 부정적 영향을 미치는 차별 또는 조치

6) 주의 대상자 명단 작성 또는 그 명단의 공개, 집단 따돌림, 폭행 또는 폭언, 그 밖에 정신적·신체적 손상을 가져오는 행위

7) 직무에 대한 부당한 감사 또는 조사나 그 결과의 공개

8) 인허가 등의 취소, 그 밖에 행정적 불이익을 주는 행위

9) 물품계약 또는 용역계약의 해지, 그 밖에 경제적 불이익을 주는 조치

출처: 여성가족부(2021.1.). 여성 폭력 2차 피해 방지 지침 표준안.

2) 2차 가해의 유형 및 예시

그럼 노동자의 관점에서 본 2차 가해는 과연 어떨까요? 응답자가 2차 가해라고 본 경험 사례를 다른 노동자 12인에게 검토하도록 하여 상식성을 보완한 결과는 〈표 Ⅴ-1〉과 같았습니다.

구분 기준은 행위의 주체(가해자, 사측, 노조 등), 노골적/내포적 2차 가해, 능

표 V-1 2차 가해의 유형 및 예시

구분		능동적	수동적
노골적	가해자	• 허위신고 주장 • 명예훼손/무고 신고 및 신고 위협 • 조사과정 중 거짓 증언 및 증거 제출 • 목격자에게 거짓 증언 지시 • 피해자에 대한 부정적인 언행 및 입소문 전파 • (가해자 본인 또는 친한 사람의) 신고한 피해자에 대한 보복성 질책, 업무상황 감시, 업무 몰아주기, 업무 배제, 협박, 폭언, 폭행 등	-
	사측	• 가해자를 두둔하는 언행 및 가해자 보호행위 • 신고 무마 • 사건 발생의 원인을 피해자에게 전가 • 피해자에게 가해자에게 피해될 행동을 하지 말라고 요구 • 귀책사유가 있거나 전문성 없는 조사관 지정 및 피해자의 배제요청 거절 • 증거 및 증언 조작 • 조회/회식 자리에서 피해자를 비난하는 언행 • 부적절한 피해자-가해자 분리 조치(피해자 이동) • 피해자 및 조력자에 대한 인사상 불이익(근평, 승진, 고용계약 등) • 피해자와 마주칠 때 노려보거나 인사를 받지 않는 행위 등 • 가해자를 피해자의 승진/계약연장을 결정하는 인사위원회에 임명 및 피해자의 배제요청 거절	• 접수된 신고 방치 및 비조치 • 신고한 피해자가 누릴 수 있는 권리 미전달 • 피해자에게 진행과정에 대한 정보 미전달 • 조사관의 부적절한 조사행위 및 언행 방치 • 분리 조치 미실행 • 사건 이후 피해자에게 제공해야 할 지원사항(상담서비스 등) 미전달 • 피해자에 대한 부정적인 소문 방치
	조사관	• 부적절한 조사행위(취조, 반복조사, 기록없는 조사) • 피해자에게 사건발생의 책임을 전가하는 발언 • 피해자의 응답과 다른 내용으로 조사기록 작성(피해자에게 불리하거나, 가해자에게 우호적인 방식)	• 피해자에게 조사기록 미공유 • 조사 이후의 상황에 대한 피해자의 질문에 미응답 및 피해자를 무시하는 응답
	노조	• (가해자와 노조 간부가 친분 있을 때) 허위신고 주장 • 비노조원 피해자에 대한 비하 발언	• (피해자가 사측에는 신고하지 않았다는 이유로) 피해자 상담 접수 후 비조치
	개별 노동자	• 가해자를 두둔하는 언행 및 증언 • 피해자에 대한 부정적인 입소문 • 피해자를 고립시키는 따돌림 • 피해자에게 가해행위 발생에 대한 책임 전가 • 신고하려는 피해자의 신고 제지 및 방해 • 신고할 의향이 없는 피해자에게 신고 독촉 • 신고한 피해자에 대한 직·간접적 비난, 폭언, 협박, 폭행 • 본인이 피해자보다 더 힘든 일을 겪었다며 피해자의 고통을 가볍게 여기는 언행 • 피해자의 고통을 남의 일로만 여기는 언행	• (피해자에게 신고하라고 부추긴 뒤) 목격자로서 증언은 기피 • (위원회 임명 시) 공정한 의사결정 의무를 위반, 사측이 원하는 쪽에 투표
내포적	사측	• 피해자의 피해 호소를 의심하거나, 피해를 축소하는 언행 • 사측/가해자에게 호의적인 위원회 및 공정성을 보	-

141

	장할 수 없는 위원회 구성 • 피해자의 신고를 조롱하는 발언	
조사관	• 민감한 상태인 피해자를 배려하지 않는 질문방식 • 회사의 입장을 내세우며 피해자 회유 시도 • 피해자에게 과하게 민감하게 반응한 것이 아니냐는 언행	• 조사 이후의 상황에 대한 피해자의 질문에 본인도 모른다고 응답(담당자로서 관련 절차 숙지의무 방기)
노조	• 노조원 피해자와 비노조원 피해자의 사건에 대한 차별적 태도 • (사측 간부와 노측 간부가 친분있는 상황) 사측이 부당조치를 하고 있다고 호소하는 피해자 회유 • 피해자의 신고를 문제해결 및 피해자 보호가 아닌 노사 교섭 수단으로 이용	• 피해자 보호 역할 방기 • 피해자에 대한 사측의 부당조치 방치
개별 노동자	• 피해자에게 피해자다운 이미지 요구 • 피해자에게 피해자의 신고로 인해 다른 직원들이 힘들어 하고 있다는 발언 • 피해자를 위로하는 척 하며 사건 정황을 캐내려는 언행 • 가해자를 용서하려는 피해자에 대한 암묵적 비난 및 계속 미워하라는 강요적 언행 • 신고에 대해 양쪽 말을 다 들어봐야 한다는 공개적인 발언(사실상 피해자의 피해호소를 의심하는 언행) • 피해자를 위한다는 명목으로 피해자가 원하지 않는 일을 벌이는 행위(예: 피해자의 생각과 무관하거나 피해자가 동의하지 않은 탄원서·대자보 등)	• 피해자가 또 다른 피해가 예상되는 상황을 피하려 하는 것을 이해해 주지 않는 언행
상담사/ 성직자	• 가해자를 용서하라는 압박 • 사건 피해를 빨리 극복하라는 압박	-

* 빈 칸은 수집한 데이터에서 사례를 찾아볼 수 없었던 경우. 관련 행위가 존재하지 않는다는 의미는 아님.

동적/수동적 2차 가해였습니다. 여기서 노골적 2차 가해는 해외 정의에서 예시로 제시된 것과 같은 공공연한 2차 가해 행위, 간접적 행위는 부족한 민감성 및 공감성 등과 같은 행위로 구분했습니다. 능동적 2차 가해는 해선 안 되는 행위를 한 것, 수동적 2차 가해는 해야 할 일을 하지 않은 것으로 구분했습니다.

전체적인 특징을 보면, 응답과 검토를 담당한 노동자들은 1) 가해자가 특정 피해자가 누구인지 알고 있는 상황에서, 2) 직접적으로 그 피해자를 대상으로 하며, 3) 그 행위가 피해자에게 피해를 끼치거나 괴로움을 준다고 상식적으로 동의할 수 있을 때, 2차 가해라고 인식하는 것을 볼 수 있습니다. 또한 피해자에 대한 부정적인 시각 및 무책임함에서 시작되는 2차 가해가 대부분을 차지하지만, 피해자에게 동조하면서도 발생하는 2차 가해도 있었습니다. 상식성을 보완한 노동자 관점에서 접근하면 2차 가해의 판단기준이 한결 명확해지며, 또한 전문가의 정의와 예시에 포함되지 않았던 새로운 유형의 2차 가해행위도 존재함을 확인할 수 있습니다(예: 피해자를 돕는다는 착각에서 가해지는 2차 가해, 신고를 원하지 않는 피해자에게 신고 독촉, 피해자의 생각이 반영되지 않은 탄원서·대자보 등).

그간 괴롭힘 관련 이슈들을 다룰 때는 전문가의 견해가 중심이 되었습니다. 하지만 현장에서 괴롭힘을 겪는 사람은 노동자들입니다. 법령 시행 이후 경험이 축적되면서 노동자들도 어떤 것이 괴롭힘으로 인정되어야 하는지, 어떤 것은 아닌지 인식 수준이 개선되고 있습니다. 무조건 전문가에게 의존하기보다는 노동자의 집단지성을 활용하는 것도 상식의 범위를 확인하는 데 도움이 될 수 있을 것으로 보입니다.

② 신고조차 할 수 없는 을질

우리나라의 직장 내 괴롭힘 대응은 갑질에 초점을 두고 있습니다. 상위 직급자가 하위 직급자를 괴롭게 하는 건 직장 내 괴롭힘 중 가장 흔한 형태이긴 하지만, 유일한 형태는 아닙니다. I장에서 봤듯이 동일 직급 간의 괴롭힘이나 후임이 선임을 괴롭히는 을질도 존재합니다. 공교롭게도 을질은 직장 내 괴롭힘 방지법 제정 이후 눈에 띄게 증가한 유형의 괴롭힘이기도 합니다. 2016년 조사를 진행했을 때, 직장에서 응답자를 가장 많이 괴롭히는 가해자가 후임이라는 응답은 2.7%에 불과했습니다[5]. 하지만 같은 방식으로 진행한 2023년의 조사에서는 무려 11.7%로 4배가 넘게 증가했습니다[6].

을질이 우리나라에만 존재하는 문제는 아닙니다. 선행연구에서 을질(upward bullying) 문제가 처음 언급된 것은 1997년 Miller의 직업군인 연구 보고서에서

---

5) 원자료: 서유정·이지은(2016). 서유정·이지은(2016). 국내 직장 괴롭힘의 실태 분석 및 대응방안 연구. 한국직업능력연구원.

6) 원자료: 서유정·김종우(2023). 직장 내 괴롭힘 성립기준 및 사업장 모니터링 체계 구축 연구. 한국직업능력연구원.

였습니다[7]. 다만 이후로도 관련 연구가 활발하게 진행되지는 못했으며, 소수의 연구 보고서가 명맥을 이어가고 있습니다.

관련 통계를 살펴보면 영국의 자선단체인 BulliesOut에서 노동자 중 6.7%가 을질을 당한 경험이 있다고 발표했습니다[8]. 미국의 Workplace Bullying Institute(WBI)는 모든 괴롭힘 중 14%가 을질 사건이라고 발표한 바 있습니다[9]. 우리나라의 통계에서는 가장 괴롭게 하는 가해자가 후임이라는 응답이 11.7%였으므로, 실제로 후임에게 을질을 당해 본 노동자의 비율은 이보다 높을 것으로 짐작됩니다.

을질과 관련된 해외 판례 중에는 Irish Hospital Service에서 근무하던 매니저급 여성이 다섯 명의 후임들로부터 2년간 반복적인 폭언을 당했던 케이스가 있습니다. 피해자가 후임들의 괴롭힘을 호소했으나 사용자는 아무런 조치를 취하지 않았습니다. 법원은 사건을 직장 내 괴롭힘으로 인정하진 않았으나 사용자의 노동자 보호 의무 위반으로 판결 내렸습니다. 호주의 Bundaberg Hospital에서도 역시 여성 선임이 후임으로부터 수년간 위협과 경멸 어린 언행과 조롱, 폄훼, 노골적인 폭언 등을 당한 사례가 있었습니다. 이 사례에서는 후임이 사용자로부터 징계 조치를 받았습니다. 징계받은 후임이 부당하다고 소송했으나 법원에서는 정당했다고 판결했습니다. 두 판례 모두 괴롭힘당한 상사가 여성이었으며, 을질 연구 전반적으로 여성의 피해가 종종 언급되곤 합니다. 가해자가 남성일 때뿐만 아니라 여성일 때도 마찬가지였습니다. 을질 가해자가 남성에 비해 상대적으로 더 '만만한' 여성을 타겟으로 삼을 가능성이 높음을 보여주는 것입니다.

호주의 HR 전문가들은 을질의 또 다른 특징들을 다음처럼 정리하고 있습니다.

7) Miller, L. (1997). Not just weapons of the weak: Gender harassment as a form of protest for army men. Social Psychology Quarterly, 60(1), 32–51.

8) https://bulliesout.com/need−support/upward−bullying/ (검색일: 2024.7.13.)

9) https://hbr.org/2022/12/what−to−do−when−a−direct−report−is−bullying−you (검색일 2024.7.13.)

을질 가해자의 특징

- 노골적이기보다는 간접적인 괴롭힘으로 상급자가 문제제기를 하게 어렵게 만든다.
- 혼자하는 일이 드물며, 여럿이 같이 한다.
- 허위 갑질 신고를 상사를 괴롭히는 수단으로 이용한다.

을질의 발생 배경

- 사업장에서 변화가 발생하고 있으나 사측이 노동자에게 정보를 공유하지 않는다.
- 사업장 내 소통이 잘 이뤄지지 않아 서로 모순되는 정보가 노동자에게 전달된다.
- 노동자와 사용자가 그들에게 닥친 상황을 통제하거나 해결할 수 업다고 느낀다.
- 사업장의 전략과 방향성에 대한 명확한 지침이 없다.
- 사업장 HR 기능에 체계와 절차가 제대로 갖춰져 있지 않다.

또한 영국과 호주의 전문가들은 코로나로 인한 재택근무의 증가가 을질의 증가로 이어졌다고 보고 있습니다. 재택근무 중에는 요령을 피우거나 상사에게 부적절한 행동을 해도 면대면으로 바로 질책을 받지 않기 때문에 후임들이 더 뻔뻔해질 수 있기 때문입니다.

이토록 을질의 피해가 점차 증가하는 상황 속에서 어떤 방식으로 을질이 발생하는지도 분석이 필요합니다. 갑질조차도 가해행위인지 명확하게 짚어내기가 어려운데, 을질은 한층 더 교묘하게 이뤄지기 때문입니다. 해외 선행연구와 HR 전문가가 작성한 자료, 제가 수집한 국내 사례를 정리해 보면 〈표 Ⅴ−2〉와 같습니다.

아직 국내에 정확한 통계가 있는 것은 아니지만, 제가 수집한 사례 중 가장 흔한 을질 유형은 뒷담화와 업무 지시의 거부 및 미수행이었습니다.

상사나 선임의 뒷담화는 직장 내 괴롭힘이라는 개념을 노동자들이 알기 이전부터 있었던 을질 행위였습니다. 워낙 흔해서 안 하는 사람을 찾기 어려울 정도이기도 합니다. 이토록 흔한 행위를 을질이라는 가해 유형으로 묶는 것이 타당한가 하는 의견도 있습니다. 하지만 똑같은 행위를 상사가 후임에 대해 했을 때, 우리는 가해행위라고 인지합니다. 그렇다면 후임이 상사와 선임에 대해

표 Ⅴ-2 국가별로 확인된 을질 행위 유형

국가			
미국	영국	호주	우리나라
• 부정적인 소문 퍼트리기	• 험담 및 소문 전파	• 험담 및 소문 전파	• 뒷담화 및 허위 소문 전파
-	• 허위 갑질 신고	• 허위 갑질 신고	• 허위 갑질 신고 및 신고하겠다는 협박
• 상사의 업무 방해 • 상사가 기대하는 결과를 모르는 척 하기	• 상사가 무능력해 보이게 하는 행동	-	• 중요 정보 비공유 • 문제 발생시 책임전가 • 업무적인 배제
• 성희롱	• 성희롱	-	• 성희롱
• 직·간접으로 위협하는 언행 • 과도한 감시 • 상사의 권한을 조롱하는 언행	• 상사와 상사의 권한을 무시하는 언행	• 상사의 권한을 무시하는 태도 • 직·간접으로 위협하는 언행	• 직·간접적으로 무시하는 태도와 언행 • 직·간접으로 위협하는 언행
• 상습적으로 지체되는 업무처리	• 업무 지시 거부	• 마무리되지 않은 업무 방치	• 업무지시 거부 • 마무리되지 않은 업무 방치 및 마무리 거부 • 업무 미수행
• 반복적인 지각 및 결근	-	-	• 반복적인 지각/결근 • 일방적인 퇴사
• 반복적인 내·외부 회의 지각(집단행동)	• 반복적인 내·외부 회의 지각(집단행동)	-	• 반복적인 내·외부 회의 지각(집단행동)
-	• 상식적이지 않은 배려/혜택 요구	• 상식적이지 않은 배려/혜택 요구	• 상식적이지 않은 배려/혜택 요구
-	-	-	• 개인관계에서의 배제(식사, 티타임, 대화 등)
-	-	-	• 악질적인 장난

해도 마찬가지로 가해행위라고 받아들여야 합니다. 국제적으로도 험담이 을질로 분류됩니다. 다만 상사가 후임을 험담했을 때가, 후임이 상사를 험담했을 때보다 훨씬 여파가 크니 전자의 경우 징계가 더 무거워지는 것이죠.

업무 지시의 거부와 미수행은 다양한 형태로 나타나고 있었습니다. 다른 상사(주로 더 높은 직급)가 지시한 일이 있어서 할 수 없다며 회피하는 유형, 상사와 상의 없이 임의로 본인의 업무영역을 설정하고 그 외의 업무는 수행을 거부하는 유형, 마지막으로 별 이유 없이 그냥 거부하는 유형이었습니다. 과거에는 주로 첫 번째 유형의 형태로 확인되었으나, 최근에는 두 번째와 세 번째 유형도 점점 증가하고 있습니다.

해외 자료에서는 잘 확인되지 않는 '악질적인 장난' 유형도 얼마 전부터 국내에서 확인되고 있습니다. 제가 접수한 사례 중 눈에 띄는 것은 다음의 세 가지 사례였습니다.

• 남자 상사의 불륜 상대인 척 새벽 카톡

30대인 피해자는 아직 신혼일 때, 회사 여직원(가해자)의 '장난' 때문에 심각한 부부 갈등을 겪었습니다. 가해자는 새벽에 피해자에게 연인인 척하는 카톡을 보냈고, 잠이 얕은 피해자의 아내가 알림창에 뜬 카톡 내용의 일부를 먼저 보게 되었습니다. 오해한 아내는 피해자를 깨워 크게 화를 냈고 친정으로 가버렸습니다. 피해자가 항의하자 가해자는 술 마시다가 다른 친구에게 장난을 치려고 한 것인데 실수로 피해자에게 보낸 것이라고 핑계를 댔습니다. 피해자는 아내가 그 일로 크게 화가 났다며 해명해 달라고 요구했으나 가해자는 거절했습니다. "아내분 저한테 화내실 거잖아요"가 거절 사유였습니다. 게다가 가해자는 이후에도 또 피해자에게 비슷한 내용의 카톡을 보냈습니다. 피해자는 거듭 불쾌감을 느꼈고 가해자에게 화를 냈습니다. 가해자의 대답은 "남자들도 새벽에 이런 톡 받으면 기분 나쁘죠? 여잔 어떨 거 같아요?"였습니다.

여직원이 남성 상사로부터 새벽에 성적인 문자나 전화를 받는 것은 성희롱 사건에서 간혹 확인되는 사례입니다. 가해자는 이런 사례에 빗대어 일종의 '미러링'을 한 것이다. 다만 그 미러링의 대상이 실제로 그런 행동을 한 사람이 아니라, 상대적으로 만만한 젊은 선임이었습니다. 이런 행위는 성찰을 유도하는 교육적 미러링이라고 보기 어려우며, 오히려 쉬운 상대를 골라 괴롭히는 가해행위로 볼 수 있습니다.

• 여자 선임의 도시락 훼손 + 허위 갑질 신고

피해자는 휴게실 냉장고에 뒀던 도시락의 내용물이 버려져 있는 일을 몇 번 경험했습니다. 무척 불쾌했지만, 범인을 알 수 없었기에 내색하지 않고 넘어가곤 했습니다. 그러다 함께 자리했던 동료가 "그거 자기 꺼였어?"라며 내용물을

버린 사람이 피해자의 후임이리고 알려주었습니다. 피해자가 가해자(후임 여직원)에게 항의하자, 가해자는 도리어 뻔뻔하게 본 것도 아니면서 누명을 씌운다고 화를 냈습니다. 동료가 본인이 목격했음을 옆에서 말하자 잠시 당황한 듯했으나, 피해자가 자신에게 소리를 지른 것이 폭언이고 갑질이라며 신고하겠다고 했습니다. 동료가 본인도 상황을 목격했다며 신고할 거면 해보라고, 신고하겠다고 하는 것이 협박죄인 것을 모르느냐고 하자, 가해자는 피해자와 동료가 짜고 자신을 괴롭힌다며 부서장에게 신고했습니다. 부서장은 가해자가 저지른 짓을 듣고서도 피해자와 동료에게 사과하라고 했습니다. 게다가 후임 하나 바로잡지 못한다며 도리어 피해자와 동료를 나무라기도 했습니다.

본인에게 명백한 잘못이 있으면서도, 그 점을 질책한 선임을 무작정 가해자로 몰아가는 후임들의 사례는 이제 드문 일만은 아닙니다. 이런 가해자는 후임이라는 객관적 약자의 포지션을 일종의 공격형 방패처럼 이용하는 것입니다. 게다가 사측은 그런 후임 가해자들을 방치하거나, 도리어 피해자에게 사과하도록 하는 악수를 범함으로써 후임 가해자들이 활개 칠 수 있는 환경을 조성하기도 합니다.

• 여자 상사에게 거짓 애정 고백

피해자는 조카뻘인 신입 남직원(가해자)으로부터 애정 고백을 받고 며칠간 잠도 자지 못하며 고민해야 했습니다. 아직 어린 사람이 어쩌다 본인처럼 나이 많은 사람이 좋아졌나, 가해자를 걱정하는 마음이 앞섰다고 합니다. 피해자는 고민 끝에 가해자를 불러 잘 타이르기로 했습니다. 하지만 피해자의 고민이 무색하게 가해자는 "장난이었는데 너무 심각하세요."하며 웃었습니다. 가해자는 친구와 취업을 자축하며, 회사 여직원에게 먼저 고백하는 내기를 했다고 했습니다. 젊은 여직원에게 하면 진짜로 믿거나 성희롱이라고 생각할 테고, 중년인 피해자에게 하면 괜찮을 것이라고 생각했다는 것입니다. 가해자에게는 장난이었지만, 피해자는 큰 충격과 수치심을 느꼈습니다.

성희롱은 피해자의 성별/나이와 상관 없이 성립할 수 있습니다. 나이가 많은 여성이라는 이유로 성적 수치심을 느끼지 못하는 것은 아닙니다. 가해자는 본인의 행위가 젊은 여성에게는 성희롱이 될 거라고 인식하면서도, 피해자가 중년 여성이라는 이유로 해도 괜찮은 행위라고 판단했습니다. 보편적 괴롭힘 상황 속에서는 나이가 많은 사람이 강자의 위치를 차지하지만, 이 사례에서는 도리어 그 나이가 피해자를 가해자에게 '만만해 보이게' 만드는 역할을 한 것입니다.

앞의 세 사례 모두, 정작 피해자는 가해자를 신고할 수 없었습니다. 직급도 낮고, 나이도 어린 가해자에게 당했다는 점이 그들에게 큰 수치심을 줬으며, 가해자들의 행동이 이미 상식을 크게 벗어났다 보니 신고해도 반성하지 않고 더 큰 돌발행동을 할지 모른다는 점 때문이었습니다. 게다가 두 번째 사례에서 볼 수 있듯이, 을질 피해자를 도리어 후임 관리능력 없는 사람처럼 대하는 조직문화도 이들이 신고를 꺼리게 했습니다.

이 사례들의 공통점은 을질 행위가 상대적으로 만만한 선임과 상사를 대상으로 이뤄졌다는 것입니다. 만만하지 않은 사용자와 최측근들은 을질로부터 보호받지만, 을질 가해자들이 '해볼 만하다'고 느끼는 선임들은 쉽게 타겟이 되는 것입니다. 앞에서 봤듯, 악질 가해자 중 상급 관리자 이상 갑질러와 평사원 을질러의 비율은 직장 내 괴롭힘 금지법 시행 이후 증가했습니다. 가장 위에서부터 내려오는 갑질과 밑에서부터 오는 을질, 그 중간에 끼인 사람들의 괴로움은 직장 내 괴롭힘 방지법으로도 해소되지 못하고 있는 것입니다.

❸ 성 고정관념이 만든 성희롱의 사각지대

I장에서 동·서양 간의 인지 방식 차이에 대해서 살펴봤었습니다. 서양은 분석적 인지 방식, 동양은 통합적, 맥락 의존적 인지 방식을 갖고 있다는 차이였습니다. 국내의 성희롱 사건에서는 맥락 의존적 인지 방식이 성 고정관념과 합쳐지면서 가시적인 사각지대가 발생하고 있습니다. 바로 남성 피해자와 동성 성희롱을 당한 여성 피해자들입니다. 성 고정관념 탓에 주변인들이 남성도 성

적으로 약자기 될 수 있고, 여성도 성적으로 가해자가 될 수 있음을 쉽게 받아
들이지 않기 때문입니다. 행위의 특성보다 가해자와 피해자의 성별에 더 중점
을 두고 사건을 해석하기 때문에 발생하는 문제점입니다.

〈표 Ⅴ-3〉는 전형적인 남성 가해자-여성 피해자 사건이 아닌, 비전형적
성희롱이 신고된 사업장에서 어떤 방식으로 사건 대응이 이뤄졌는지 실제 사
례를 정리한 것입니다.

표 V-3 국내 사업장의 비전형적 성희롱 신고 사례

사업장 번호	가해자-피해자	신고 내용	신고 결과	회사 내부의 반응 (예)
1	여-여	여성 화장실 몰카	사측이 사건을 성희롱으로 인지하지 못하고 수개월간 방치, 가해자 퇴사로 아무 조치 없이 사건종결	여자가 한 건데도 (성희롱이) 맞아?
2	여-여	허벅지와 엉덩이를 움켜쥐는 성추행	조사 없이 개인적 사과 지시, 보복성 2차 피해	여자끼리도 그런 장난 치나봐.
3	여-여	임신 중인 피해자의 배와 엉덩이에 상습적으로 손을 대는 성추행	조사 없이 개인적 사과 지시, 가해자의 사과 거부, 피해자의 부서 이동	임산부 배는 만져도 괜찮아. 이모뻘인 사람이 한 건데.
4	여-여	피해자의 몸매가 예쁘다며 옷을 벗어 보여달라고 요구	신고 무마, 2차 피해로 피해자 부서 이동	(가해자가) 예술전공이라 좀 독특해. 동료끼리 같이 사우나 가는 거랑 비슷한거야.
5	여-여	피해자의 몸매 평가 및 비하 발언	신고 무마, 피해자 퇴사	여자끼린데 뭘 그렇게 예민하게 굴어.
6	남-남	상습적으로 피해자의 중요 부위를 만지는 성추행	신고 무마, 2차 피해로 피해자 퇴사	(가해자가) 원래 좀 짓궂어.
7	남-남	피해자의 중요부위에 대한 노골적 조롱 반복	조사 없이 개인적 사과 지시, 가해자의 사과를 가장한 조롱, 2차 피해로 피해자 퇴사	사과도 받았으니 남자답게 잊어. 왜 남자답지 않게 소심하게 굴어?
8	남-남	피해자의 배우자에 대한 외모평가 및 성적 농담	신고 무마, 2차 피해로 피해자 퇴사	배우자 외모 칭찬해준 건데. 이런 걸 신고하는 건 무고야.
9	남-남	피해자의 성생활에 대한 음담패설	신고 무마, 가해자의 업무상 보복, 2차 피해로 피해자 퇴사	남자끼리 농담 좀 한 건데.
10	여-남	피해자를 껴안고 놓아주지 않는 성추행 반복	성희롱 미인정, 제3자에 의한 2차 피해로 피해자 퇴사	그럴 땐 누님 감사합니다 해야지.

| 11 | 여-남 | 피해자의 성생활에 대한 부적절한 관심 및 참견 발언 반복 | 신고무마, 2차 피해로 피해자 퇴사 | (가해자가 피해자를) 귀여워해준 건데. |
| 12 | 여-남 | 피해자의 가슴과 팔뚝을 더듬는 성추행 | 신고무마, 2차 피해로 피해자 퇴사, 손가락질이 가해자에게 향하면서 가해자 퇴사 | (피해자는) 차려주는 밥상도 못 받아먹는 한심한 사람. |

*서유정(2023)[10]

물론 성 고정관념의 영향을 받지 않는 남성 가해자-여성 피해자의 성희롱 사건도 적절히 조치되지 않는 경우가 적지 않습니다. 하지만 성 고정관념의 영향을 받는 여-여, 남-남, 여-남 성희롱 사건에서는 노골적이고 강도 높은 성희롱이 발생했어도 사측이나 동료들이 아예 사건을 성희롱으로 인식하지 못하기도 했습니다. 명백한 성범죄가 발생한 사건에서조차 여-여 사건이라는 이유로 사측이 성희롱이라고 판단하지 못했고, 피해자도 경찰에 신고해야 할 성범죄라는 생각을 하지 못했습니다(1번 사례). 동일한 행위가 남성 가해자와 여성 피해자 사이에서 발생했다면 판단은 전혀 달랐을 것입니다.

사측과 다른 직원들이 신고된 사건을 성희롱으로 인식하지 못하면서, 신고한 피해자 대부분이 피해자로서 마땅히 누렸어야 할 보호조치조차 받지 못했습니다. 신고 이후, 피해자들이 겪은 회사 내부의 반응을 보면 성 고정관념이 공공연히 드러나는 것을 확인할 수 있습니다. 성 고정관념이 섞인 2차 피해의 결과로 수집된 사례 속 남성 피해자는 모두 퇴사를 선택했습니다. 성적 피해를 당한 남성에게 더 큰 조롱이 쏟아졌기 때문이다. 여성 피해자도 같은 여성을 신고했다는 이유로 피해를 인정받지 못했고, 2차 피해에 시달렸으며, 결국 퇴사를 선택하기도 했습니다.

어떤 행위를 남성이 여성에게 했을 때 성희롱이라고 판단할 수 있다면, 성별이 바뀌어도 마찬가지로 판단되어야 합니다. 남성이 가해자, 여성이 피해자였을 때 사건이 성립된다고 판단했다면, 여성이 가해자여도, 남성이 피해자여

---

10) 서유정(2023). 피해자와 가해자의 성별에 따른 사업장의 성희롱 사건 대응사례 분석 연구. 형사정책연구 34(3), 41-68.

도 같은 판단이어야 합니다. 남성 성희롱 피해자와 동성 성희롱을 당한 여성 피해자는 피해를 호소한 것만으로 손가락질을 당했습니다. 성희롱은 남성에게 여성이 당하는 것이라는 고정관념 탓에 그 범주를 벗어나는 사건도 발생하고 있음을 쉽게 받아들이지 않는 것입니다.

④ 허위신고: 억울하게 가해자로 몰리는 사람들, 그리고 진화하는 수법들

보상을 노리는 허위 괴롭힘 신고는 노동시장의 불안정 속에 직장 내 괴롭힘 금지법을 시행한 국가들이 공통으로 겪은 진통입니다. 우리나라에서는 정규직 전환을 기대할 수 없게 되면서 더 이상 사측의 눈치를 볼 필요가 없어진 일부 비정규직이 보상을 얻기 위한 수단으로 괴롭힘 신고 제도를 악용하는 사례가 두드러졌고, 이후 다양한 형태의 허위신고가 확인되기 시작했습니다.

1) 허위신고 피해율이 유독 높은 우리나라

우리나라는 특히 해외에서 전례를 찾아보기 어려울 정도로 허위신고 피해율이 높습니다. 우리나라 노동자 중 괴롭힘 피해를 공식 또는 비공식 루트로 신고해 본 경험이 있는 비율은 3.3%였습니다. 그리고 허위신고를 당한 경험이 있다는 응답은 1.4%, 허위신고 하겠다는 협박을 당한 적이 있다는 비율은 1.6%였습니다. 이 수치를 다시 해석하면 100명이 신고할 때, 42명이 허위신고를 당했다고 인식하고, 48명이 허위신고 협박을 당했다고 인식한다는 뜻입니다. 일반 근로자 설문 조사로 가시적인 허위신고 피해율을 확인할 수 있는 곳은 우리나라뿐입니다. 허위신고 피해가 심각하다고 주장하는 다른 나라에서도 주로 사례연구로만 진행되고 있습니다. 그만큼 우리나라의 허위신고 피해는 심각한 것입니다.

표 V-4 괴롭힘 신고율과 허위신고 피해율

(단위: %)

구분	비율	성별		연령대				
		여	남	20대	30대	40대	50대	60대
괴롭힘 피해를 신고한 경험이 있다	3.3	3.5	3.2	3.0	4.6	2.7	2.4	3.8
허위신고를 당한 경험이 있다	1.4	1.3	1.5	1.5	2.3	1.1	0.8	0.0
허위신고 하겠다는 협박을 당한 적이 있다	1.6	2.3	0.8	0.0	1.5	1.9	2.0	1.9

재구성: 서유정·김종우(2023)[11]

허위신고는 존재하지 않는다, 가해자의 변명일 뿐이라고 주장하는 사람도 있습니다. 또는 허위신고가 거의 발생하지 않는, 드문 일이지만 과장되었다고 생각하는 사람도 있고요. 하지만 허위신고 피해를 당했다는 사람보다도 더 많은 목격자가 있습니다. 또한 다른 사람이 허위신고 협박을 당하는 것을 목격한 사람도 있습니다. 그 비율은 무시할 수 있는 수준이 아닙니다.

표 V-5 허위신고와 허위신고 협박 목격자 비율

(단위: %)

구분	비율	성별		연령대				
		여	남	20대	30대	40대	50대	60대
허위신고 목격	2.4	2.7	2.2	1.5	3.8	1.9	0.8	5.8
허위신고 협박 목격	2.0	2.0	2.0	0.7	2.5	2.2	1.6	1.9

재구성: 서유정·김종우(2023)[12]

---

11) 서유정·김종우(2023). 직장 내 괴롭힘 성립기준 및 사업장 모니터링 체계 구축 연구. 한국직업능력연구원.
12) 서유정·김종우(2023). 직장 내 괴롭힘 성립기준 및 사업장 모니터링 체계 구축 연구. 한국직업능력연구원.

노동자들이 허위신고리고 생각하는 신고는 크게 3가지 유형으로 분류됩니다.

- 완전 허위신고: 실제로는 전혀 발생하지 않았던 일을 꾸며내어 신고
- 왜곡 신고: 실제로 발생하긴 했으나 상식적으로 가해행위로 보기 어려운 일을 가해행위처럼 묘사하여 신고
- 과장 신고: 경미한 가해행위로 볼 수 있는 행위를 심각한 가해행위처럼 묘사하여 신고

완전 허위신고와 왜곡 신고의 경우, 여성의 피해율이 2/3 정도로 두드러집니다. 반대로 과장 신고의 피해자 중에는 남성의 비중이 높아 3/4 수준이었습니다.

허위신고는 신고 내용의 모호성뿐만 아니라 이익을 목적으로 한다는 점에서 진(眞) 피해 신고와 구분됩니다. 직장 내 괴롭힘 금지법 시행 이후 발생한 명백한 허위신고 사례 126건을 분류하여 분석한 결과, 85% 이상의 허위 신고인이 본인에게 이익이 되는 보상을 먼저 요구한 것으로 확인되었습니다. 진(眞) 피해자가 주로 요구하는 것은 가해행위의 중단, 가해자로부터의 분리라는 것과 큰 차이가 있습니다.

표 V-6 허위신고의 보상 선언급 주체

구분		피신고인 (n=49)	목격자 (n=74)
		%	%
보상을 먼저 언급한 주체	허위신고자	85.4	87.8
	사측	14.6	12.2

출처: 서유정·박윤희(2023)[13]

---

13) 서유정·박윤희(2023). 직장 내 괴롭힘 허위신고 사례 분석 연구. 노동정책연구 23(1), 119−152.

허위신고에서 자주 확인되는 패턴은 다음과 같습니다.

- 피신고인에게 사과를 요구한 뒤, 사측의 강요로 피신고인이 사과하면 피해보상금 요구
- 자진 퇴사하면서 실업급여를 처리해 주지 않으면 괴롭힘 신고하겠다고 위협
- (주로 전산상의 연차관리 시스템이 없는 사업장에서) 이미 사용한 연차에 대해 미사용 연차보상금을 요구하고 상사/동료가 연차가 사용되었음을 증언하면 괴롭힘으로 신고
- 기여하지 않은 실적에 이름을 올려줄 것을 요구
- 괴롭힘을 주장하면서 근평 등급 상향 또는 근로계약 연장 요구
- 상습 무단결근 후 괴롭힘 때문이라고 주장, 또는 괴롭힘 신고 후 보상으로 유급연차 요구

이 외에도 괴롭힘 당한 뒤 화풀이로 가해자를 제지한 사람 또는 제3자를 신고한 경우, 피해자가 신고를 준비하는 것을 안 가해자가 적반하장으로 피해자를 신고한 경우, 신고인의 개인적 관계 요구를 거절한 피신고인을 신고한 경우, 사측과 피신고인이 허위신고로 휘둘리는 것에 통제감을 느껴본 신고인이 다른 사업장에서도 허위신고를 반복한 경우 등이 있었습니다.

허위신고를 당한 피신고인은 주로 20~30대(52.7%)와 여성(63.5%)이었으며, 젊은 중간 관리자가 많았습니다. 직장 내 괴롭힘 실태조사 데이터와 비교해 보면 가해자보다 피해자에 가까운 집단입니다. 허위 신고인이 직장에서 입지가 취약한 사람들을 주로 노리고 있음을 보여주는 결과입니다.

표 V-7 목격된 피신고인의 특성

구분		목격된 피신고인			서유정·이지은(2016) 가해자 데이터와 목격된 피신고인 비교			서유정·이지은(2016) 피해자 데이터와 목격된 피신고인 비교		
		%	df	χ^2	%	df	χ^2	%	df	χ^2
성별	여	63.5	1	5.41 (<.05)	26.1	2	24.4 (<.001)	57.6	2	1.17 (not sig)
	남	36.5			73.9			42.4		
연령대	20-30대	52.7	1	19.8 (<.001)	27.4	2	21.6 (<.001)	53.4	2	5.29 (not sig)
	40대	36.5			34.2			24.4		
	50대+	10.8			38.4			22.2		
직급	평사원	31.1	1	19.6 (<.001)	27.8	2	14.3 (<.005)	56.1	2	32.0 (<.001)
	중간 관리자	55.4			37.8			28.5		
	상급 관리자 및 사용자	13.5			34.4			15.3		

출처: 서유정·박윤희(2023)[14]

허위신고를 당한 당사지와 목격지가 접한 허위 신고인의 특성은 상당히 유사한 패턴을 보였습니다. 아래의 표에서 볼 수 있는 주요 허위 신고인 집단의 특성에 객관성이 확보되었다고 볼 수 있는 것입니다. 연령대로는 20~30대와 6개월 미만 단기 재직자가 많았고, 전체적으론 여성의 비중이 높았지만, 20대 중에는 남성도 적지 않았습니다.

표 V-8 허위 신고인의 특성

구분		피신고인 응답(%)	목격자 응답(%)
성별	여	61.5	68.9
	남	38.5	31.1
연령대	20-30대	78.8	95.9
	40대	15.4	2.7
	50대+	5.8	1.4
재직 기간	2주 미만	3.8	6.8
	2주-4주	13.5	9.5
	4주-2개월	21.2	20.3
	2개월-6개월 미만	26.9	40.5
	6개월-1년	23.1	18.9
	1년 이상	11.5	4.1

출처: 서유정·박윤희(2023)[15]

그 외에 반복 언급된 특징은 허위 신고인의 업무능력/근무태도는 평균 이하지만 허위 신고인 본인은 스스로가 매우 일을 잘하는 사람이라고 착각한다는 점이었습니다. 허위 신고인이 비대한 자의식 가진 사람일 가능성을 엿볼 수 있었습니다.

---

14) 서유정·박윤희(2023). 직장 내 괴롭힘 허위신고 사례 분석 연구. 노동정책연구 23(1), 119-152.

15) Ibid.

허위 신고인에게서 반복적으로 확인된 행동 패턴은 아래와 같았습니다. 진(眞) 피해자 다수가 한 번의 신고도 망설이며, 트라우마 때문에 본인이 겪은 피해를 진술하는 것도 힘겨워한다는 점과 대조됩니다.

- 퇴사 직전 신고 또는 퇴사 후 신고
- 반복적인 외부기관 신고 또는 신고하겠다는 위협(노동청, 인권단체, 경찰서, 언론 등)
- 과장되고 감정적인 언어를 사용한 신고
- 신고된 행위의 경중에 비해 상식적으로 이해하기 힘든 수준의 강경한 피해 호소 또는 강한 분노 표현 등

---

2) 무책임한 사용자가 피해를 키우는 허위신고

우리나라에서 허위신고가 반복적으로 확인되는 이유가 뭘까요? 첫 번째는 우리나라 직장 내 괴롭힘의 법적 정의에 객관적인 기준(지속·반복성)이 없었다는 것입니다. 지금은 판례가 축적되면서 법원에서도, 노동청에서도 지속·반복성을 적용하고 있지만, 아직 사업장까지 그 기준이 널리 확산되지는 않았습니다. 객관적인 기준이 부재하니 괴롭힘 사건의 판단을 주관적인 기준에 의존하는 것입니다. 이런 점 때문에 사업장이나 노동청에서는 목소리 큰 사람의 손을 들어주는 식으로 신고에 대응하며, 허위 신고인이 이 점을 이용하여 쉽게 피해를 인정받는 문제가 발생하고 있습니다.

두 번째는 노동청과 같은 관련 외부기관의 신고가 매우 쉽다는 점입니다. 해외의 유사 기관들이 사업장 내부 신고를 먼저 거치도록 하거나(예: 벨기에), 신고 접수 비용을 받거나(예: 호주), 심리적·정신과적 피해가 있었음이 입증되어야 신고 접수를 받는 것(예: 아일랜드)과 대조됩니다. 노동청을 포함, 관련 기관 담당자들의 전문성이 부족함에도 불구하고 그들의 단독 판단으로 괴롭힘 성립 여부를 결정하는 것도 문제입니다. 그들이 사용자에게 빠른 조치를 요구하면서 사용자가 피신고인에게 책임을 전가하고 압박하는 상황으로 이어지기도 합니다. 그들이 괴롭힘으로 보기 모호하다고 하면서도 허위 신고인의 요구를 들어주라고 한 사례, 그들의 부적절한 언행으로 인해 신고인과 피신고인의

갈등이 더욱 악화된 사례 등 그들로 인해 허위 신고당한 피신고인의 피해가 한층 더 커진 사례도 확인되고 있습니다.

무엇보다 큰 문제는 사측의 무책임한 대응입니다. 해외의 관련 지침을 보면 사용자가 신고에 대해 객관적이고 공정하게 대응할 것이라는 신뢰를 전제합니다. 하지만 우리나라에서는 그런 기본적인 전제도 하기 어렵습니다. 책임회피를 위해 직원의 희생쯤은 가볍게 여기고, 기꺼이 허위 신고인을 도와 피신고인에게 누명을 씌우는 사용자가 있기 때문이다. 물론 모든 사업장이 그런 것은 아닙니다. 하지만 일부 사용자의 무책임함만으로도 허위신고는 쉽게 강화되고 있습니다.

조사된 데이터에서 사용자가 허위신고를 당한 피신고인에게 부당한 조치를 한 경우는 3건 중 2건이었습니다. 부당한 조치가 없었다는 응답자도 대부분 사측의 도움 없이 혼자서 허위 신고에 대응해야 했던 것으로 확인됐습니다. 여러 사례에서 반복적으로 나타난 부당조치는 다음과 같았습니다.

표 V-9 허위신고에 대한 사측의 부적절한 대응 현황(복수응답)

구분	피신고인	목격자
개인이 모든 책임을 지라는 압력	28.8%	6.8%
여러 조사관이 돌아가며 동일 질문 반복	28.8%	5.4%
정식 조사 요청 무시	23.1%	14.9%
부당한 징계	23.1%	9.5%
조사 내용 기록 없이 진행	21.2%	1.4%
사측 요구에 불응 시 인사고과에 영향이 있을 것이라는 압력	17.3%	4.1%
조사관의 부당한 언행	15.4%	9.5%
제출한 증언 및 증거 숨기기	7.7%	4.1%
부당행위 없었음	34.6%	13.5%
모름	-	43.2%
기타	3.8%	1.4%

출처: 서유정·박윤희(2023)[16]

---

16) 서유정·박윤희(2023). 직장 내 괴롭힘 허위신고 사례 분석 연구. 노동정책연구 23(1), 119–152.

허위신고의 피신고인에게 부당한 조치를 한 사업장 중 일부는 정작 심각한 진(眞) 괴롭힘 신고가 접수되었을 때는 직급 높은 가해자를 보호하고 신고인에게 불리한 조치를 한 것으로 확인되기도 했습니다[17]. 괴롭힘으로 위축된 진(眞) 피해자들이 허위 신고인과 달리 강경하게 피해를 주장하지 못한다는 점을 사측이 악용한 것입니다. 신고에 대응하는 사용자가 실제로 괴롭힘이 발생했는지, 얼마나 심각한 행위가 있었는지보다 누가 신고되었는가, 어떤 방식으로 신고되었는가에 따라 행동하고 있을 가능성을 의심해 볼 수 있습니다.

사용자의 갈등회피 성향에 대해서는 Ⅲ장에서 이미 언급한 바 있습니다. 직장 내 괴롭힘이 사용자의 책임이라는 공감대 형성 없이 사법적 책임을 부여하는 법령이 시행되면서, 이런 성향이 더욱 강화되고 있습니다. 특정 행위에 대한 처벌은 그것이 타당하다는 수긍이 있을 때 효과를 발휘할 수 있습니다. 공감대 없는 처벌은 억울하다는 생각을 낳고, 억울한 상황이 되는 것을 회피할 방법을 찾도록 만듭니다.

허위신고 사건에서는 신고인이 목적을 갖고 강경하게 달려들기 때문에 신고 자체를 없던 것처럼 무마하기가 어렵습니다. 허위 신고인이 원하는 것을 들어주고 빨리 사건 종결하는 것이 가장 사용자의 관여와 책임을 줄이는 방법이 됩니다. 사용자에겐 조사와 진상 파악을 위해 인력/시간을 쓰는 것보다 피신고인 하나만 희생시키는 것이 훨씬 쉽습니다. 피신고인 다수가 사용자에게는 만만하고, 억누르기 쉬운 약자(20~30대, 젊은 중간 관리자 이하 직급자)이기 때문에 더더욱 그렇습니다.

허위신고를 당한 피신고인은 일반적인 괴롭힘 이상의 피해를 겪게 됩니다. 악의적인 허위신고의 충격, 회사가 나서서 누명을 씌웠다는 배신감, 잘못 없이 가해자 취급당한 억울함, 가해자로 낙인 찍히며 발생하는 헛소문까지 다중의 고통을 겪습니다. 정신과 치료를 받거나 PTSD 증상을 보이는 경우도 다수 있

---

17) 서유정(2023). 사업장의 허위 괴롭힘 신고와 진(眞) 괴롭힘 신고 대응사례 비교연구. 노동정책연구 23(3), PP. 165－193.

었습니다. 동료와 조직에 대한 신뢰를 상실하고, 퇴사 의사가 증가하며, 생산성이 하락하고, 신체적 스트레스 증상 등을 겪기도 했습니다. 심지어 목격자도 정도의 차이만 있을 뿐, 유사한 증상을 보였습니다.

표 V-10 허위 신고의 피해

구분		피신고인	목격자
허위 신고의 영향 (복수 응답)	동료에 대한 신뢰도 하락	78.1%	58.1%
	조직에 대한 신뢰도 하락	48.1%	36.5%
	업무 집중도/생산성 하락)	42.3%	37.8%
	심리적 스트레스 질환(PTSD, 우울증 등)	50.0%	21.6%
	퇴사 의사 증가	34.6%	18.9%
	신체적 스트레스 질환(소화불량 등)	23.1%	6.8%
	영향 없음	-	9.5%

출처: 서유정·박윤희(2023)[18]

허위신고가 발생한 사업장에 이후의 진(眞) 괴롭힘 신고의 진위를 의심하는 편견이 자리잡는 것도 문제입니다. 무책임한 사용자는 이후의 모든 괴롭힘 신고가 허위신고라고 생각하며 정서적 이익을 얻을 수 있습니다. 신고인에게 문제가 있지, 괴롭힘에 대응 못 하는 사용자의 책임이 아니라고 생각할 수 있기 때문입니다. 일반 노동자가 허위신고를 목격한 이후, 진(眞) 피해자를 의심하게 되기도 합니다. 그만큼 허위신고가 그들에게 주는 충격이 그만큼 큰 것입니다.

3) 진화하는 직장 내 괴롭힘 허위신고 수법

앞에서 살펴봤듯이 전 세계 어디에서도 유래를 찾아볼 수 없을 만큼 우리나라의 허위신고 피해는 심각합니다. 더 큰 문제는 허위신고 수법이 점차 진화하고 있다는 것입니다. 여러 명이 공모하여 사건을 만들어 내고, 가해자가 피해자로부터 신고되기 전에 선수를 쳐서 먼저 신고하기도 합니다. 사측이 사업장 노

---

18) 서유정·박윤희(2023). 직장 내 괴롭힘 허위신고 사례 분석 연구. 노동정책연구 23(1), 119−152.

조를, 노조가 사측을 아무것도 할 수 없는 상태로 만들기 위해 하기도 합니다. 다른 직원을 사주하여 허위신고 하도록 조종하기도 하고, 지역 내 반복되는 허위신고에서 특정 인사·노무 전문가가 계속 등장하기도 합니다. 허위신고 발생 초기 단계에 막지 못한 결과, 그 수법이 더욱 교묘해지고 조직화된 것입니다.

• 조직화 된 허위신고

과거 1명이 허위신고를 하던 사례에서 벗어나 점차 조직화 된 허위신고가 조금씩 확인되고 있습니다. 여러 명이 한 명을 대상으로 돌아가며 신고하거나, 동시에 함께 신고하는 것입니다. 여럿이 신고하면 신고 내용의 신뢰성이 높아 보인다는 점을 노린 것으로 보입니다. 목격자가 없거나, 있어도 조사 참여를 꺼린다면 피신고인이 억울하게 가해자로 몰릴 가능성이 매우 높습니다.

• ~개월, ~년 뒤에 허위신고, 퇴사 후 허위신고

기존의 진(眞) 괴롭힘 사례 중에도 피해 발생 수개월, 또는 수년이 지난 다음에 신고하는 경우는 있었습니다. 피해자가 승진하거나 회사를 떠나면서 가해자와의 힘의 격차를 덜 느끼게 되었을 때 신고하는 사례였습니다.

이제는 허위 신고인이 관련 행위가 발생했다고 주장하는 시점으로부터 수개월, 수년이 지난 다음에 신고하는 사례들이 등장하고 있습니다. 피신고인은 물론, 목격자도 기억하기 어려울 만큼 시간이 지난 다음에 신고하면 사실관계 확인이 어려워진다는 점을 노리는 것입니다.

퇴사 이후 허위신고를 하고, 정작 조사 요청에는 좀처럼 응하지 않는 일도 있습니다. 사측이 신고인의 조사 거부로 사건 처리가 불가하다고 종결처리하면, 노동청 등의 기관에 신고합니다. 피신고인뿐만 아니라 사측이 사건 종결처리한 것도 문제 삼습니다. 사건을 종결하지 못하게 하면서, 사측과 피신고인 모두를 아무것도 하지 못하게 묶어놓으면, 사측은 피신고인에게 사과하고 허위 신고인이 원하는 것을 들어주라고 압박할 가능성이 더 커집니다.

• 피해자에 대한 가해자의 허위신고

피해자가 본인을 신고할 예정임을 알게 된 가해자들이 피해자를 먼저 신고하기도 합니다. 신고를 접수하면 신고인으로서 보호 대상이 되기 때문입니다. 신고가 괴롭힘으로 성립되지 않아도 신고인 보호조치 기간은 적용됩니다. 설령 피해자가 신고해도 신고에 대한 조치를 인사상 불이익 금지 위반으로 몰아갈 수 있습니다. 피해자와 가해자가 동시에 신고하면 신고에 대한 조치를 어떻게 해야 하는지부터 극심한 혼란이 발생하게 됩니다. 그런 혼란 속에서 가해자의 부적절한 행위 자체는 잊히는 것입니다.

• 사측이 주도하는 허위신고

사측이 허위신고로 노조를 공격하는 일은 직장 내 괴롭힘 금지법 시행 이전부터 성희롱, 폭언 등의 신고에서 확인되던 사례였습니다. 이제는 더 나아가 회사 내 구조조정을 위해 허위신고를 수단으로 활용하기도 합니다. 회사의 내부 비리를 고발한 직원에게 보복하기 위해 그 직원에 대한 허위신고를 유도하기도 합니다. 사건 조사부터 징계까지, 사측에 의무를 부여하는 법적 조항을 이용하여 오히려 막강한 권한을 행사하고, 죄 없는 직원을 가해자로 몰아가는 것입니다.

• 노조가 주도하는 허위신고

노조가 피신고인에 대해 사실을 왜곡하거나 과장 신고를 하는 것 역시 이전부터 확인되던 사례이긴 했습니다. 새롭게 등장한 것은 회사의 결재선에 있는 사람들 전체를 신고하는 것입니다. 인사부서장과 감사부서장부터 사용자까지 전체를 다 신고하면 업무가 마비되고 의사결정이 이뤄질 수 없기 때문입니다.

한 사례에서는 신고 대응 역할을 담당하는 보직자들이 모두 신고되면서, 신고 조치에 대한 의사결정이 빠르게 이뤄지지 못했습니다. 그러자 해당 사업장의 노조는 즉각 조치할 의무를 위반한 일로 사측을 신고하겠다고 했습니다. 사측은 사면초가에 빠졌습니다. 결재권자 전체가 가해자로 신고되었기 때문에 아무도 선뜻 사건 처리에 대한 의사결정을 할 수 없었습니다. 사용자가 신고되지 않은 다른 경영진에게 인사 결정을 위임하자 노조는 그것마저 문제 삼았습니다. 직장 내 괴롭힘 신고는 엄연히 문제해결과 피해자 구제를 위한 것이어야 합니다. 하지만 사례 속 노조는 사측의 손발을 묶어두기 위한 수단으로 신고를 이용한 것입니다.

• 다른 직원을 사주하여 허위신고

본인이 직접 나서지 않고 다른 직원을 사주하여 허위신고를 하게 하는 사례도 등장했습니다. 사주한 사람 중에는 허위신고를 한 사람의 인사권을 갖고 있거나 그들이 신뢰하던 상사/선임, 회사 내 고충처리위원, 인사부서장 등이 포함됩니다. 특히 인사부서장이나 고충처리위원이 사주하는 경우, 그들이 사건처리를 직접 담당하기 때문에 허위신고의 프레임을 만들기도 무척 쉬웠을 것으로 짐작됩니다. 이렇듯 본인에 대한 신뢰와 신고 처리 관련 지식을 악용하여 죄 없는 피신고인을 가해자로 몰아가는 것입니다.

• 허위신고로 피신고인에게 사과받은 후 민사·형사 소송

허위신고 발생 시 사측이 피신고인에게 사건이 마무리되도록 빨리 사과하라고 압력을 넣는 일이 자주 발생하면서 등장한 새로운 수법입니다. 허위 신고인은 우선 사업장 또는 노동청에 신고하여 사과를 요구합니다. 첫 시도에 인정되지 않아도 재신고를 반복하다 보면 사측 또는 노동청 근로감독관이 피신고인에게 적당히 사과하고 넘어가라고 권고하게 됩니다.

사과를 받고 나면 수개월 또는 수년 뒤에 민사상 손해배상청구를 하거나, 또는 경찰에 신고합니다. 수개월, 수년을 기다리는 이유는 누명을 쓴 피신고인이 노동위에 구제신청을 할 수 있는 3개월의 기한을 넘기기 위해서입니다. 피신고인이 사과했던 전적은 법적으로 혐의를 인정한 것처럼 받아들여지기 때문에 피신고인이 구제받기도 어려워집니다.

게다가 개인 대 개인의 소송, 또는 형사사건으로 넘어갔기 때문에 사측이 첫 단추를 잘못 끼웠음을 반성해도, 피신고인이 사측으로부터 받을 수 있는 도움이 없습니다. 민·형사로 넘어가면 피신고인이 스스로 변호사를 선임해서 무죄를 주장해야 하는데 변호사 비용 부담도 적지 않습니다. 선임된 변호사 스스로 피신고인에게 소액의 합의금에 동의하고 빠른 사건 종결을 조언하기도 합니다. 그편이 오히려 비용 부담을 줄일 수 있기 때문입니다.

• 본인의 피해 주장에 동조하지 않는 모든 사람을 신고

이런 사례 속의 허위 신고인은 먼저 동료를 가해자로 신고합니다. 신고를 접수하는 고충처리위원 또는 인사 부서 담당자가 괴롭힘 성립이 어려울 수 있으니 신고 내용을 보완해달라는 조언하면 그들을 신고합니다. 노무사에게 의뢰한 뒤, 노무사가 본인의 피해 주장에 동조하지 않는 태도를 보이면 노무사를 신고합니다. 노동청에 신고한 뒤, 근로감독관이 괴롭힘으로 보기 어렵다는 결론을 내리면 근로감독관에 대한 민원을 넣습니다. 신고에 대한 조치로 사측이 수용하기 어려운 것들을 요구하고, 사측이 받아들이지 않으면 사용자를 신고합니다. 언론에 제보하여 사건을 크게 터뜨리기도 합니다. 신고 후에 본인을 대하는 동료들의 태도가 마음에 들지 않으면 그들을 2차 가해로 신고합니다. 이런 식으로 신고와 관련되어 접하는 모든 사람을 신고하여 손발을 묶은 뒤, 손쉽게 본인이 원하는 것을 얻어냅니다.

• 전문가가 돕는 허위신고

유사한 산업 분야의 조직이 모여 있는 지역에서 허위신고로 의심되는 신고가 계속 접수될 때마다 특정 인사·노무 전문가가 등장한다는 제보를 몇 건 받은 바 있습니다. 상사로부터 로펌 고객사를 상대로 허위 신고인 지원을 여러 차례 지시받았다는 전문가 본인의 제보도 있었습니다. 비록 소수지만 윤리를 지키지 않는 전문가의 사례들이 확인되고 있는 것입니다.

제보된 사례 속의 비윤리적 전문가는 직장 내 괴롭힘을 '시장'으로 취급할 뿐, 신고에 연루된 사람들의 고통에는 공감하지 않는다는 공통점이 있었습니다. 전문가로서 의뢰인과 감정적 거리를 지키는 것은 분명 필요합니다. 하지만 사례 속 전문가들은 같은 업종에 있는 제보자들도 느낄 만큼 심각한 공감 부족이었다는 문제가 있었습니다. 윤리 의식을 상실한 전문가는 사회에 끼칠 수 있는 해악이 매우 큽니다. 전문가라는 점을 이용하여 노측이나 사측에 부적절한 조언을 하고, 무고한 사람을 가해자로 몰고 가거나, 진짜 가해자가 무죄 판결을 받도록 도울 수 있기 때문입니다.

위와 같이 다른 나라에서는 유래를 찾아볼 수 없는 높은 허위신고 피해율과 조직화·지능화된 사례들은 노동자 보호를 취지로 만들어진 법령이 얼마나 악용될 수 있는지를 보여줍니다. 초기에 개인이 하던 허위신고를 막지 않고 적당주의로 피신고인을 희생시켰던 사측, 법령 시행을 위한 기반을 사전에 마련하지 않고 법부터 통과시키고 처벌 조항까지 도입한 정부, 처음부터 잘못 꿰어진 단추가 작금의 극심한 혼란으로 이어진 것입니다.

5 소속 직장이 다른 노동자 간의 괴롭힘

현행 직장 내 괴롭힘 금지법은 서로 소속이 다른 노동자 간의 괴롭힘 문제에는 소극적으로 대응하고 있습니다. 원청 업체 측이 협력업체 측을 괴롭히는 것을 막지 못하며, 반대로 협력업체 측이 원청 업체 측에 을질하는 것도 막지 못합니다.

협력업체에 대한 원청의 갑질, 위탁업체에 대한 수요처의 갑질은 이미 흔히 알려진 얘기입니다. 계약된 원가를 깎고, 협력업체의 특허권을 무시하고, 일을 떠넘기는 업무상(work-related) 갑질뿐만 아니라, 뒷돈을 요구하거나 부적절한 언행으로 수치심과 모욕감을 주는 개인적(personal) 갑질까지 다양한 형태가 확인된 바 있습니다. 조직 차원의 갑질뿐만 아니라, 직원 개개인의 갑질도 심각합니다. 제조업, 건설업과 같은 2차 산업뿐만 아니라 언론, 교육, R&D 등의 분야에서도 문제가 발생하고 있습니다. 원청과 그 직원의 갑질은 제가 굳이 사례를 언급하지 않아도 여러분이 이미 잘 알고 계시리라 생각합니다.

잘 알려지지 않은 것은 협력업체 측에서도 원청에 을질하는 사례도 있다는 것입니다. 언론에 보도된 사례 중에는 갑질로 고통받다 못해 반발한 협력업체에 대해 가해자가 '을질' 프레임을 씌운 경우도 있습니다. 하지만 협력업체(또는 용역위탁업체) 측이 능동적으로 가해자가 된 사례들도 심심찮게 발생하고 있습니다. 제가 제보를 받았던 사례들을 보면 크게 슈퍼 을로써 갑을 짓누르는 경우와 을이라는 입장을 악용하는 경우로 구분해 볼 수 있었습니다.

1) 슈퍼 을의 발생 배경과 가해행위

슈퍼 을의 발생 배경도 크게 둘로 나눠볼 수 있었습니다. 첫 번째는 오랜 거래로 협력업체 담당자가 원청의 상급자와 친분을 쌓으면서, 그 권력을 등에 업고 휘두르는 경우였습니다. 두 번째는 지역 내에 대체할 수 있는 다른 협력업체가 존재하지 않아서 원청이 반드시 한 업체와 계약을 해야 하는 경우였습니다. 슈퍼 을의 가해행위는 그 본질이 원청의 갑질과 유사한 면이 있습니다. 가해자가 스스로 더 힘이 있는 존재라고 인식하면서 하는 권력형 가해행위가 흔히 확되기 때문입니다. 특히나 이들의 가해행위를 원청의 상급자가 덮어주거나 무마시키려고 한다는 점에서도 권력자의 가해 사례와 유사성이 있습니다.

• 성희롱과 갑질 누명

원청 소속 직원인 피해자는 젊은 여성으로 입사 1~2년 만에 어느 협력업체와의 거래를 담당하게 되었습니다. 피해자의 전임자는 업무인계를 하면서 오랫동안 함께 거래해 온 곳이기 때문에 업무에 큰 문제가 없을 것이라고 알렸습니다. 피해자는 협력업체 측 담당자와 첫 회의를 했고, 업체 대표로부터 함께 식사하자는 제안을 받았습니다. 피해자는 원청 측이 협력업체 측으로부터 접대를 받아선 안 된다고 원칙적으로 생각했기에 식사를 거절했습니다. 그러자 협력업체 대표는 젊은 사람이라 일할 줄 모른다며, 피해자의 입장에서는 불쾌하게 느껴질 수 있는 발언을 했습니다. 복귀한 피해자는 회사의 상급자에게 불려 갔고 협력업체 측에서 불편해하더라는 질책도 들었습니다. 상급자의 그런 태도 때문에 피해자는 두 번째 회의 때의 식사 제안은 거절하지 못했습니다. 협력업체 대표는 식사 중 피해자에게 계속 술을 권했습니다. 피해자가 차를 가져와서 곤란하다고 해도 막무가내였습니다. 피해자는 결국 술을 마셨고, 스스로 운전할 수 없었고, 대표의 차에 동승하게 됐습니다. 대표는 차 안에서 피해자를 성적 대상으로 하는 음담패설을 했습니다. 협력업체 측 계약 담당자도 앞좌석에 타고 있었으나 대표의 음담패설을 웃어넘길 뿐이었습니다.

피해자는 회사에 피해 사실을 알렸으나, 오히려 돌아온 것은 상급자의 질책이었습니다. 상급자는 피해자를 협력업체 하나 제대로 다루지 못하는 사람으로 취급했습니다. 전임자들은 아무 문제도 없었는데, 유독 피해자만 협력업체와 문제를 일으킨다고 했습니다. 피해자는 노동청에 협력업체의 행위와 사측의 2차 가해를 신고할까 고민했습니다. 하지만 피해자가 고민을 상담한 선임도 회사와 척을 져서 이길 수 있는 사람은 없다며 신고를 제지했습니다. 피해자는 신고를 포기했지만, 협력업체 대표를 또 만나게 될까봐 직접 방문하는 것은 꺼리게 됐고, 협력업체 측에 회의하러 와 줄 것을 요청했습니다. 협력업체 측 계약 담당자는 피해자의 그런 요청을 갑질이라고 주장했습니다.

• 업무 관련 요청 무시와 협박

두 번째 피해자는 남성으로 역시 30대 초반이었습니다. 이번 피해자 역시 오랫동안 회사와 거래해 온 협력업체를 새로 담당하게 되었습니다. 초반 계약 과정까지는 큰 문제가 없었습니다. 하지만 피해자는 곧 해당 협력업체가 작업을 담당한 부분에 문제가 있음을 알게 되었습니다. 산업안전과 관련된 문제였기 때문에 피해자는 협력업체 측에 하자보수를 요청했습니다. 협력업체가 곧 보수하겠다는 말만 할 뿐 작업을 진행하지 않자, 피해자는 좀 더 강하게 보수를 요청했습니다. 또한 상급자에게도 관련 사실을 보고했습니다.

상급자도 초반에는 피해자의 보고를 심각하게 받아들이고 윗선에 보고하겠다고 했습니다. 히지만 윗선에 보고하러 다녀온 상급자의 태도는 완전히 바뀌어 있었고, 별것 아닌 일을 크게 만든다며 피해자를 질책했습니다. 이후 피해자는 자택 전화로 협력업체 대표의 연락을 받았습니다. 협력업체 대표는 젊은 혈기에 열의가 앞서서 한 행동일 테니 본인이 이해를 해주겠다는 투로 말했습니다. 피해자의 가족을 언급하며, 가족을 건사하려면 자리를 잘 지켜야 하지 않겠냐고 하기도 했습니다. 피해자에게는 협박으로 느껴지는 발언이었습니다.

게다가 피해자의 명함에는 사무실 번호와 핸드폰 번호만 있을 뿐, 자택 번호를 공유한 적이 없었습니다. 그런데도 협력업체 대표는 피해자의 자택 번호를 알아내어 전화를 걸었던 것입니다. 피해자에게는 한층 더 위협적으로 느껴졌을 것입니다.

• 폭언, 트집, 의도적 문제상황 유발

세 번째 피해자는 몇 년간 경력이 단절되었다가 다니던 회사에 재입사한 여성이었습니다. 입사하자마자 회사의 협력업체 중 한 곳의 거래를 담당하게 되었습니다. 인수인계를 받을 때부터 전임자(부서장)가 쉽지 않은 곳이라고 경고를 주긴 했습니다. 마음의 준비를 했음에도 피해자는 첫 회의부터 협력업체 대표로 인해 여러 차례 모멸감을 느껴야 했습니다.

대표는 처음 보는 관계임에도 피해자에게 반말을 서슴지 않았습니다. 전임자보다 피해자의 직급이 낮은 점을 트집 잡으며 피해자가 담당자로 온 것이 본인에 대한 예우 부족인것처럼 말하기도 했습니다. 이후의 거래에서도 납품일 직전에 기일을 못 지키겠다며 피해자를 당황하게 했고, 피해자가 다급하게 협력업체로 찾아가 보면 이미 아무 일 없었다는 듯 납품이 진행되는 일이 반복됐습니다. 피해자는 협력업체 대표가 또 어떤 돌발상황을 만들어 낼지 항상 불안해해야 했고, 대표와 연락할 때는 트집과 폭언에 시달려야 했습니다.

피해자는 협력업체 대표의 가해행위를 전임자에게 호소했습니다. 전임자는 대체할 수 있는 업체가 없어서 어쩔 수 없이 계속 거래를 해야 한다, 본인도 사장에게 얘기해 봤지만, 방법이 없었다고 했습니다. 피해자는 직급이나 연차가 더 높은 다른 직원으로 담당자를 바꿔 달라고 호소했지만, 모두가 해당 협력업체를 기피하고 있었습니다. 때문에 장기간 회사를 떠나 있어서 상황을 잘 알지 못했던 피해자에게로 담당 업무가 떠넘겨진 것이었습니다. 피해자는 반년도 버티지 못하고 다시 퇴사했습니다.

2) 일반 을의 가해행위

일반 을의 가해행위에서는 약자라는 을의 입장을 악용하여 이미 계약된 업무 수행을 거부하거나, 부적절한 행위를 지적받았을 때 지적한 행위 자체를 갑질로 몰아가는 형태가 흔히 확인되었습니다. 후임 직원의 선임에 대한 을질과 유사한 면모를 보입니다.

• 차별, 담당 업무 미수행, 갑질 누명

첫 번째 피해자는 이른 나이에 중간 관리자가 된 여성으로 대형 프로젝트와 연계되어 진행되는 다소 작은 프로젝트의 책임을 맡게 됐습니다. 두 프로젝트 모두 유사한 용역이 필요했기 때문에 하나로 묶어서 한 업체를 선정했습니다. 평가 과정 중 피해자의 후임(비정규직)은 회의록 작성을 위해 업체들의 발표를 녹음해 뒀습니다.

선정된 협력업체는 대형 프로젝트와 관련된 영역은 상당히 꼼꼼하게 진행했으나, 피해자의 프로젝트와 관련된 과업은 좀처럼 일정을 지키지 않았습니다. 때문에 피해자는 매번 늦어지는 프로젝트 진행 상황으로 인한 질책을 들어야 했습니다. 협력업체는 입찰에 참여할 당시, 본인들이 수행하겠다고 발표했던 추가적인 과업도 하지 않았습니다. 그 과업은 애초에 피해자가 제안요청서에서 요청한 것이 아니었습니다. 협력업체 스스로 하겠다고 했기 때문에 새롭게 추가된 과업이었습니다. 피해자가 해당 과업의 진행 상황을 묻자, 협력업체는 계속 핑계를 대며 일정을 미뤘습니다. 급기야 계약되지도 않은 업무를 요구한다며 피해자와 후임을 갑질로 몰고 가기 시작했고, 후임에게는 폭언도 했습니다.

피해자와 후임은 협력업체 측의 발표를 녹음한 파일을 그쪽으로 보냈습니다. 협력업체기 용역을 따내기 위해 수행하지도 못할 과업을 하겠다고 허위로 발표했던 점, 과업 수행이 어려움을 미리부터 알았음에도 피해자에게 공유하지 않고 시간을 끌었던 점, 피해자를 갑질로 몰아간 점 등에 대한 사과를 요구했습니다.

협력업체의 잘못이 명백한 상황이었으나 담당자는 피해자에게 사과하기를 거부했습니다. 하지만 대형 프로젝트의 책임자인 피해자의 상급자(중년 남성)이 나서서 요구하자 그제야 피해자에게만 사과했습니다. 후임도 사과하는 자리에 함께 있었으나, 후임에게는 사과하지 않았습니다.

• 갑질 누명

두 번째 사례자인 피해자는 공공부문에 종사하는 젊은 남성이었습니다. 피해자는 전임자로부터 꾸준히 거래해 온 위탁업체를 물려받으면서 경고를 들었습니다. 해당 업체가 전문성은 있으나 본인의 인맥들을 과도하게 동원하여 수당을 챙겨 가려 하는 경향이 있으니, 관리가 필요하다는 것이었습니다. 협력업무를 수행하면서 피해자는 곧바로 전임자가 경고한 상황을 접하게 됐습니다. 피해자는 예산상 그 많은 사람들에게 모두 수당을 주기는 어려운 상황임을 언급하며, 그들 모두가 필요한 상황인지를 물었습니다. 협력업체는 피해자의 물음에 매우 민감하게 반응했습니다. 또한 피해자가 질문이 마치 갑질이라도 되는 것처럼 강하게 항의했습니다.

피해자의 입장에서는 업체가 공공자금을 쌈짓돈처럼 본인의 인맥에게 나눠 주려 하는 상황 자체가 문제였습니다. 하지만 업무의 원활한 진행을 위해서는 오히려 피해자가 업체 측에 사과를 해야했습니다. 피해자의 상급자도 업체의 문제를 알면서도 적당히 넘어가라고 했습니다. 다른 업체를 찾아서 교체하는 것이 귀찮다는 이유 때문이었습니다.

3) 협력업체의 을질: 또 다른 약자를 공격하는 행위

앞에서 본 슈퍼 을과 일반 을의 가해행위는 각자 다른 성향을 띄면서도, 둘다 또 다른 약자를 공격하는 형태라는 공통점이 있습니다. 을들은 '갑' 조직의 직원 중 상대적으로 만만해 보이는 타겟(약자)을 골라서 가해행위를 했습니다. 이들의 피해자 중에는 여성, 젊은 연령대, 낮은 직급자가 두드러졌습니다.

　이런 피해자들은 '갑' 조직에 속한다는 이유로 오히려 피해를 당하고도 보호 받지 못합니다. 표면적으로 '갑' 조직에 속해 있어서 제도적 사각지대에서 방치되는 것입니다. 게다가 이들이 소속된 조직조차도 이들을 잘 보호하지 않습니다. 일반 을의 첫 번째 사례에서 볼 수 있듯이, 상급자가 보호하고 나선 경우에는 그나마 사과라도 받을 수 있었습니다. 하지만 피해자의 후임조차도 비정규직이라는 이유로 사측의 보호 대상에서 제외되었고, 피해자보다 더 심한 폭언을 당했음에도 사과받지 못했습니다. 피해자를 제외한 다른 사례자들 역시 마찬가지였습니다.

6 선 넘는 피해자

　직장 내 괴롭힘을 겪은 피해자가 보호받아야 할 대상이며, 주변의 도움이 필요한 사람이라는 점에는 다들 동의할 것입니다. 대다수 사건의 경우, 피해자에게 충분한 보호조치와 도움의 손길이 닿지 않기 때문에 문제가 됩니다. 하지만 반대로 피해자의 요구가 지나치게 과한 탓에 주변인이 고통받는 경우도 있습니다. 관련 사례는 피해자가 직장 내 괴롭힘을 신고하기 이전 단계부터 신고 후의 조치가 끝난 이후의 단계에서까지 다양하게 찾아볼 수 있습니다.

1) 과도한 요구를 하는 피해자

① 신고 이전 단계

• 대화의 중심이 항상 '본인의 피해 사실'이어야 하는 피해자

　본 사례 속의 피해자는 상사로부터 오랫동안 괴롭힘을 당했었고, 그 정도가 동료들이 보기에도 상당히 심각한 수준이었습니다. 피해자가 상사로 인해 겪은 고통을 호소할 때마다 동료들은 피해자를 위로하고 신고를 권했습니다. 대신 신고해 주겠다고 나선 동료도 한 명 있었습니다. 하지만 피해자는 신고하지 않은 채, 계속 본인의 피해 사실을 동료들에게 호소했습니다. 피해자의 행동은 상사가 다른 부서로 이동하여 가해행위가 중단된 이후에도 계속됐습니다. 동료들은 매번 모든 대화의 주제가 피해자의 사건이 되는 것에 지쳐갔습니다. 동료들이 대화 중 주제를 바꿔보려고 시도하기도 했으나, 항상 대화의 끝은 피해자의 피해 경험이었습니다. 결국 동료들은 피해자와의 대화 자체를 기피하기 시작했습니다.

동료들의 지지가 피해자의 사건 극복에 큰 도움이 되는 것은 사실이지만, 그런 지지를 무한정으로 베풀어달라고 강요할 수는 없습니다. 좋은 얘기도 여러 번 들으면 지치기 마련입니다. 게다가 동료들은 피해자를 위한 상담사가 아닙니다. 하지만 본 사례의 피해자는 오랫동안 동료들에게 관심을 과도하게 요구하며, 그들을 마치 쓰레기통처럼 대했습니다.

• 본인은 익명으로 남은 채, 타인이 가해자를 멈춰주길 기대하는 피해자

본 사례는 고충 처리를 담당하는 면담자들로부터 몇 차례 확인되었습니다. 피해자 본인은 익명으로 남아있는 채로 다른 사람이 가해자의 가해행위를 멈춰주길 바라는 것입니다. 이들은 본인의 정체가 드러나는 것을 매우 꺼렸기 때문에 정식으로 신고하는 일이 없었습니다. 또한 어떤 일이 발생했었는지 언급만 해도, 가해자가 본인의 신원을 알게 될 거라며 발생한 사건의 내용을 전혀 공유하지 않기도 했습니다. 그러면서도 일방적으로 가해자를 멈춰달라고만 요청한 것입니다.

정식 신고가 접수되지 않은 상태에서 고충 처리 담당자가 할 수 있는 일은 매우 제한됩니다. 심지어 가해자가 어떤 행위를 했는지조차도 알지 못하는데 무작정 가서 가해행위를 멈추라고 말할 수는 없습니다. 하지만 이런 상황을 설명해도 피해자들은 그들이 도우려 하지 않는다고, 고충처리위원의 역할을 하지 않는다고 원망하기도 했습니다.

만약 고충처리위원이 피해자의 요구대로 무작정 가해자에게 가서 가해행위를 중단하라고 말한다면 어떤 일이 발생할 수 있을까요? 가해자는 정식신고도 없이 일방적으로 가해자로 몰렸다는 사실에 불쾌감을 느낄 것입니다. 가해자가 고충처리위원이 누명을 씌운다고 주장할 수도 있습니다. 고충처리위원이 가해자보다 직급이 낮고 권력이 적다면 고충처리위원이 가해자의 새로운 괴롭힘 상대가 될 수도 있습니다. 다른 동료 앞에서도 고충처리위원은 마땅한 근거 없이 일방적으로 누군가에게 가해자라는 누명을 씌운 사람이 됩니다. 사례와 같은 피해자의 요구는 고충처리위원에게 이런 불이익을 감수하라는 것이 될 수 있는 것입니다.

② 신고 접수 및 처리 단계

• 조언한 고충처리위원을 2차 가해자로 몰아간 피해자

신고 접수단계에서 피해자가 발생했던 가해행위와 상황을 잘 정리해 둔 경우는 상당히 드뭅니다. 괴롭힘을 겪은 것은 분명하더라도, 언제 어디서 어떻게 겪었는지, 증인이 될 만한 사람은 누구인지를 제대로 제시하지 못한 탓에 피해를 인정받는 데 어려움을 겪기도 합니다. 이 점을 잘 알고 있던 사례 속 고충처리위원은 피해자가 상담하러 왔을 때, 피해를 당했다는 증거가 있다면 잘 정리해 두라고 권했습니다. 하지만 피해자는 고충처리위원에게 본인의 증언을 믿지 못하는 것이냐며 화를 냈고, 2차 가해로 신고했습니다. 상담의 원인이었던 1차 가해자에 대한 신고는 오히려 뒷전으로 밀렸습니다.

피해자가 1차 가해자가 아닌, 타인에게 트집을 잡으며 원망과 분노를 쏟아내는 일은 간간이 발생합니다. 피해자에게 1차 가해자는 매우 두렵고, 쉽게 대적할 수 없는 상대고, 신고를 결심했어도 여전히 그들의 보복이 두렵기 마련입니다. 하지만 피해자의 안에는 가해자로 인한 분노와 원망이 쌓여있습니다. 갈 곳을 잃은 그 분노와 원망을, 본인에게 되갚음하지 않을 것 같은 제 3자에게 터트립니다. 종로에서 뺨 맞고, 한강에서 분풀이한다는 걸 여기서도 볼 수 있는 것입니다.

고충처리위원이나 조사관은 피해자에게 사건 정황에 대해 질문을 하는 일을 수행합니다. 이들과 마주한 피해자는 과거의 기억을 되새기면서 오는 부정적인 감정에 휩싸여 있기 마련입니다. 때문에 작은 자극에도 민감하게 반응하고 감정적으로 행동하게 될 수 있습니다. 물론 고충처리위원과 조사관도 감수성을 갖도록 교육훈련을 받을 필요는 있습니다. 하지만 본 사례처럼 피해자가 일반적인 조언에조차 과도하게 분노하며, 1차 가해자에 대해서보다 더 큰 원망을 쏟아낸다면 아무리 높은 감수성을 가졌어도 대처하기 어려울 것입니다.

• 조언자를 비서처럼 취급한 피해자

도움을 주려는 조언자(노조 측 임원)을 비서처럼 취급한 피해자의 사례도 있습니다. 사건 초반, 조언자는 사건에 대한 적절한 조치가 이뤄지도록 사측을 압박하며 동시에 피해자 구제 방안을 다른 노조 임원들과 논의하는 적극성을 보였습니다. 하지만 피해자는 수시로 조언자에게 전화를 걸면서 어떤 조치를 하라고 지시하듯, 따지듯 요구하길 반복했습니다.

결국 다른 임원들 사이에서도 피해자의 과도한 요구와 부적절한 요구 방식에 대한 불만이 터져 나왔습니다. 앞장서서 피해자를 돕고 있던 조언자도 피해자에게 '내가 당신 비서인 줄 아느냐'라고 말할 정도였습니다. 피해자의 요구에 지친 노조는 의욕이 훌쩍 꺾인 채로 사건 대응에 임했습니다.

③ 사건 처분 이후 단계

• 수년간 가해자와의 완전 분리를 요구한 피해자

가해행위에 대한 징계는 행위의 경중에 준하여 타당한 선에서 이뤄져야 합니다. 징계 수위가 과하면 도리어 가해자가 피해자가 될 수도 있습니다.

관련 사례로 직장 내 괴롭힘 금지법 시행 이전에 발생한 사건이 있습니다. 불링(bullying)이 아닌, 폭언, 성희롱 등 이전부터 금지법이 있었던 행위와 관련된 사건이었습니다. 피해자는 피해 사실을 인정받았고, 이후의 후속 조치로 가해자와의 완전한 분리, 즉 사업장 내에서 서로 얼굴을 볼 일이 아예 없도록 해

달라고 요구했습니다. 사업장은 가해자에게 재택근무를 지시했고 그 기간이 5년을 훌쩍 넘어섰습니다. 피해자는 가해자의 현장 복귀를 계속 거부했기 때문입니다. 가해자는 동료들과 소통할 수 없었고, 업무 성과를 낼 수도 없었습니다. 승진 대상에서 항상 제외된 것도 당연한 일이었습니다. 즉, 가해자는 그토록 오랫동안 '유배'형에 처해진 것이나 마찬가지였던 것입니다.

• 3년간 유급휴직을 요구한 피해자

고용노동부의 매뉴얼에는 신고한 피해자에게 인사상의 불이익을 주어선 안되며, 그 기간을 3년으로 권고한 내용이 있습니다. 이 내용을 자기만의 방식으로 해석하여 괴롭힘 신고 이후 3년간의 유급휴직을 요구한 피해자도 있었습니다. 피해자의 요구를 받은 사측은 법적 자문까지 받아서 3년 유급휴직이 타당한 요구가 아님을 피해자에게 알렸습니다. 하지만 피해자는 고용노동부 매뉴얼에 피해자의 의견에 준하여 사건 조치를 하도록 되어있다며 요구를 철회하지 않았습니다. 또한 노동청에 사업장을 신고하겠다고 하기도 했습니다.

• 업무 실적 점수를 나눠준 동료들을 험담하는 피해자

피해자는 직장 내 괴롭힘 신고 이후 사측의 부적절한 대처로 인해 재차 피해를 겪었습니다. 그 피해가 직접적으로 지속된 기간은 반년 정도였고, 그 후로도 PTSD 같은 증상을 겪으며 고통받았습니다. 회사 업무를 정상적으로 수행할 수 있는 상태가 아니었습니다. 같은 부서의 동료들은 이런 피해자를 배려하여 본인들의 몫이던 실적 점수를 피해자에게 나눠주었습니다. 피해자가 근평에 손해를 보는 일은 없을 만큼의 점수였습니다.

하지만 피해자는 동료들에게 고마워하지 않았습니다. 오히려 다른 동료들에 비해 본인의 점수가 적다며 불평했습니다. 다른 사람들 앞에서 동료들이 자신들끼리만 점수를 많이 챙기고 본인의 점수는 적게 줬다며 험담했습니다. 피해자가 사실상 부서 업무에 기여하지 못했던 점을 생각한다면, 오히려 점수를 많이 받은 것이었으나 만족하지 않았습니다. 피해자의 이런 태도는 피해자를 도우려 하던 다른 동료들의 마음도 멀어지게 했고, 부서 내에서도 피해자의 입지를 더욱 좁히는 결과가 됐습니다.

• 전 부서원 신고를 반복하는 피해자

피해 사실이 입증된 피해자를 다른 부서로 이동시킨 사업장에서 겪은 일입니다. 피해자는 새롭게 이동한 부서에 있는 모든 직원을 가해자로 신고했고, 다른 지점으로 이동되었습니다. 그곳에서도 마찬가지로 신고 행위를 반복했습니다. 그때마다 소속 부서의 업무는 마비되다시피 했습니다.

피해자가 정말로 동료 운이 좋지 못해서 여러 번 가해자가 많은 지점에 배치되었을 수도 있습니다. 하지만 첫 사건 이후 피해자의 신고 내용은 괴롭힘이라고 보기에는 매우 모호한 것들이었습니다. 피해자가 괴롭힘이라고 주장한다고 해서 모든 행위가 괴롭힘으로 인정받을 수 있는 것은 아닙니다. '상식적인 범위'라는 기준부터 충족해야 합니다. 국내외 판례 모두 그 점에 동의하고 있으며, 해외의 판례에서는 극도로 민감한 피해자 개인에게 맞출 수는 없다고 직접 언급하기도 합니다.

본 사례의 피해자가 먼저 겪은 괴롭힘으로 인해 극도로 민감해져 다른 사람들의 중립적인 언행조차 부정적으로 해석하고 괴롭힘이라고 착각하게 되었을 가능성이 있습니다. 하지만 이런 피해자에게 맞춰서 주변인을 모두 가해자로 낙인찍을 수는 없으며, 그 자체가 누명을 씌우는 행위가 됩니다. 게다가 피해자가 이런 신고를 상습적으로 반복하면, 양치기 소년처럼 나중에 진짜 괴롭힘 피해가 발생했을 때, 피해자의 호소를 믿어주지 않게 될 수도 있습니다. 상습 신고한 본인이 아닌, 다른 피해자도 그 여파로 피해를 볼 수도 있습니다.

2) 과도하게 민감한 피해자

과도한 보상을 요구하는 피해자뿐만 아니라, 과도한 민감함을 바탕으로 피해를 호소하는 사람들도 문제가 될 수 있습니다. 사실 제가 처음 직장 내 괴롭힘 연구를 시작했던 2005~2006년 무렵에는 사측뿐만 아니라 노동자 측도 괴롭힘 행위에 대해 매우 둔감한 편이었습니다. 심지어 폭력에 가까운 행위나 폭언조차도 정신 차리고 일하게 하려면 때로는 필요하다는 의견이 노동자인 응답자에게서 나오기도 했습니다. 해외 응답자의 민감성과 비교하면, 그 차이가 통계적으로도 유의했습니다.

20년 가까운 세월이 흐르고 직장 내 괴롭힘 금지법이 통과된 이후에는 오히려 해외 응답자보다도 훨씬 더 민감한 사람들이 우리나라에서 확인되고 있습니다. 해외에선 전혀 괴롭힘으로 인식되지 않는 행위를 괴롭힘이라고 보는 사람들이 있는 것이죠. 물론 전반적인 민감도는 여전히 해외의 노동자들이 더 높은 편입니다. 하지만 해외에선 어느 정도 상식적인 범위에 대한 합의가 있다면, 우리나라는 양극단에 있는 사람들이 섞여 있습니다. 폭력에 가까운 행위를 겪고도 크게 개의치 않는 사람이 있는가 하면, 괴롭힘으로 보기 어려운 행위가 한두 번 발생한 것에 대해서도 심각한 가해를 당한 것처럼 행동하는 사람이 공존하는 것입니다.

극도의 둔감함이 직장 내 괴롭힘 문제 해결에 도움이 되지 않는 것은 당연합니다. 바로 눈앞에서 괴롭힘이 발생하는 상황을 보고도 문제를 느끼지 못할 테니까요. 본인이 피해자여도 인지하지 못하고, 목격자일 때는 더더욱 인지하지 못합니다.

극도의 민감함도 문제에 도움이 되지 않는 것은 마찬가지입니다. 괴롭힘으로 인정될 수 있는 행위의 상식적인 범위를 흐트러트리고, 직장 동료 간 상호 교류를 기피하는 문화를 만들기 때문입니다. 직원 간의 친밀한 교류가 사라지만 작은 의견 차이가 쉽게 갈등이 되고, 괴롭힘으로 악화될 수 있습니다.

게다가 극단적 민감성을 가진 사람들 대부분이 본인이 겪은 피해에는 민감할지언정, 본인의 행동이 타인에게 가해행위가 될 수 있다는 성찰은 하지 못한다는 문제가 있습니다. 이들의 이런 특성은 오히려 가해자의 특성과도 겹치는 면이 있습니다.

① 극단적 민감성을 가진 사람들의 특성

• 부정적 귀인 편향(Negative Attribution bias)

선행연구에서는 괴롭힘에 극단적으로 민감한 사람의 특성 중 하나로 부정적 귀인 편향을 손꼽습니다. 적대적 귀인 편향(Hostile Attribution Bias)으로 불리기도 하는 것으로, 타인의 애매모호한 행동도 적대적으로 판단하는 편향입니다. 극도의 민감성을 가진 사람들은 주변에서 발생하는 중립적인 행동, 괴롭힘으로 보기 어려운 행동도 쉽게 악의적인 가해행위처럼 인식합니다. 부정적 귀인 편향은 성장기에 부모와의 관계가 불안정했던 사람들에게서 확인됩니다.

우리나라는 1990년대에 IMF발 국제금융위기를 겪으면서 수많은 노농자가 대거 직장에서 정리해고 당하는 상황을 경험했습니다. 바로 MZ 세대의 부모 세대입니다. 부모의 고용이 불안정해지면서 가정 경제가 악화되었고, 부모 세대의 불안감은 곧 부모-자녀 간의 관계에도 영향을 끼쳤습니다. 부모-자녀 간의 불안정한 유대 관계는 자녀 세대에게 부정적 귀인 편향을 확산시켰습니다. 또한 가정보다 일을 중요시할 만큼 몸 바쳐 일하던 부모를 내쫓은 회사에 대한 불신을 자녀 세대 안에 새겨놓았습니다. 즉, 이미 MZ 세대는 회사와 관련된 사람들의 일반적인 행동을 적대적으로 판단할 위험도가 높은 상태였던 것입니다.

그런 MZ 세대가 노동시장의 주요 노동력으로 자리 잡아가는 중에 직장 내 괴롭힘 금지법이 시행되었습니다. 초기에 잘못된 예방교육이 노동자에게 '내가 기분 나쁘면 다 괴롭힘'이라는 그릇된 인식을 안겨주기도 했습니다. 괴롭힘으로 보기 어려운 행위가 신고되는 경우가 증가하기 시작한 이유입니다.

직장 동료의 중립적인 행위도 적대적으로 판단하기 때문에 이들이 동료에게 적대적인 행동을 할 가능성도 높습니다. 사람은 기본적으로 타인이 자신에게 대하는 방식 그대로를 돌려주고자 하는 경향(norm of reciprocity)을 갖고 있기 때문입니다. 그들로부터 적대적 행동을 경험한 동료들도 마찬가지로 적대적인 행동으로 되갚으려 할 가능성도 큽니다. 회사 전체에서 노동자들이 서로 적대적 행위를 주고받는 상황으로 악화될 수 있는 것입니다. 실제로 이미 노동자들이 서로 신고하고, 서로 괴롭히는 문제를 겪는 사업장이 등장하고 있습니다.

• 비대한 자의식

비대한 자의식은 실제 역량과 무관하게 스스로를 매우 높게 평가하는 성향입니다. 비대한 자의식을 가진 사람들은 스스로가 매우 능력 있다고 생각하거나, 본인이 항상 옳다고 판단합니다. 조직과 동료들이 본인의 능력을 그만큼 고평가하지 않거나, 본인과 다른 의견을 표하면, 부당한 대우를 당한다고 느끼곤 합니다. 그 부당함이 쌓이면, 언제든 폭발할 수 있는 폭탄 같은 상태가 됩니다. 주변 사람의 중립적인 행동에도 쉽게 불만을 느끼고, 쉽게 분노를 표출하는 것입니다.

비대한 자의식 역시 성장기의 부적절한 양육 방식과 관련이 깊습니다. 국제금융위기 이전부터도 성적만 좋으면 된다는 방식의 가정교육과 학교 교육이 사회 곳곳에 뿌리를 내리고 있었습니다. 성적 좋은 학생이 학교 폭력의 가해자로 신고되어도 오히려 학교가 나서서 가해자를 보호하고, 심지어 피해자가 전학을 가야 하기도 했습니다. 성적 좋은 자녀가 짜증을 내면, 부모조차 제지하지 못하고 자녀에게 휘둘리는 일이 적지 않았습니다. 이런 사람들은 본인이 중심이며, 잘못해도 성적이 좋다는 이유로 보호받는 환경에서 성장한 것입니다.

국제금융위기 이후에는 노동시장의 위기를 겪은 부모 세대가 정리해고를 당하면서 느꼈던 박탈감을 자녀를 통해 보상받고자 했고, 조기유학과 사교육시장이 크게 성장했습니다. 교사에게 자녀에 대한 과도한 관심을 요구하는 학부모가 증가하고, 자녀의 그릇된 행동에 대한 지적을 아동학대로 신고하는 부모들마저 나타났습니다. 학교 성적표도 학생을 칭찬하는 내용만 적게 되었습니다.

이런 성장 환경을 만든 부모 밑에서 자녀는 자기중심적으로 성장했으며, 스스로의 부족함을 인지하지 못하게 되었습니다. 객관적으로 업무역량이 부족해도 본인이 일을 잘한다고 착각하고, 업무에 실제 기여한 것보다 훨씬 더 크게 인정받기를 기대하게 되었습니다. 그 기대감이 충족되지 못했을 때 피해의식이 싹트고, 쉽게 상사나 동료에게 적대감을 품게 될 수 있습니다.

· 윤리의식 부재

윤리의식이 부족한 이들은 잘못된 행동을 지적받아도 본인이 잘못했다고 생각하지 않고, 지적하는 사람에게서 문제를 찾습니다. 타인이 본인을 지적한 것 자체가 괴롭힘이라고 인식하기도 합니다. 상사의 업무지시를 따르지 않다가 지적받으면 갑질로 신고하는 사례가 증가한 배경으로 볼 수 있습니다.

윤리의식의 부재 역시 앞에서 언급한 불안정하고 부적절한 양육 방식이 주요 원인 중 하나입니다. 또한 가정교육과 공교육 양쪽에서 윤리교육이 이뤄지지 않는다는 문제도 있습니다. 국제적으로 직장 내 괴롭힘 피해율이 가장 낮은 국가의 근간에는 높은 시민의식과 윤리 수준이 있습니다. 초중등 단계부터 철저하게 관련 교육을 하며, 사회적으로도 그런 교육의 중요성이 강조되기 때문입니다.

우리나라는 도덕/윤리 교과가 필수교과였던 시절에도 교육 내용이 현실과 동떨어져 있었습니다. 이제는 관련 교과가 아예 필수교과에서 제외되었습니다. 가정교육과 공교육, 양쪽에서 시민의식 교육, 윤리의식 교육이 이뤄지지 않으면서 윤리적 자아성찰을 하지 못하는 사람이 증가했습니다. 이들은 본인이 하는 적대적 행동이 타인에게 얼마나 큰 고통을 주는지, 그 행동이 얼마나 잘못된 것인지 인지하지 못합니다. 타인의 괴로움을 함께 느끼는 공감 능력도 부족합니다. 과거에는 다른 사람에게 피해가 되니 하지 말라는 말이 그릇된 행동을 억제하는 효과가 있었지만, 지금은 그만큼 효과를 내지 못합니다. 타인의 고통 자체에 공감하지 못하며, 그것이 왜 내 행동을 중단해야 하는 이유가 되어야 하는지 이해하지 못하기 때문입니다.

내 부적절한 행동의 문제를 인식하지 못하니, 지적받아도 반성하지 않고 지적한 쉽게 사람을 '나쁜 사람'이라고 생각합니다. 그 결과가 본인의 피해에 대한 과도한 민감성과 부적절한 신고의 증가인 것입니다.

2) 극단적 민감성을 강화하는 경영진

극단적 민감성을 가진 사람이 크게 증가한 원인에는 위의 사회적 배경도 있지만, 경영진의 태도 문제도 있습니다. 극단적 민감성이 이익으로 이어지는 환경을 경영진이 만들었기 때문입니다.

자신의 피해를 과장하며 큰 목소리를 내는 사람이 있으면 경영진은 행위자로 지목된 사람에게 사과하고 달래도록 해왔습니다. 사과하는 것은 일개 직원일 뿐, 경영진 본인이 아니기 때문에 쉽게 생각한 것입니다. 피해에 대한 과한 조치나 보상을 요구해도 그들을 상대하는 것이 머리 아프다는 이유로 적당히 들어줬습니다. 유급휴가를 주고 업무량을 줄여주는 일은 흔했습니다. 업무 공백을 대신 메워야 하는 것은 일반 직원이지, 경영진이 아니기 때문입니다. 심지어 근로계약을 연장해 주고, 근평을 높여주거나, 승진을 시켜주고, 원하는 부서로 발령을 내주기도 했습니다. 문제상황을 적당주의로, 갈등회피식으로 대응한 과거 경영진의 태도로 인해 '극단적 민감성 = 이익'이 된 것입니다.

한번 극단적 민감성으로 이익을 맛본 사람은 이후에도 같은 행동을 반복합니다. 이직을 하더라도 새로운 직장에서 또 같은 행동을 합니다. 극단적 민감성으로 이익을 본 사람을 목격하게 되면, 다른 사람도 같은 행동을 답습하며 극단적 민감성을 가장하게 됩니다.

3) 극단적 민감성을 강화하는 언론

극히 일부 언론이긴 하지만, 극단적 민감성을 가진 사람의 제보만 듣고 팩트 체크를 하지 않은 채 보도를 내보내는 곳도 있습니다. 이런 언론의 힘을 빌리면 그들이 이익을 얻기가 한층 더 쉬워집니다. 부정적인 일에 회사명이 언급되는 것을 경영진이 회피하기 때문입니다. 경영진은 차라리 그들의 과도한 요구를 들어주고 상황을 종료시키는 것을 선택하게 됩니다.

과거, 괴롭힘 피해나 사측의 부적절한 대처를 보도하는 보도가 나왔을 때는 압도적으로 사측을 욕하고 피해자에게 공감하는 댓글이 많았습니다. 이제는 오히려 빈대되는 댓글이 훨씬 많은 경우도 종종 볼 수 있습니다. 언론 보도에 대한 신뢰가 훼손됐음을 보여주는 동시에 직장 동료의 극단적 민감성으로 고통받는 사람들이 적지 않다는 의미이기도 합니다.

4) 상식적인 범위, 적정 범위를 재정립해야 할 때

또 한번 상식적인 범위, 적정 범위를 언급하지 않을 수 없습니다. 지금 우리나라 직장 내 괴롭힘 사태가 골치 아파진 이유 중 하나가 바로 상식의 부재 때문입니다.

국내외의 관련 판례에서는 이미 극도로 민감한 사람에게 맞출 수 없음을 직간접적으로 언급하고 있습니다. 괴롭힘 성립 여부를 판단할 때뿐만 아니라 피해자에 대한 보상을 결정할 때도 마찬가지입니다. 극단적으로 민감한 사람 또는 그런 민감성을 가장하는 사람들은 직장 내 괴롭힘 금지법의 의의를 훼손하고, 긍정적 조직문화보다는 부정적 조직문화 형성에 기여합니다. 그들의 신고와 피해 주장은 공감을 얻지 못하며, 행위자의 반성을 유도하지도 못합니다. 심지어 그들 중 명확한 피해를 겪은 피해자가 있어도, 그들이 피해를 호소하는 방식과 과도한 조치 요구가 오히려 피해자에 대한 부정적인 인식을 확산시키기도 합니다.

물론 우리는 피해자에게 특정 이미지를 강요해선 안되지만, 피해자가 사업장의 폭군처럼 행동해도 감수해야 한다는 뜻은 아닙니다. 피해자에게 특정 이미지를 강요하지 말라는 말은 피해자는 이럴 것이라고 마음대로 판단하고, 그 기대에 맞지 않는 피해자의 호소를 의심하거나 괴로움을 가볍게 여기던 것에서 비롯되었습니다. 피해자가 어떤 행동이나 요구를 해도 인정하고 받아줘야 한다는 의미가 아닌 것입니다.

직장 내 괴롭힘(bullying)은 상식의 영역입니다. 괴롭힘 행위의 인정 범위도 상식적으로 인정할 수 있는 범위여야 하며, 그로 인한 조치나 보상 요구도 상식적으로 사측이 할 수 있는 범위여야 합니다. 극단적으로 민감한 사람에게 계속 맞추려 하다간 결국 직장 동료 간에 어떤 소통도 할 수 없고, 누가 누구를 신고할지 몰라 의심하고 두려워해야 하는 상황이 될 수 있습니다.

해외에서는
어떻게 하고 있을까?

VI

지금까지 골치 아픈 우리나라의 직장 내 괴롭힘 사건에 대해서 알아봤습니다. 마무리하며 머리를 식힐 겸, 해외의 상황은 어떤지, 그곳도 우리나라처럼 힘들게 대응하고 있지는 않은지 살펴보겠습니다.

① 우리나라는 정말로 외국보다 압도적으로 피해가 높을까?

흔히들 갖고 있는 생각이 외국은 우리나라처럼 문제가 심각하지 않을 거라는 건데요, 실제로 이런 질문을 몇 번 받은 적이 있습니다.

"외국에는 갑질이 없다면서요? 우리나라에만 있는 거라고 하던데요."

"우리나라는 외국보다 피해율이 몇 배라면서요?"

마치 외국에는 괴롭힘 피해가 드문데 우리나라만 심각한 것처럼 잘못 인식하는 분들이 있는 겁니다. 그리고 국제적 피해율은 10%에 불과한데 우리나라는 30%가 넘는다고 언급한 국내 자료도 본 적이 있습니다. 이 자료를 보고 매우 의아해졌습니다. 우리나라의 30% 이상 피해율이 어디서 나왔는지는 알지만, 국제적 피해율 10%의 근거가 무엇인지는 알 수가 없었기 때문입니다. 각 국가별로 직장 내 괴롭힘 실태를 조사한 통계들이 있지만, 그중 10% 비율이 딱 맞는 것은 영국에서 지속·반복성을 적용한 자기보고 방식 조사였습니다. 30% 피해율이 확인된 우리나라의 통계와는 조사 방식부터가 다르니 비교가 불가합니다.

우리나라와 유사한 실태조사 방식을 적용한 데이터를 찾아본 결과, 제가 찾을 수 있었던 것 중 가장 낮은 피해율은 독일의 7%였습니다. 그 외의 피해율이 세계적으로도 낮은 편인 북유럽 국가들은 모두 10%를 넘겼습니다. 즉, 우리나라의 30%와 비교할 수 있는 국제적 통계가 10%라는 말은 상식적으로 맞지 않는 것입니다.

우리나라가 다른 나라에 비해 피해율이 얼마나 더 높은지 알기 위해선 최소한 유사한 방식으로, 특정 직종에 치우지지 않은 채 조사한 결과를 찾아서 비교했어야 합니다.

  그렇다면 우리나라와 다른 나라의 실제 피해율 격차는 얼마나 될까요? 최대한 유사한 조사 방식, 특정 직종에 치우치지 않고 조사한 결과를 찾아본 결과는 〈표 VI-1〉과 같았습니다. 조사 시기도 같은 연도로 맞췄다면 좋았겠지만, 국가별로 실태조사를 한 시기가 제각각 다르기 때문에 통제할 수 없다는 한계는 있었습니다.

표 VI-1 우리나라와 해외 국가의 직장 내 괴롭힘 피해율 비교

(단위: %)

피해율 조사방식	Bullying 금지법 있음							금지법 없음	
	대한민국	스웨덴	노르웨이	벨기에	프랑스	호주	아일랜드	영국	독일
지속·반복성 미적용 행위척도 방식	44.5 ->30.5	17.0	14.0	19.0	16~29	41.9	-	20 중반 ->34.0	7.0
지속·반복성 자기보고방식**	12.4	3.5	2.0	3.2	7.5	9.7	8.2	10.0	2.9

* 출처 및 재구성: Newsis(2024.4.7.)[1], 서유정(2023.10.20)[2]
** 지속성은 6개월 이상이나 반복성은 "occasionally" 정도로 적용한 결과임.

  표에서 볼 수 있듯이, 노르웨이, 독일, 벨기에, 스웨덴은 피해율이 낮은 편에 속하는 국가들이고, 영국과 호주는 피해율이 높은 국가에 해당합니다. 이런 국가들과 비교해 봤을 때, 우리나라가 피해율이 높은 국가인 것은 분명해 보입니다. 다만 그 격차는 과장되었을 가능성이 있습니다. 직장 내 괴롭힘의 실태조사가 일관적으로 정리되지 못하고, 조사하는 주체에 따라 다른 방식을 사용했다는 점을 간과했기 때문으로 보입니다. 따라서 우리나라 혼자 압도적으로 피해율이 높다기보다는 피해율이 높은 국가 중에 포함되어 있다고 보는 것이 더 적절할 것으로 보입니다. 영국과 호주는 우리나라와 피해 수준이 비슷한 국가고요.

---

1) Newsis(2024.4.7.). 직장인 30.5% 직장 내 괴롭힘 겪어…15.6% 죽을 생각도. 출처: https://www.newsis.com/view/?id=NISX20240407_0002690915&cID=10201&pID=10200 (검색일: 2024.7.14.)

2) 서유정(2023.10.20). 국내 직장 내 괴롭힘 실태조사: 이제는 개선이 필요할 때. 월간노동법률 11월호 Vol 390.

자, 그럼 다른 나라에서는 어떻게 대응하고 있는지, 법이 있는 나라와 없는 나라로 나눠서 보도록 하겠습니다.

② 직장 내 괴롭힘(bullying) 금지법이 있는 나라

1) 신고가 너무 없어 담당자도 대응 방법을 잘 모르는 스웨덴

스웨덴은 세계에서 가장 먼저 직장 내 괴롭힘 금지법을 시행했고, 피해율도 국제적으로 가장 낮은 편에 속합니다. 스웨덴이 법령 시행 이전에 실태조사를 했을 때도 확인된 괴롭힘 피해율은 3~4% 수준으로 별로 높지 않았습니다. 하지만 당시 스웨덴의 직장 내 괴롭힘 연구를 주도하던 리먼(Leymann)은 매년 직장 내 괴롭힘으로 인한 스웨덴의 자살 피해가 100~300건에 이른다고 주장했습니다. 인구수도 적은 스웨덴에 큰 충격을 주는 주장이었을 것입니다. 그 주장만이 이유가 된 건 아니겠지만 스웨덴은 세계 최초로 1993년에 법령을 통과시키고, 1994년에 첫 시행을 했습니다.

초기 법령의 특성상 스웨덴의 법령은 법적 정의를 제시하고, 사용자에게 예방과 대응 의무를 부여하지만 밀접하게 관리·감독하진 않는 다소 기초적인 법이었습니다. 하지만 별다른 문제는 없었습니다. 피해율이 처음부터 낮았고 이후에도 계속 낮은 채로 이어졌기 때문입니다. 스웨덴의 관리직을 조사한 결과에서는 그들이 직장 내 괴롭힘 대응하는 방법을 잘 알지 못했습니다. 심지어 관련 지침이 사업장 취업규칙에 있는지도 제대로 인지하지 못하고 있다고 확인되기도 했습니다. 피해율이 워낙 낮다 보니 신고가 접수되는 일도 드물어 그들이 사건을 경험할 기회가 없었기 때문입니다.[3]

---

3) Cicerali, L. K. & Cicerali E. E.   (2016). A Qualitative Study on How Swedish Organizations Deal With Workplace Bullying. *Nordic Psychology* 68 (2) : 87~99.

2) 끝없는 연구로 근본적인 문제해결을 도모하는 노르웨이

노르웨이에서 입법화가 진행되게 된 것은 스웨덴의 영향이었습니다. 북유럽 역사 속에서 스웨덴이 가장 먼저 하면, 노르웨이가 하고, 이후 다른 국가들로 확산되는 것이 흔한 패턴이었습니다. 하지만 노르웨이는 스웨덴이 했다는 이유로 바로 입법화에 들어가진 않았습니다. 기초연구부터 시작했습니다.

1990년대 노르웨이 수상이 신년 연설에서 직장 내 괴롭힘을 언급했고, 직후 베르겐 불링 연구그룹(Bergen Bullying Research Group)에 우리 돈 십여 억 원에 달하는 규모의 연구 예산이 투입되었습니다. 아이나슨을 비롯한 많은 직장 내 괴롭힘의 유명 연구자들이 바로 이 그룹에 속해 있었습니다. 많은 인적자원과 연구 예산 덕에 90년대부터 2000년대까지 베르겐 불링 연구 그룹은 직장 내 괴롭힘 연구를 주도적으로 이끌어갔습니다. 관련 분야의 국제학회 세션 중 1/4 가량이 그들의 연구로 채워지기도 했습니다.

그토록 활발한 연구가 진행되던 중, 노르웨이에 대형 직장 내 괴롭힘 스캔들이 발생했습니다. 가해자는 한 조직의 여성 간부였습니다. 뛰어난 전략가이자 협상가로서 조직의 주축이 되던 사람이기도 했습니다. 조사와 법적 비용으로 미화 200만 달러에 해당하는 금액이 소요되었고, 그 결과는 가해자의 사직이었습니다. 이 사건은 노동자를 보호해야 할 조직의 간부가 여러 명을 고통스럽게 만든 가해자였다는 점 때문에 사회적으로 큰 충격을 주었습니다.

사건의 영향 때문인지 노르웨이는 북유럽 국가 중 유일하게 직장 내 괴롭힘 금지법에 형사처벌 조항을 넣었습니다. 괴롭힘을 사전에 예방하기 위한 조치를 하고, 경영진의 괴롭힘 신고 대응을 모니터링 할 방지조언사(prevention advisor) 제도를 도입했습니다. 또한, 아무리 능력이 뛰어난 직원이라도, 그 직원으로 인해 다른 직원들이 고통받는다면 계속 조직 내에 둘 의미가 없다는 성찰이 이뤄지기도 했습니다. 윤리·도덕적인 관점에서 봤을 때도 그렇지만, 경제적인 관점에서도 마찬가지였습니다. 한 명이 아무리 높은 생산성을 보여도, 그 한 명이 괴롭힌 여러 피해자와 괴롭힘 상황을 본 목격자들의 생산성 하락을 메워주진 못하기 때문입니다.

　이런 성찰은 성과를 잘 낸다는 이유로 악질적인 가해자가 보호되는 우리나라에도 좋은 시사점을 줍니다. 우리나라에서는 하나의 팀이 뛰어난 성과를 냈을 때, 그 성과가 마치 그 팀 리더만의 성과인 것처럼 여기며 팀 리더만 대표로 칭찬하고 보상하는 상황이 발생하곤 합니다. 하지만 우리나라는 구성원의 역할 분담이 서구권처럼 명확하지 않기 때문에, 뛰어난 성과를 낸 사람이 실제로 그 일을 하는 사람이라는 보장이 없습니다. 가해자가 피해자들을 착취하고 성과를 가로채는 방식으로 본인만 돋보이게 하는 사례들이 적지 않게 확인되고 있습니다. 사용자가 그런 내막을 보지 않고, 성과를 잘 낸다는 이유로 가해자를 칭찬하고 측근으로 두기도 합니다. 그런 가해자가 신고되었을 때, 일 잘하는 사람이 실수한 것 정도로 생각하기도 합니다. 뛰어난 사람도 조직에 해악을 끼친다면 조직에 둘 의미가 없다고 판단한 노르웨이와 대조되는 것입니다.

　대형 스캔들에도 불구하고, 노르웨이는 오랫동안 직장 내 괴롭힘 문제 상황이 안정적이었고 피해율도 무척 낮습니다. 그로 인해 괴롭힘 연구도 침체되었다는 비판을 받고 있습니다. 문제가 없으니, 새로운 연구 분야에 대한 영감을 얻지 못해 기존에 했던 연구를 재탕한다는 것입니다. 실제로 국제학술대회에서 베르겐 그룹의 영향력이 많이 축소되기도 했습니다. 그럼에도 여전히 한화 수억 원 단위의 예산이 지속적으로 베르겐 그룹에 투입되고 있으며, 기초연구의 축적으로 이어지고 있습니다.

　반면 우리나라는 직장 내 괴롭힘 관련 다양하고 복잡하며, 다른 나라에서는 유례를 찾아보기 어려운 이슈들이 발생하고 있으나, 기초연구에 대한 투자는 매우 부족합니다. 노르웨이의 인구는 550만, 피해율은 우리나라의 1/3~1/6 수준입니다. 하지만 정부에서 투입하는 연구 예산은 오히려 우리나라의 4~5배 이상입니다.

3) 수준 높은 전문가를 양성한 벨기에

　벨기에의 입법 과정에는 베르겐 그룹 멤버 중 하나인 벨기에인 연구자 노텔래르(Notelaers)가 관여했습니다. 벨기에도 노르웨이처럼 방지 조언사 제도를 도입한 것에서 그 영향을 살펴볼 수 있습니다. 벨기에는 방지 조언사 제도를 더욱 발전시켜 유형과 등급을 세분화했습니다. 그 중 직장 내 괴롭힘 사건에 독립적으로 대응할 자격이 있는 것은 가장 높은 등급인 심리사회적 방지조언사(psychosocial prevention advisor)뿐입니다.

　심리사회적 방지조언사는 관련 분야의 석사, 1.5년의 전문 교육, 5년의 관련 경력을 쌓은 뒤에야 얻을 수 있는 매우 전문적인 자격입니다. 그만큼 막강한 권한과 책임이 그들에게 부여되고 있습니다. 심리사회적 방지조언사는 사업장에 고용되어 있거나 위촉 비용을 받지만, 법적으로 사측으로부터 독립성을 보장받습니다. 사측이 비용을 빌미로 그들에게 불공정한 조치를 하도록 요구할 가능성을 배제하는 것입니다.

　사업장이 심리사회적 방지조언사를 참여시키지 않은 채, 직장 내 괴롭힘 사건에 조치하는 것은 위법입니다. 직원 또는 신고인에게 사측이 고용·위촉한 심리사회적 방지조언사를 알리지 않는 것도 위법입니다. 신고 접수단계에서부터 심리사회적 방지조언사가 신고 내용을 검토하고, 괴롭힘으로 성립할 최소한의 기준도 충족하지 않는다면 신고인에게 그 이유를 설명하고 신고를 기각할 수 있습니다.

　노동청과 유사한 벨기에의 행정기관에서도 괴롭힘 신고가 접수되면, 심리사회적 방지조언사를 배정하여 사건에 대응하도록 합니다. 직장 내 괴롭힘 사건 대응 전반에 심리사회적 방지조언사가 밀접하게 활용되는 것입니다. 심리사회적 방지조언사는 직접 사건 조사와 조치를 진행하기도 하고, 사측이 적절한 조치를 하는지 감시하기도 합니다. 사측이 부적절한 행위를 하면 신고인을 도와서 행정기관에 신고하기도 합니다. 높은 전문성으로 직장 내 괴롭힘 신고 대응을 주도하면서, 부적절한 조치가 없도록 감시하는 것입니다.

또한 그들이 해야 하는 가장 큰 역할은 예방입니다. 사업장의 조직문화를 진단하여 괴롭힘을 예방하기 위한 계획을 세워주거나 아니면 세우도록 컨설팅하는 것입니다. 개별 사건에 대응하는 것보다 더 심도깊은 이해도와 전문성을 요구하는 역할이기 때문에 그만큼 심리사회적 방지조언사의 훈련 기간이 길 수밖에 없습니다.

벨기에에서는 사업장 신고를 먼저 거치지 않으면 행정기관에 신고할 수 없습니다. 바로 행정기관에 신고할 수 있는 것은 사업장이 신고를 무마하거나, 심리사회적 방지조언사를 고용·위촉하지 않고 있을 때뿐입니다. 사업장 신고를 먼저 거친 뒤, 해결되지 않은 사건이 행정기관으로 넘어가고, 행정기관에서도 해소되지 않은 사건이 사법기관으로 넘어갑니다.

피해자가 보복행위 등으로부터 보호받고, 불이익을 받지 않을 권리를 누릴 수 있는 것은 사업장 신고가 접수되고부터 1년간입니다. 그나마도 사업장 신고를 거치지 않고 바로 행정기관에 신고하면, 보호받을 권리가 박탈됩니다. 심리사회적 방지조언사를 양성하여 사업장 자체의 대응 역량을 높여놓은 뒤, 가급적 사업장 차원에서 문제해결이 이뤄지도록 제도를 운영하고 있는 것입니다. 또한 예방에 중점을 두어 괴롭힘이 발생하기 어려운 조직문화 조성을 더 큰 목표로 두고 있기도 합니다.

정책차용에서 흔히 활용되는 국가도 아니고, 법령 시행을 국제적으로 주도하지도 않았지만, 벨기에의 사례는 우리나라에 좋은 시사점을 주고 있습니다. 전담 인력의 낮은 전문성, 사업장의 부당 조치, 허위신고 및 남용되는 신고, 연계성 없는 사업장-행정기관-(준)사법기관 운영체계 등 이런 문제들에 대한 실효성 있는 대안을 제시해 주는 것이 바로 벨기에의 제도이기 때문입니다. 벨기에의 관련 법에는 사법처벌 조항이 없습니다. 사용자도, 가해자도 사법처벌은 받지 않습니다. 하지만 예방 중심 제도와 전문가 양성을 통해 효과적으로 괴롭힘 문제에 대응하고 있습니다.

4) 최초로 사용자에게 사법책임을 물은 프랑스

프랑스는 세계에서 최초로 사용자에게 직장 내 괴롭힘을 막지 못한 데 대한 사법처벌 조항을 도입한 국가입니다. 사업주 책임에 이어 가해자에게도 최대 징역 2년 또는 30,000유로의 벌금을 적용하고 있습니다.

프랑스인들은 대혁명을 이끌었던 국민답게 본인들의 권리가 침해되는 것을 참지 않습니다. 코로나19 팬데믹 때, 감염 확산을 막기 위해 정부가 시위 등 다수가 집결하는 행위를 금지하려 하자, 그 자체를 반발하는 시위를 했던 것에서 그들의 성향을 볼 수 있습니다. 이런 국민들이라면 본인이 괴롭힘당하는 것을 참지 않고 바로 반발할 것으로 예상해 볼 수 있습니다.

다만 프랑스의 피해율은 낮지 않은 편입니다. 물론 괴롭힘당하는 것을 참지 않기 때문에, 민감성이 있기 때문에 높게 나타날 수도 있습니다. 하지만 외국인, 특히 유색인종에 대한 가해행위가 심각하기 때문이기도 합니다. 유색인종인 여직원에 대한 성희롱도 종종 매우 심각한 사건이 보고되곤 합니다. 관련하여 모 사업장 안에서, 다수의 남직원과 사용자가 한 명의 유색인종인 여직원을 언어적으로 성희롱하고, 지나갈 때마다 성추행하고, 성관계를 요구하고, 불륜관계가 되면 정규직으로 전환 시켜주겠다고 한 사례도 확인된 바 있습니다.

프랑스의 관련 법은 공공과 민간에 적용되는 내용이 다소 다릅니다. 그 자체가 위헌인 탓에 현지 전문가들의 비판을 받고 있습니다.

5) 신고하기도 어렵고 피해 인정받기도 어려운 호주

호주는 직장 내 괴롭힘 신고 대응 절차가 매우 세부적이고 체계적으로 잘 되어있는 나라입니다. 그만큼 피해율이 높고, 신고가 많았다는 의미이기도 합니다. 호주에서는 10여 년 전부터 허위신고의 문제가 이슈되었습니다. 학계에서는 그렇게 심각하진 않다고 보기도 했지만, 현장에서는 허위신고 대응 방법을 컨설팅하는 업체들이 적지 않습니다.

호주에는 우리나라의 노동청에 해당하는 조직이 없습니다. 사업장 바로 다음에 위원회(FWC: Fair Work Commission)가 있는 형태입니다. 노동청이나 노동위원회 신고가 무척 쉬운 우리나라와는 달리, 호주는 위원회 신고가 무척 어렵습니다. 신고하려면 다음의 기준을 충족해야 하기 때문이죠.

호주 FWC의 직장 내 괴롭힘 신고 접수 기준

- 재직자만이 신고할 수 있다.
- 현재진행형인 사건만 신고할 수 있다. 미래에도 괴롭힘이 계속 이어질 가능성이 있다고 판단될 때만 신고가 가능하다.
- 상식적인 범위의 가해행위가 발생하고 있으며, 지속·반복성이 확인되는 경우에만 신고로 인정된다.
- 괴롭힘 피해로 인해 이렇게 건강과 안전에 위협받았는지 증빙 서류를 제출해야 한다 (예: 진단서)
- 약 80달러의 신고비를 내야 한다. 80달러를 내지 못할 만큼 극도로 빈곤함을 증명할 수 있을 때는 면제받을 수 있다.

80달러씩이나 내면서 부적절한 신고를 할 사람은 없을 겁니다. 게다가 전문가가 신고 내용을 검토하여 신고된 행위가 상식적인 범위의 가해행위로 볼 수 있고, 지속·반복되었으며, 앞으로도 피해가 계속 발생할 가능성이 있어 현재진행형이고, 그런 가해행위로 인한 피해가 있었음이 입증된다고 판단할 때만 신고가 인정되는 구조입니다.

또한 호주는 전 세계에서 유일하게 형법에서 불링(bullying)을 다루고 있으며, 가해자에게 최대 징역 10년까지 선고될 수 있습니다. 사업주에게도 수억 원, 수십억 원의 벌금이 부과될 수 있습니다. 처벌이 엄격한 만큼, 괴롭힘 성립을 판단하는 기준도 매우 엄격합니다. 이런 점 때문에 호주는 국제적으로 가장 피해를 신고하기도 어렵고, 신고를 인정받기도 어려운 국가로 꼽힙니다.

호주가 퇴직자의 신고를 아예 막아둔 이유는 무엇일까요? 현재진행형인 사건에 대해서만 신고를 접수하는 이유는 또 무엇일까요? 바로 신고의 목적을 현재진행형 피해자의 보호와 가해자의 반성 및 행위 중단에 두고 있기 때문입니다. 그들은 신고가 보복의 수단이 되어선 안 되며, 신고된 가해자뿐만 아니라 다른 가해자에게도 자아 성찰을 하게 하여 또 다른 가해행위와 피해자기 발생하는 것을 막기 위한 수단이 되어야 한다고 봅니다. 퇴직자인 피해자의 신고는 자기 보호보다는 과거의 피해에 대한 보복으로 인식될 가능성이 높습니다. 이미 퇴사했고, 괴롭힘이 중단되었기 때문에 피해자가 누릴 수 있는 보호조치가 딱히 없기 때문입니다.

6) 6개월 이내에 신고해야 하는 아일랜드

아일랜드에서는 사건 발생 6개월 이내에 피해 사실을 신고해야 합니다. 6개월 이내에 신고가 불가능했음을 입증할 수 있는 자료를 제출하면 최대 12개월까지 연장될 수 있긴 합니다만 기본은 6개월입니다. 결국, 퇴직자의 신고를 막는 것은 아니지만, 퇴사 후 6~12개월이 지나면 아예 신고할 수 없는 것입니다. 또한 아일랜드는 지속·반복성의 기준이 엄격하게 적용되므로 신고 단계에서부터 충분한 증거를 확보해야 합니다. I장에서 본 아일랜드의 판례에서 확인할 수 있듯이, 괴롭힘 행위의 지속·반복성이 6개월 이상, 주 1회 이상의 기준을 충족해야 합니다. 이렇게 괴롭힘 신고와 인정의 조건이 까다로운 아일랜드지만, 우리나라, 영국, 호주보다는 피해율이 낮습니다.

괴롭힘 금지법의 적용 범위는 우리나라보다 넓습니다. 여러 법령에 분산되어 있던 관련 법을 하나로 통합시키면서, 서로 다른 사업장 소속 직원 사이에 발생한 괴롭힘도 적용 범위 안에 포함시켰기 때문입니다. 제도 자체는 사후구제 중심이지만, 법령에 사용자나 가해자에 대한 처벌조항은 없습니다.

아일랜드의 제도의 특징은 신고 이후의 재적응을 무척 중요시한다는 것입니다. 특히 사업장에 접수된 신고를 처리하는 방식을 보면, 재적응을 중시한다는 것을 볼 수 있습니다.

신고를 접수한 이후에도 신고인이 할 수 있다면 가급적 그대로 하던 일을 하도록 합니다. 피신고인과 엄격하게 분리하지도 않습니다. 사업장에 괴롭힘 신고를 담당하는 전문인력이 별도로 있지도 않으며, 연차가 높고 신뢰도가 높은 상급자에게 역할을 맡깁니다. 이 상급자가 피신고인의 보복행위나 2차 가해를 모니터링하며, 사건 대응을 주도합니다. 우선 비공식적인 중재를 시도하며, 중재가 이뤄지지 않을 때 정식으로 조사하고 진상을 파악하는 절차로 넘어갑니다. 정식조사보다 중재를 우선시하는 이유는 가해자가 징계 되었을 때보단 반성하고 사과하여 원만하게 문제가 해결되었을 때, 피해자가 사업장에 다시 재적응하기가 쉽기 때문입니다. 또한 가해자에게 스스로 반성하고 행동을 중단할 기회를 주어 이후에는 같은 행동을 하지 않도록 하기 위해서이기도 합니다. 아무리 잘못이 있어도 바로 처벌하기보단, 반성의 기회를 주었을 때 행동 교정의 효과가 더 크기 때문입니다.

아일랜드는 허위신고에도 민감하게 반응하는 나라로, 허위신고인을 징계하는 등의 조치를 취업규칙에 포함하도록 하고 있습니다.

❸ 직장 내 괴롭힘(bullying) 금지법이 없는 나라

직장 내 괴롭힘 금지법은 없지만 잘 대응하고 있는 나라와 법이 필요하지만 통과시키지 못하고 있는 나라가 있습니다. 전자는 독일이고, 후자는 영국입니다. 두 나라 모두 해라스먼트(harassment) 금지법은 있으나, 불링(bullying) 금지법은 없습니다.

1) 별도의 법이 필요 없었던 독일

독일에서는 2000년대에 불링(bullying) 금지법에 대한 논의가 있었고, 그 결론이 굳이 필요 없다 였습니다. 독일의 직장 내 괴롭힘 피해율은 2.9%(또는 7%)에 불과한 데다, 이미 다른 법령이 노동자들을 충분히 보호하고 있기 때문이었습니다. 2.9라는 피해율은 세계적으로 가장 피해율이 낮은 북유럽 국가들과 유사하거나 오히려 더 낮은 비율입니다. 국내의 직장 갑질 119가 괴롭힘 실태를 조사히는 방법과 유사한 방식을 활용했을 때는 독일의 피해율은 7%, 북유럽은 10% 중후반대였습니다. 법이 없는 독일이 법이 있는 북유럽보다 오히려 피해율이 낮다는 놀라운 결과가 나오는 것입니다.

독일은 영국보다 훨씬 늦게 산업혁명이 시작됐고, 그만큼 노동운동의 시작도 늦었습니다. 산업혁명이 늦은 만큼 초기 산업화 역시 높은 기술 수준에서 고숙련 노동자를 활용하는 형태로 진행되었습니다. 사측이 노동력을 확보하기 위해서는 교육부터 충실히 시켜야 했고, 이렇게 교육시킨 고숙련 노동자 하나하나는 결코 쉽게 대체될 수 있는 인력이 아니었습니다. 게다가 1800년대 후반에 사회주의 운동이 시작되면서 아래에서부터 위로 변화가 진행되었습니다. 노동자들이 기술뿐만 아니라 법과 제도에 대해서도 학습을 하게 되면서 높은 전문성으로 노사 관계에 대응하게 되었습니다. 사회민주당의 집권과 함께 노동자를 보호하는 여러 법들이 만들어졌고, 강한 노동운동은 사회전반적인 계몽을 불러왔습니다. 독일인 특유의 준법정신이 합쳐지면서 노동자들이 질 좋은 교육을 받고, 권리를 보호받으며, 존중과 존경을 받는 사회적 분위기가 조성되었습니다. 이런 분위기 속에서 주변 국가들이 시행하는 불링 금지법이 독일에는 필요없다는 결론이 나올 수 있었던 것입니다.

두 번째는 노동자의 직업윤리 의식입니다. 독일의 직업윤리 의식은 역사적으로도, 현재까지도 단 한 번도 의심받은 적이 없습니다. 독일인 스스로 높은 직업윤리 의식을 자랑스럽게 생각하며, 사업장에서 최선을 다해, 적극적으로 일하는 태도가 존경받고 있습니다. 높은 직업윤리 의식과 직업에 대한 자긍심이 결합되면서, 노동자들도 성숙한 태도로 노동자 보호법과 정책을 받아들이고 활용하고 있습니다.

세 번째는 학생때부터 이뤄지는 시민의식 교육입니다. 독일은 전범국가였던 과거사 때문에 더더욱 시민의식 교육의 중요성을 강조하고 있으며, 독립교과 형태로 시민의식을 철저하게 교육하고 있습니다. 독일의 시민의식 교육 목표는 1) 개개인이 독립적인 의견을 형성하고 충분한 정보를 바탕으로 의사결정을 할 수 있는 지식과 의사결정능력을 갖는 것, 2) 스스로 처한 상황을 성찰하고, 사회에 대한 책임을 인식하며 실행하여 사회정치적 절차에 주도적으로 참여하도록 하는 것입니다. 나치 정권이 국민의 저항 없이 쉽게 독일을 장악했던 것에 대한 반성이 담긴 교육 목표임을 볼 수 있습니다.

독일의 시민교육은 교사뿐만 아니라 경찰, 소방관 등 현장에 있는 사람들이 직접, 적극적으로 참여하여 학생들을 지도합니다. 어린 나이부터 사회구성원으로서 책임을 인지시키고, 주변인과 사회에 해를 끼치는 행위의 무거움과 처벌에 대한 두려움을 느끼게 합니다. 학부모 역시 그런 교육을 '정서적 학대'라고 여기지 않고, 책임 있는 시민으로 성장하기 위해 필요한 교육으로 존중합니다. 학생 단계에서부터 이런 교육이 철저하게 이뤄지기 때문에, 학생이 성장하여 책임감 있고 직업윤리 높은 노동자와 사용자가 되고, 성숙한 노사관계를 조성하는데 역할하게 되는 것입니다.

독일은 별도의 직장 내 괴롭힘 금지법이 필요 없을 만큼의 노동자 보호법을 보유했고, 성숙한 노사관계, 성숙한 직업윤리의식, 성숙한 시민의식을 통해 그런 법을 활용하고 있습니다. 그 근본에는 철저하고 질 높은 교육이 있었습니다. 독일은 지식과 기술을 가르치는 교육만 중요시 여기는 것이 아니라, 근본적인 인식과 의식 수준을 높이는 교육의 중요성도 그에 못지 않게 강조하고 있는 것입니다.

2) 노조가 괴롭힘 대응을 주도했던 영국

영국의 상황은 독일과는 정반대였습니다. 영국은 우리나라와 비교할 수 있을 만큼 피해율이 높은 편이며, 과거보다 오히려 최근에 피해율이 높아지는 경향을 보이고 있습니다. 또한 코로나 이후 을질 문제가 대두되고 있기도 합니다.

영국에서는 1996년도부터 직장 내 불링(bullying) 금지법을 통과시키려는 노력이 진행되었으나 기업의 반대와 정부의 미온성으로 인해 계류되었습니다. 때문에 영국에서는 불링 피해를 당했을 때 가해자를 신고할 수 있는 건 사업장 신고 한정입니다. 다만, 노동자를 보호하지 못한 책임으로 사용자를 행정ㆍ

시법기관에 신고할 수 있긴 합니다. 즉, 불링을 행정기관과 사법기관에 신고하고자 할 때는 사용자만 신고할 수 있고, 가해자는 신고할 수 없는 것입니다.

과거 영국에서 불링에 대한 대응이 이뤄질 수 있었던 것은 정부정책보다는 노조의 노력 덕분이었습니다. 전국 단위의 실태조사를 진행하고, 괴롭힘 예방과 대응 매뉴얼을 개발하여 보급한 것도 노조였습니다.

독일보다 먼저 노동자 권리를 위한 투쟁이 시작된 것도 영국이었습니다. 하지만 독일과는 달리 힘을 받기 어려웠습니다. 일찍 시작된 영국의 산업혁명은 저숙련 노동자를 활용하는 형태로 초기 산업화가 진행되었습니다. 노동자 하나하나가 매우 쉽게 대체될 수 있는 인력이었던 것입니다. 게다가 그 시기에는 영국이 넓은 시민지를 보유하고 있었고, 값싼 노동력이 쉽게 유입될 수 있었습니다.

식민지가 해방된 이후에도 많은 이민자가 영국으로 몰려들었습니다. 1980년대에는 보수당인 대처 정부에서 노조의 힘을 크게 약화시켰고, 노동당인 블레어 정부도 그런 정책을 바꾸지 못했습니다. 2010년대에 경제위기까지 발발하면서 노동자가 노동력을 담보로 사측에 권리 보장을 강하게 요구하기 어려운 상황이 계속 이어졌습니다. 최근의 조사 결과에서는 노조에 대한 영국 국민의 신뢰도도 낮은 수준이었습니다. 오랫동안 지속된 치열한 투쟁에도 불구하고 노조의 입지가 탄탄해질 기회는 크게 얻지 못한 것입니다.

두 번째는 노동자의 직업윤리의식입니다. 영국은 2000년대 전후부터 노동자의 낮은 직업윤리의식과 생산성에 대한 문제가 계속 제기되고 있습니다. 같은 사업장에서 일하는 외국인 노동자에 비해 자국민의 성실성이 떨어지며, 자국민들이 노력해서 스스로 경제적으로 자립하는 것보다 사회복지에 의존하는 것을 선호한다는 비판이 일고 있습니다. 그 원인 중 하나는 앞에서 언급한 노동운동의 탄압이었습니다. 대처 정부에서 기업의 경쟁성 강화를 내세우며 노동운동을 탄압했고, 그 결과는 기업이 잘 되어도 노동자의 삶이 나아지진 않는다는 인식을 심어준 것입니다.

당시 노동자의 자녀들이 성장하여 주요 노동계층이 되었을 때, 그들은 이미 과거의 세대와는 달리 열심히 일할 의욕을 잃은 상태였습니다. 이 시기가 강화된 복지정책과 맞물렸습니다. 근로 빈곤층과 비근로 빈곤층이 경제적으로 유사한 수준이거나 오히려 비근로 빈곤층의 경제상황이 오히려 더 나을 수 있다는 언론 기사가 보도되는 등 노동자의 근로의욕을 한층 더 꺾는 상황이 이어졌습니다. 과거 열심히 일하지 않고 복지 혜택에 의존하는 사람들을 비판적으로 보던 시각도 점차 사라져갔습니다. 기업을 우선시하며 노동자를 존중하지 않은 결과였습니다.

이미 노동자에 대한 존중도가 높지 않던 영국의 사업장이 성실히 일하지 않는 자국민 노동자를 계속 접하게 되면서 노사관계도 더욱 악화 되었습니다. 과거에 비해 최근의 조사에서 영국의 직장 내 괴롭힘 피해율이 오히려 증가한 점도 이런 배경을 통해 이해해 볼 수 있습니다.

영국을 직장 내 괴롭힘에 잘 대응한 국가로 보긴 어렵습니다. 하지만 노동운동이 탄력을 받기 힘들었던 역사적·사회적 배경 속에서도 노동자 보호를 위해 노력한 노조의 적극성은 참고할 의미가 있습니다.

괴롭힘 금지법이 괴로운 당신을 위해

초판발행	2024년 10월 31일
지은이	서유정
펴낸이	노 현
편 집	조영은
기획/마케팅	조정빈
표지디자인	Ben Story
제 작	고철민·김원표
펴낸곳	㈜ 피와이메이트
	서울특별시 금천구 가산디지털2로 53, 210호(가산동, 한라시그마밸리)
	등록 2014. 2. 12. 제2018-000080호
전 화	02)733-6771
f a x	02)736-4818
e-mail	pys@pybook.co.kr
homepage	www.pybook.co.kr
ISBN	979-11-7279-021-9 93180

정 가   15,000원

박영스토리는 박영사와 함께하는 브랜드입니다.